新・判例ハンドブック

【情報法】

宍戸常寿 編著

日本評論社

はしがき

情報技術（IT: Information Technology）、情報通信技術（ICT: Information Communication Technology）は、めざましい発達を続け、私たちのライフスタイルや経済・社会のあり方を揺さぶり続けている。最近では "Society 5.0" について語られることが多いが、これは IoT（Internet of Things）、人工知能（AI: Artificial Intelligence）やロボットの活用により、サイバー空間とフィジカル空間が高度に結びつく社会のことである。データや関連技術を含む広い意味での「情報」が重要性を増していくことは、疑いを得ない。

法は、社会における紛争を解決したり予防したり、より良き社会の秩序を維持発展させることを任務としている。そのため、法と法学もまた、情報化の奔流から無縁ではいられない。

例えば、知的財産法はもともと情報の保護を対象とする法分野である。プライバシー権や個人情報保護法も、情報化社会における個人の権利利益の保護という関心から出発して、いまや法秩序の重要な一角を占めるに至っている。

民法・刑法等、長い伝統を誇る法分野もまた、情報化による新しい紛争等に対して拱手傍観してきたわけではなく、判例・学説の進展に加えて、立法を含む様々な解決が試みられている。行政法の分野でも、情報公開による透明性の向上に加えて、行政の一手法としての情報提供のあり方も議論されている。

　これまでは主としてマスメディアの活動に着目してきたメディア法研究も、インターネットの普及、検索エンジンやSNS（Social Networking Service）の隆盛を受けて、新しい角度から情報流通の自由と課題を検討している。

　このように、「情報」は既に法と法学にとって重要な対象となっているが、しかし情報化が社会にもたらしている影響はあまりにも広汎かつ複雑である。そこでこれまでのところは、各法分野が、これまで前提としてきた価値・原理や制度を維持しつつ、個別に対応を図ってきた。

　最近では「情報法」という科目が法学部や法科大学院に置かれるようになったが、「情報法」という法典は存在しない。また、情報に関する法的規律を統一的に把握する価値・原理について、議論がいまだ深まっているとはいえない。そのため、憲法研究者である私が表現の自由や通信の秘密に力点を置くように、各自の研究背景や関心から研究・教育が行われているのが実情である。

　このたび日本評論社から本書の企画を提示された際に予感したのは、右のような事情から編集作業が困難を伴うこと、しかしそれと同時に、様々な法分野の間で「情報」についての共通理解を形成するというチャレンジングな試みになるのではないか、ということだった。

　そこで、各法分野における情報に関する規律の研究に関わるとともに、他分野との越境的議論にも積極的な同世代の研究者（市川芳治氏、興津征雄氏、笹倉宏紀氏、杉本和士氏、中原太郎氏、渕麻依子氏）に、採録する判例と執筆担当者の選定について協力をお願いしたところ、ご快諾をいただいた。既刊の概説書や判例集を参考にしながら、編集協力者の数回の会合を経て、本書の編集方針は次のとおりとなった。

総論として「情報流通の自由」に関する判例を検討した後（一章）、情報の内容・性質ごとに法的問題を検討する章（二～四章）、情報流通の主体に着目した章（五章）、情報と経済活動の関わりを取り上げた章（六章）、そして公権力と情報の関係に関する判例を紹介する章（七～九章）から、本書は構成されている。このような構成によって、様々な法分野がどのようにして情報を規律しようとしているのか、その前提と現在の状況を、判例を通じて浮き彫りにすることができたのではないかと、自負している。

一判例を一頁でわかりやすく紹介することが、「判例ハンドブック」シリーズの特徴である。情報法の裁判例は事実関係や関連法令を含めて複雑なものが多いが、執筆担当者のみなさんが、本書の趣旨を踏まえて、いずれも簡にして要を得た判旨の要約・解説を寄せてくださったことに、心から感謝したい。本書が情報法を学ぶ学生だけでなく、法律実務家や情報産業・情報政策に関わる広汎な人々に読んでいただけることを、切に願っている。

本書の編集については、日本評論社の上村真勝氏に大変な骨折りをいただいた。記して謝意を表したい。

二〇一八年九月

宍戸常寿

目次

はしがき

●第一章／情報流通の自由●

Ⅰ 知る権利 ―― 水谷瑛嗣郎 28

① 報道の自由と公正な裁判／博多駅事件――最大決昭和44年11月26日刑集二三巻一一号一四九〇頁

② 未決拘禁者の新聞閲読の制限／よど号ハイジャック記事抹消事件――最大判昭和58年6月22日民集三七巻五号七九三頁

Ⅱ 意見の表明 ―― 宍戸常寿 30

③ 教科書検定と出版の自由／第一次家永教科書訴訟――最3判平成5年3月16日民集四七巻五号三四八三頁

④ ポスティングの自由／立川テント村事件――最2判平成20年4月11日刑集六二巻五号一二一七頁

⑤ 国家公務員の政治的行為に対する刑事罰／堀越事件――最2判平成24年12月7日刑集六六巻一二号一三三七頁

Ⅲ 報道取材の自由 ―― 水谷瑛嗣郎 33

⑥ 取材の自由と国家秘密／外務省秘密電文漏洩事件――最1決昭和53年5月31日刑集三二巻三号四五七頁

⑦ 取材への応答拒否／堺市泉北コミュニティ事件――大阪地堺支判平成9年11月28日判時一六四〇号一四八頁

⑧　地方議会の傍聴と記者クラブ――大阪地判平成19年2月16日判時一九八六号九一頁
⑨　番組協力者の期待権／NHK従軍慰安婦訴訟――最1判平成20年6月12日民集六二巻六号一六五六頁

Ⅳ　選挙過程――宍戸常寿　37

⑩　文書頒布等の制限――最大判昭和30年3月30日刑集九巻三号六三五頁
⑪　選挙に関する報道または評論の制限／政経タイムス事件――最1判昭和54年12月20日刑集三三巻七号一〇七四頁
⑫　政見放送の一部削除と公選法一五〇条一項／雑民党事件――最3判平成2年4月17日民集四四巻三号五四七頁
⑬　少数の有力候補者のみを取り上げた選挙報道／「激戦区シリーズ」事件――東京高判昭和61年2月12日判時一一八四号七〇頁

●第二章／内容に着目した情報の規律●

Ⅰ　わいせつ――西貝吉晃＋宍戸常寿＋深町晋也　41

⑭　わいせつ情報(1)／チャタレー事件――最大判昭和32年3月13日刑集一一巻三号九九七頁
⑮　わいせつ情報(2)／メイプルソープ事件――最3判平成20年2月19日民集六二巻二号四四五頁
⑯　わいせつ情報(3)／ろくでなし子事件――東京高判平成29年4月13日裁判所ウェブサイト
⑰　書籍等の輸入と税関検査／札幌税関検査事件――最大判昭和59年12月12日民集三八巻一二号一三〇八頁
⑱　性的画像データとわいせつ図画／岡山FLMASK事件――岡山地判平成9年12月15日判時一六四一号一五八頁
⑲　海外へのアップロードとわいせつ電磁的記録の頒布――最3決平成26年11月25日刑集六八巻九号一〇五三頁

Ⅱ　児童ポルノ――深町晋也　47

⑳ 児童ポルノ法七条三項の合憲性と処罰範囲――最3決平成18年2月20日刑集六〇巻二号二一六頁
㉑ 児童ポルノ・わいせつ物の販売目的――最3決平成18年5月16日刑集六〇巻五号四一三頁
㉒ 児童ポルノと刑法一七五条のわいせつ物との関係――最2決平成21年7月7日刑集六三巻六号五〇七頁
㉓ インターネット上の児童ポルノの改変URL掲載行為と公然陳列罪の成否――最3決平成24年7月9日判時二一六六号一四〇頁

Ⅲ 青少年保護――深町晋也 51

㉔ 有害図書指定と表現の自由／岐阜県青少年保護育成条例事件――最3判平成元年9月19日刑集四三巻八号七八五頁
㉕ いわゆる出会い系サイト規制法の合憲性――最1判平成26年1月16日刑集六八巻一号一頁

Ⅳ 名誉毀損――社会的評価の低下等――深町晋也＋村田健介 53

㉖ 名誉毀損における公然性――最1判昭和34年5月7日刑集一三巻五号六四一頁
㉗ 死者の名誉毀損／「落日燃ゆ」事件――東京高判昭和54年3月14日高民集三二巻一号三三頁
㉘ 新聞の編集方針・読者構成・性質と名誉毀損の成否／ロス疑惑夕刊フジ事件――最3判平成9年5月27日民集五一巻五号二〇〇九頁
㉙ テレビの報道番組における名誉毀損の成否の判断／テレビ朝日ダイオキシン事件――最1判平成15年10月16日民集五七巻九号一〇七五頁
㉚ 「一般の視聴者の普通の注意と視聴の仕方」の意味／NHK・JAPAN事件――最1判平成28年1月21日判タ一四二二号六八頁
㉛ インターネット上での動画配信による摘示事実の判断――大阪地決平成27年6月1日判時二二八七号七五頁
㉜ 弁明による名誉毀損／プリンスホテル日教組大会会場等使用拒否事件――東京地判平成21年7月28日判時二〇五一号三頁

Ⅴ　名誉毀損―公益性・公共性――――深町晋也＋村田健介　60
㉝　公共の利害に関する事実／月刊ペン事件――最1判昭和56年4月16日刑集三五巻三号八四頁
㉞　芸能人の私生活上の行状の公共性――東京地判平成21年8月28判タ一三一六号二〇二頁
Ⅵ　名誉毀損―真実性・相当性――――村田健介＋深町晋也　62
㉟　民法上の名誉毀損と真実性・相当性の抗弁／「署名狂やら殺人前科」事件――最1判昭和41年6月23日民集二〇巻五号一一一八頁
㊱　噂の存在による事実の摘示と事実の証明の対象――最1決昭和43年1月18日刑集二二巻一号七頁
㊲　記事内容の真実性に関する錯誤／夕刊和歌山時事事件――最大判昭和44年6月25日刑集二三巻七号九七五頁
㊳　捜査当局の公の発表がない場合の相当性判断／嬰児殺し事件――最1判昭和47年11月16日民集二六巻九号一六三三頁
㊴　名誉毀損・損害の発生時期とその後の有罪判決の影響／ロス疑惑スポーツニッポン事件――最3判平成9年5月27日民集五一巻五号二〇二四頁
㊵　刑事第一審判決を資料とした場合の相当性判断――最3判平成11年10月26日民集五三巻七号一三一三頁
㊶　真実性の判断基準と考慮される証拠の範囲／ロス疑惑北海道新聞社事件――最3判平成14年1月29日判時一七七八号四九頁
㊷　「真実と信じるについて相当の理由」があると認められる場合／薬害エイズ事件――最1判平成17年6月16日判時一九〇四号七四頁
㊸　インターネットにおける刑法上の名誉毀損――最1決平成22年3月15日刑集六四巻二号一頁
㊹　通信社配信の記事につき新聞社の免責が認められる場合／東京女子医大病院事件――最1判平成23年4月28日民集六五巻三号一四九九頁
Ⅶ　名誉毀損―公正な論評――――遠藤史啓　72

㊺ 批判・論評を主題とするビラの配布による名誉毀損／佐賀教師批判ビラ配布事件――最1判平成元年12月21日民集四三巻一二号二二五二頁
㊻ 他人の著作物を引用した意見・論評／諸君！事件――最2判平成10年7月17日判時一六五一号五六頁
㊼ 法的な見解の表明と意見・論評型の名誉毀損／「脱ゴーマニズム宣言」事件――最1判平成16年7月15日民集五八巻五号一六一五頁

Ⅷ 名誉毀損―救済――遠藤史啓 75

㊽ 名誉回復の適当な処分としての謝罪広告／謝罪広告事件――最大判昭和31年7月4日民集一〇巻七号七八五頁
㊾ 名誉毀損の救済方法としての事前差止め／北方ジャーナル事件――最大判昭和61年6月11日民集四〇巻四号八七二頁
㊿ 反論文の掲載請求／サンケイ新聞事件――最2判昭和62年4月24日民集四一巻三号四九〇頁
51 芸能人に対する不法行為と慰謝料の算定――東京高判平成13年7月5日判時一七六〇号九三頁
52 いわゆるヘイトスピーチによる不法行為の成立と救済――大阪高判平成26年7月8日判時二二三二号三四頁
53 言論威圧目的での訴えの提起と不法行為／幸福の科学事件――東京地判平成13年6月29日判タ一一三九号一八四頁

Ⅸ その他――中原太郎 81

54 情報提供者の責任／郵政民営化通信事件――東京地判平成18年8月29日判タ一二二四号二七七頁
55 ニュース・ポータルサイト運営者の責任／ヤフーニュース事件――東京地判平成23年6月15日判時二一二三号四七頁

●第三章／プライバシー・個人情報●

I 肖像権――遠藤史啓 83

56 報道機関による犯罪報道と肖像権侵害――東京地判平成12年10月27日判タ一〇五三号一五二頁

57 公道歩行者の無断撮影と肖像権侵害／ストリートファッション事件――東京地判平成17年9月27日判時一九一七号一〇一頁

58 法廷での隠し撮り写真の撮影・公表及びイラスト画による肖像権侵害――最1判平成17年11月10日民集五九巻九号二四二八頁

59 建物への監視カメラの設置とプライバシー侵害――東京地判平成27年11月5日判タ一四二五号三一八頁

II 表現の自由とプライバシー――水谷瑛嗣郎 87

60 プライバシーの権利／宴のあと事件――東京地判昭和39年9月28日下民集一五巻九号二三一七頁

61 ノンフィクション作品における前科等事実の公表／ノンフィクション『逆転』事件――最3判平成6年2月8日民集四八巻二号一四九頁

62 仮名報道の自由とプライバシー権／「あしながおじさん」公益法人常勤理事事件――東京高判平成13年7月18日判時一七五一号七五頁

63 プライバシー権を理由とするモデル小説の事前差止め／「石に泳ぐ魚」事件――最3判平成14年9月24日判時一八〇二号六〇頁

64 少年の仮名報道と少年法六一条／長良川リンチ殺人事件報道訴訟――最2判平成15年3月14日民集五七巻三号二二九頁

65 政治家長女の離婚記事が掲載された雑誌の販売差止め／週刊文春事件――東京高決平成16年3月31日判時一八六五号一二頁

Ⅲ　個人情報の保護――山本龍彦　93
㊅　電話帳への氏名・電話番号の掲載とプライバシー――東京地判平成10年1月21日判タ一〇〇八号一八七頁
㊆　講演会参加者名簿の第三者への開示／早稲田大学江沢民講演会名簿提出事件――最2判平成15年9月12日民集五七巻八号九七三頁
㊇　個人情報の適切管理義務と不法行為責任／Yahoo!BB 顧客情報流出事件――大阪地判平成18年5月19日判時一九四八号一二二頁
Ⅳ　労働関係――山本龍彦　96
㊈　職場内におけるＨＩＶ感染情報の共有と不法行為責任――福岡高判平成27年1月29日判時二二五一号五七頁
㊉　労働者に対する継続的監視と不法行為責任／関西電力事件――最3判平成7年9月5日判時一五四六号一一五頁
⑪　職場における電子メールの監視と不法行為責任／Ｆ社Ｚ事業部（電子メール）事件――東京地判平成13年12月3日労判八二六号七六頁
⑫　労使関係アンケート調査の合憲性／大阪市職員アンケート調査事件――大阪高判平成27年12月16日判時二二九九号五四頁
Ⅴ　インターネット――山本龍彦　100
⑬　電話帳掲載情報を電子掲示板で公開する行為の不法行為責任／眼科医事件――神戸地判平成11年6月23日判時一七〇〇号九九頁
⑭　公道からのパノラマ撮影・画像提供とプライバシー／グーグルストリートビュー事件――福岡高判平成24年7月13日判時二二三四号四四頁
⑮　検索事業者による検索結果提供行為の性格と検索結果の削除――最3決平成29年1月31日民集七一巻一号六三頁

●第四章／知的財産法による情報の規律●

Ⅰ　著作権―著作物・著作者――前田　健　103

⑯　裁判傍聴記の著作物性／ライブドア裁判傍聴記事件――知財高判平成20年7月17日判時二〇一一号一三七頁
⑰　著作者の認定：企画案の作成者／智恵子抄事件――最3判平成5年3月30日判時一四六一号三頁

Ⅱ　著作権―著作者人格権――前田　健　105

⑱　公表権における「未公表」の意義／中田英寿事件――東京地判平成12年2月29日判時一七一五号七六頁
⑲　同一性保持権：漫画の改変／脱ゴーマニズム宣言事件――東京高判平成12年4月25日判時一七二四号一二四頁
⑳　著作者死後の人格的利益：手紙の公表／剣と寒紅事件――東京高判平成12年5月23日判時一七二五号一六五頁
㉑　名誉声望を害する利用：政治的サイトへの掲載／天皇の似顔絵事件――知財高判平成25年12月11日LEX/DB 25446104

Ⅲ　著作権―著作権の内容――前田　健　109

㉒　既存の著作物への依拠性の要否／ワン・レイニー・ナイト・イン・トーキョー事件――最1判昭和53年9月7日民集三二巻六号一一四五頁
㉓　翻案権侵害の成立要件／江差追分事件――最1判平成13年6月28日民集五五巻四号八三七頁
㉔　自炊代行業と私的複製の意義／自炊代行事件――知財高判平成26年10月22日判時二二四六号九二頁
㉕　中古ゲームソフトの販売と頒布権の消尽／中古ゲームソフト事件――最3判平成14年4月25日民集五六巻四号八〇八頁
㉖　ゲーム画面の類似性と翻案権侵害の判断／釣りゲーム事件――知財高判平成24年8月8日判時二一六五号四二頁

㊇ 二次的著作物に関して原著作者の権利の及ぶ範囲／キャンディ・キャンディ事件――最1判平成13年10月25日判時一七六七号一一五頁

Ⅳ 著作権―権利制限規定――渕麻依子 115

㊈ 引用の要件(旧法)／パロディ・モンタージュ事件(第一次上告審)――最3判昭和55年3月28日民集三四巻三号二四四頁
㊉ 引用の要件／美術品鑑定証書事件――知財高判平成22年10月13日判時二〇九二号一三五頁
㊾ 他人の著作物の要約による引用の可否／血液型と性格事件――東京地判平成10年10月30日判時一六七四号一三二頁
㊿ 公開の美術の著作物の利用／はたらくじどうしゃ事件――東京地判平成13年7月25日判時一七五八号一三七頁

Ⅴ 著作権―侵害と救済――渕麻依子 119

92 著作権侵害の主体：カラオケ法理／クラブ・キャッツアイ事件――最3判昭和63年3月15日民集四二巻三号一九九頁
93 著作権侵害の主体：複製の主体／ロクラクⅡ事件――最1判平成23年1月20日民集六五巻一号三九九頁
94 著作権侵害の主体：ライブハウスにおける演奏主体／Live Bar X.Y.Z→A事件――知財高判平成28年10月19日裁判所ウェブサイト
95 著作者人格権／駒込大観音事件――知財高判平成22年3月25日判時二〇八六号一一四頁
96 差止請求権の制限の可能性／写真で見る首里城事件――那覇地判平成20年9月24日判時二〇四二号九五頁

Ⅵ 著作権―著作権による保護を受けない情報――渕麻依子 124

97 記事の見出しの著作物性と不法行為の成否／ヨミウリ・オンライン事件――知財高判平成17年10月6日裁判所ウェブサイト
98 未承認国の著作物と不法行為の成否／北朝鮮映画事件――最1判平成23年12月8日民集六五巻九号三二七五頁

Ⅶ　特許権の保護対象――島並　良　126
⑼⑼ ビジネス方法の発明該当性／双方向歯科治療ネットワーク事件――知財高判平成20年6月24日判時二〇二六号一二三頁
⑽⑽ 生物関連発明と公序良俗／ヒト受精胚の滅失を含む発明の拒絶審決事例――平成22年2月9日特許審決公報DB・不服2008-7386
Ⅷ　パブリシティ権――島並　良　128
⑽① ゲームにおける競走馬の名称使用／ギャロップレーサー事件――最2判平成16年2月13日民集五八巻二号三一一頁
⑽② パブリシティ権／ピンク・レディー事件――最1判平成24年2月2日民集六六巻二号八九頁

●第五章／情報流通の担い手●

Ⅰ　放送――波多江悟史　130
⑽③ 外国人氏名の日本語読みと人格権／NHK日本語読み訴訟――最3判昭和63年2月16日民集四二巻二号二七頁
⑽④ テレビ放送契約の成立と中途解除／「ドン・ドラキュラ」放映中止訴訟――東京地判昭和63年10月18日判時一三一九号一二五頁
⑽⑤ テレビコマーシャル放映契約の解除／「原発バイバイ」事件――高松高判平成5年12月10日判タ八七五号一六四頁
⑽⑥ 番組提供者の営業内容確認義務の存否と民放連の放送基準／投資ジャーナルグループ事件――東京地判平成元年12月25日判タ七三一号二〇八頁
⑽⑦ 放送会社に対する敵対的買収と防衛／ニッポン放送対ライブドア――東京高決平成17年3月23日判時一八九九号五六頁
⑽⑧ 放送局の一本化調整のための行政指導／メトロポリタンテレビ一本化事件――東京高判平成10年5月28日判時一六六六号三八頁
⑽⑨ 放送法四条に基づく訂正放送／「生活ほっとモーニング」事件――最1判平成16年11月25日民集五八巻八号二三二六頁

⑽ 放送法五条に基づく放送内容閲覧請求権／東京放送事件――東京高判平成8年6月27日高民集四九巻二号二六頁
⑾ 受信料債権と消滅時効――最2判平成26年9月5日判時二二四〇号六〇頁
⑿ 受信料制度の合憲性／NHK受信料訴訟――最大判平成29年12月6日民集七一巻一〇号一八一七頁

II 通信――實原隆志＋市川芳治＋笹倉宏紀＋西貝吉晃　140

⒀ 手紙の表面に印刷されている個人情報の秘匿性――大阪高判昭和41年2月26日高刑集一九巻一号五八頁
⒁ 郵便法の責任制限と国家賠償請求権――最大判平成14年9月11日民集五六巻七号一四三九頁
⒂ 二三条照会に対する、転居届の情報の秘匿性を理由とした拒否――最3判平成28年10月18日民集七〇巻七号一七二五頁
⒃ 警察による盗聴工作に対する損害賠償責任――東京高判平成9年6月26日訟月四四巻五号六六〇頁
⒄ 特別な立法によらない電話傍受――最3決平成11年12月16日刑集五三巻九号一三二七頁
⒅ 脅迫的な内容の慶弔電報――大阪地判平成16年7月7日判タ一一六九号二五八頁
⒆ NTT東西と通信事業者の間の接続約款の合法性――東京地判平成17年4月22日裁判所ウェブサイト
⒇ 解約金条項の消費者契約法上の有効性／携帯電話解約金事件――大阪高判平成24年12月7日判時二一七六号三三頁
(121) 令状によらない税関検査――最3判平成28年12月9日刑集七〇巻八号八〇六頁
(122) 通信の秘密侵害罪――最2決平成16年4月19日刑集五八巻四号二八一頁

III プロバイダ――實原隆志　150

(123) 違法な書込みに対する「プロバイダ」の責任／ニフティ・サーブ事件――東京高判平成13年9月5日判時一七八六号八〇頁
(124) 違法な書込みの削除と免責事由の立証責任／2ちゃんねる動物病院事件――東京高判平成14年12月25日判時一八一六号五二頁
(125) 裁判上の発信者情報開示請求／眼科医事件――東京地判平成15年3月31日判時一八一七号八四頁
(126) 経由プロバイダに対する発信者情報開示請求――最1判平成22年4月8日民集六四巻三号六七六頁

(127) 発信者情報の不開示に対する損害賠償請求――最3判平成22年4月13日民集六四巻三号七五八頁

IV 情報流通の場――宍戸常寿 155

(128) パブリック・フォーラム論／吉祥寺駅事件――最3判昭和59年12月18日刑集三八巻一二号三〇二六頁
(129) 集会の自由と市民会館の使用不許可／泉佐野市民会館事件――最3判平成7年3月7日民集四九巻三号六八七頁
(130) 県立美術館の収蔵作品の公開請求／天皇コラージュ事件――名古屋高金沢支判平成12年2月16日判時一七二六号一一一頁
(131) 公立図書館の蔵書と著作者人格権／作る会事件（船橋市西図書館事件）――最1判平成17年7月14日民集五九巻六号一五六九頁
(132) 国立国会図書館の資料と利用制限／国立国会図書館事件――東京地判平成23年8月25日判例集未登載

●第六章／情報と経済活動●

I 広告――市川芳治＋山本龍彦＋中原太郎 160

(133) 営利広告の制限／灸（きゅう）適応症広告事件（あん摩師等法広告事件判決）――最大判昭和36年2月15日刑集一五巻二号三四七頁
(134) 地下鉄車内の商業宣伝放送と「囚われの聴衆」――最3判昭和63年12月20日判時一三〇二号九四頁
(135) 新聞広告の媒体責任／新聞広告掲載に伴う損害賠償請求事件――最3判平成元年9月19日集民一五七号六〇一頁
(136) 迷惑メールの送信と差止め／ニフティダイレクト・メール事件――浦和地決平成11年3月9日判タ一〇二三号二七二頁
(137) 迷惑メールの送信と損害賠償／ドコモ宛先不明メール事件――東京地判平成15年3月25日判時一八三一号一三二頁
(138) 消費者契約法一二条一項・二項にいう「勧誘」の意義／クロレラチラシ事件――最3判平成29年1月24日民集七一巻一号一頁

II 独占禁止法――大久保直樹＋市川芳治 166

⑬⑨ 共同取引拒絶の公正競争阻害性／関西国際空港新聞販売事件——大阪高判平成17年7月5日審決集五二巻八五六頁
⑭⓪ ネット産業の垂直統合／ヤフーによる一休の株式取得——平成27年度における主要な企業結合事例・事例8
⑭① プラットフォーム・双方向市場の認識／KADOKAWA及びドワンゴによる共同株式移転——平成26年度における主要な企業結合事例・事例8
⑭② 複数分野にまたがるメディア企業の統合／KDDIによるJ:COMの株式追加取得——平成24年度における主要な企業結合事例・事例8
⑭③ 競合事業者からの検索エンジン等の技術提供／ヤフー・米グーグル提携——公取委プレスリリース平成22年12月2日「ヤフー株式会社がグーグル・インクから検索エンジン等の技術提供を受けることについて」
⑭④ 共同取引拒絶の共同性／着うた事件——審判審決平成20年7月24日平成一七年(判)第一一号
⑭⑤ 排除型私的独占の排除効果が争われた事案／JASRAC事件——最3判平成27年4月28日民集六九巻三号五一八頁
⑭⑥ ソフトバンク対NTT東日本——東京地判平成26年6月19日判時二二三二号一〇二頁
⑭⑦ プラットフォーム事業における排他的行為／DeNA事件——公取委命令平成23年6月9日審決集五八巻第一分冊一八九頁

Ⅲ 商標・不正競争——島並 良 175

⑭⑧ 商標の類否／氷山印事件——最3判昭和43年2月27日民集二二巻二号三九九頁
⑭⑨ 商標的使用／テレビまんが事件——東京地判昭和55年7月11日判時九七七号九二頁
⑮⓪ インターネットショッピングモールの運営と商標権／チュッパチャップス事件——知財高判平成24年2月14日判時二一六一号八六頁
⑮① 営業秘密における秘密管理性／投資用マンション事件——知財高判平成24年7月4日 LEX/DB 25444731
⑮② 商品等表示としてのドメイン名保護／J-PHONE事件——東京地判平成13年4月24日判時一七五五号四三頁
⑮③ 品質誤認表示／ピーターラビット著作権表示事件——大阪高判平成19年10月2日判タ一二五八号三一〇頁

⑭ 権利侵害警告と営業誹謗行為／雄ねじ事件――知財高判平成23年2月24日判時二一三八号一〇七頁

Ⅳ 電子商取引――中原太郎＋宍戸常寿 182

⑮ インターネット・オークション(1)：売主の責任／中古アルファロメオ事件――東京地判平成16年4月15日判時一九〇九号五五頁
⑯ インターネット・オークション(2)：運営者の責任／ヤフオク集団訴訟事件――名古屋高判平成20年11月11日 LEX/DB 25440062
⑰ インターネット・ショッピング／ヤフーショッピング事件――東京地判平成17年9月2日判時一九二二号一〇五頁
⑱ インターネットによるFX取引／外為どっとコム誤ティック事件――東京高判平成26年1月30日金判一四四〇号一〇頁
⑲ 省令による医薬品のネット販売規制――最2判平成25年1月11日民集六七巻一号一頁

Ⅴ 情報と金融――得津 晶 187

⑳ 誤振込による預金の成立――最2判平成8年4月26日民集五〇巻五号一二六七頁
㉑ 参加者の誤発注に備えた金融商品取引所の義務／ジェイコム株式誤発注事件――東京高判平成25年7月24日判タ一三九四号九三頁
㉒ ATM払戻しにおける善意弁済――最3判平成15年4月8日民集五七巻四号三三七頁
㉓ 詐取カードの盗難カード該当性と重過失――大阪地判平成20年4月17日判時二〇〇六号八七頁
㉔ 取引所アカウント上の暗号通貨と取戻権／MTGOXビットコイン引渡請求事件――東京地判平成27年8月5日 LEX/DB 25541521
㉕ 預金口座の取引経過開示義務――最1判平成21年1月22日民集六三巻一号二二八頁
㉖ シンジケートローンのアレンジャーの情報提供義務――最3判平成24年11月27日判時二一七五号一五頁

●第七章／情報と行政過程●

Ⅰ 行政調査——興津征雄 194

⑯⑦ 行政調査と令状主義・不利益供述の強要禁止／川崎民商事件——最大判昭和47年11月22日刑集二六巻九号五五四頁
⑯⑧ 行政調査と刑事手続の関係——最2決平成16年1月20日刑集五八巻一号二六頁

Ⅱ 行政機関と個人情報——興津征雄 196

⑯⑨ 前科照会とプライバシー侵害——最3判昭和56年4月14日民集三五巻三号六二〇頁
⑰⓪ 人格権・名誉権に基づく個人情報の訂正・抹消請求——東京高判昭和63年3月24日判時一二六八号一五頁
⑰① 外国人の指紋押なつ——最3判平成7年12月15日刑集四九巻一〇号八四二頁
⑰② 住民票データの漏洩／宇治市住民票データ流出事件——大阪高判平成13年12月25日判自二六五号一一頁
⑰③ 住基ネットの合憲性——最1判平成20年3月6日民集六二巻三号六六五頁
⑰④ 出生届が提出されていない子の住民票の記載義務——最2判平成21年4月17日民集六三巻四号六三八頁
⑰⑤ 警察によるイスラム教徒の監視／ムスリム国賠訴訟——東京高判平成27年4月14日 LEX/DB 25506287
⑰⑥ 自衛隊による情報収集活動／自衛隊情報保全隊事件——仙台高判平成28年2月2日判時二二九三号一八頁

Ⅲ 情報公開——門脇雄貴 204

⑰⑦ 情報公開請求権と情報公開請求訴訟の性質／神奈川県マンション図面閲覧請求訴訟第一次控訴審判決——東京高判昭和59年12月20日行集三五巻一二号二二八八頁

⑰⑧ 意思形成過程情報と情報公開／鴨川ダムサイト訴訟――最2判平成6年3月25日判時一五一二号二二頁
⑰⑨ 自己情報の本人開示請求／レセプト開示請求訴訟――最3判平成13年12月18日民集五五巻七号一六〇三頁
⑱⓪ 食糧費と情報公開／大阪市財政局食糧費訴訟――最3判平成15年11月11日民集五七巻一〇号一三八七頁
⑱① 部分開示の範囲／大阪府知事交際費訴訟第二次上告審判決――最3判平成13年3月27日民集五五巻二号五三〇頁
⑱② 未公表文書の情報公開と公表権侵害／神奈川県マンション図面開示請求訴訟第二次控訴審判決――東京高判平成3年5月31日判時一三八八号二二頁
⑱③ 文書不存在を理由とする不開示決定の取消訴訟における主張立証責任／沖縄密約文書開示請求訴訟――最2判平成26年7月14日判時二二四二号五一頁
⑱④ 開示決定に対する第三者の取消訴訟――最3判平成13年11月27日判時一七七一号六七頁

Ⅳ 行政による情報提供――門脇雄貴 212

⑱⑤ 弁護士に対する戒告処分の公告の執行停止――最3決平成15年3月11日判時一八二二号五五頁
⑱⑥ 行政による調査結果の公表／堺市O-157事件――東京高判平成15年5月21日判時一八三五号七七頁
⑱⑦ 行政の周知徹底義務――京都地判平成3年2月5日判時一三八七号四三頁

●第八章／情報と刑事法●

Ⅰ 情報（システム）の保護――西貝吉晃 215

⑱⑧ 財産的情報(1)／新薬産業スパイ事件――東京地判昭和59年6月28日刑月一六巻五＝六号四七六頁
⑱⑨ 財産的情報(2)／新潟鐵工事件――東京地判昭和60年2月13日刑月一七巻一＝二号二二頁

⑲⓪ 電子計算機使用詐欺(1)／神田信金事件――東京高判平成5年6月29日高刑集四六巻二号一八九頁
⑲① 電子計算機使用詐欺(2)――最1決平成18年2月14日刑集六〇巻二号一六五頁
⑲② 財産的情報(3)――東京高判平成21年11月16日判時二一〇三号一五八頁
⑲③ プログラムの頒布(1)／イカタコウィルス事件――東京地判平成23年7月20日判タ一三九三号三六六頁
⑲④ 不正アクセス罪(1)――東京高判平成15年6月25日判時一八四六号一五五頁
⑲⑤ 不正アクセス罪(2)／ACCS事件――東京地判平成17年3月25日判時一八九九号一五五頁
⑲⑥ プログラムの頒布(2)／Winny事件――最3決平成23年12月19日刑集六五巻九号一三八〇頁

Ⅱ 捜査と情報――笹倉宏紀＋山本龍彦＋成瀬　剛＋深町晋也 224

⑲⑦ 肖像権／京都府学連デモ事件――最大判昭和44年12月24日刑集二三巻一二号一六二五頁
⑲⑧ ビデオ撮影と捜査――最2決平成20年4月15日刑集六二巻五号一三九八頁
⑲⑨ Nシステムの合憲性――東京高判平成21年1月29日判タ一二九五号一九三頁
⑳⓪ 配送中の宅配便荷物のエックス線検査――最3決平成21年9月28日刑集六三巻七号八六八頁
⑳① フロッピーディスク等の差押え――最2決平成10年5月1日刑集五二巻四号二七五頁
⑳② デジタルメディアの差押え／ベッコアメインターネット事件――東京地決平成10年2月27日判時一六三七号一五二頁
⑳③ クラウド上の情報の入手・越境アクセス――東京高判平成28年12月7日高刑集六九巻二号五頁
⑳④ GPS捜査――最大判平成29年3月15日刑集七一巻三号一三頁
⑳⑤ 捜査官が弁護人との接見内容を聴取する行為――福岡高判平成23年7月1日判時二一二七号九頁
⑳⑥ 弁護人による被告人の写真撮影と「接見」――東京高判平成27年7月9日判時二二八〇号一六頁
⑳⑦ 弁護士・依頼者間秘匿特権／JASRAC事件――東京高判平成25年9月12日訟月六〇巻三号六一三頁
⑳⑧ 被告人と弁護人の間でやり取りされた書類等の差押え――大阪高判平成28年4月22日判時二三一五号六一頁

(209) 検察官から開示された証拠の目的外使用——東京高判平成26年12月12日高刑集六七巻二号一頁
(210) 患者の診療情報の捜査機関への提供と医師の守秘義務——最1決平成17年7月19日刑集五九巻六号六〇〇頁
(211) 鑑定医による秘密漏示——最2決平成24年2月13日刑集六六巻四号四〇五頁

●第九章／情報と裁判過程●

Ⅰ 裁判の公開——成瀬 剛＋杉本和士 239
(212) 法廷でメモを取る自由／レペタ訴訟——最大判平成元年3月8日民集四三巻二号八九頁
(213) 刑事確定訴訟記録法の合憲性——最3決平成2年2月16日判時一三四〇号一四五頁
(214) 遮へい措置・ビデオリンク方式と裁判の公開——最1判平成17年4月14日刑集五九巻三号二五九頁
(215) 被害者特定事項の秘匿と公開裁判を受ける権利——最1決平成20年3月5日判タ一二六六号一四九頁
(216) 情報公開訴訟におけるインカメラ審理——最1決平成21年1月15日民集六三巻一号四六頁
Ⅱ 取材源の秘匿——成瀬 剛＋杉本和士 244
(217) 刑事事件における取材源の秘匿／朝日新聞記者証言拒否事件——最大判昭和27年8月6日刑集六巻八号九七四頁
(218) 報道関係者の取材源秘匿と証言拒絶権——最3決平成18年10月3日民集六〇巻八号二六四七頁
Ⅲ 文書提出命令——杉本和士 246
(219) 薬害訴訟における診療録に関する文書提出義務——大阪高決昭和53年6月20日判時九〇四号七四頁
(220) 銀行の貸出稟議書に関する文書提出義務——最2決平成11年11月12日民集五三巻八号一七八七頁

㉑ 「技術又は職業の秘密」の意義――最2決平成12年3月10日民集五四巻三号一〇七三頁
㉒ 調査報告書に関する文書提出義務――最2決平成16年11月26日民集五八巻八号二三九三頁
㉓ 捜索差押許可状及び捜索差押令状請求書に関する文書提出義務――最2決平成17年7月22日民集五九巻六号一八三七頁
㉔ 外交文書に関する文書提出義務――最2決平成17年7月22日民集五九巻六号一八八八頁
㉕ 労災事故の災害調査復命書に関する文書提出義務――最2決平成17年10月14日民集五九巻八号二二六五頁
㉖ 銀行の社内通達文書に関する文書提出義務――最3決平成18年2月17日民集六〇巻二号四九六頁
㉗ 介護サービス種類別利用チェックリストに関する文書提出義務――最2決平成19年8月23日判時一九八五号六三頁
㉘ 金融機関における顧客の取引明細表に関する文書提出義務――最3決平成19年12月11日民集六一巻九号三三六四頁
凡 例――23
判例索引――267

凡　例

▽判例の引用法

・「最大判平成3・5・8民集四五巻二号八九頁」とあるのは、「平成三年五月八日最高裁判所大法廷判決、最高裁判所民事判例集平成三年度四五巻二号八九頁（通し頁）」をさす。なお、例えば「最決」の「決」は決定の略である。また、大法廷判決（決定）は「最大判（決）」、小法廷判決（決定）は「最1判（決）」のように表記した。

・その他、東京地判→東京地方裁判所判決、大阪高決→大阪高等裁判所決定、札幌地小樽支判→札幌地方裁判所小樽支部判決のごとくである。

▽登載判例集は、次のように略記した。

刑（民）集＝最高裁判所刑事（民事）判例集
高刑（民）集＝高等裁判所刑事（民事）判例集
下刑（民）集＝下級裁判所刑事（民事）裁判例集
集刑（民）＝最高裁判所裁判集刑事（民事）
行集＝行政事件裁判例集
裁時＝裁判所時報
刑月＝刑事裁判月報
訟月＝訟務月報
判時＝判例時報
判タ＝判例タイムズ
判自＝判例地方自治

・なお、解説本文において、例えば〔25判決〔事件〕〕とあるのは、本書掲載裁判例うち裁判例番号25のものをさす。

▽略記した法令等

あん摩師等法	あん摩師、はり師、きゅう師及び柔道整復師法
医薬品医療機器等法	医薬品、医療機器等の品質、有効性及び安全性の確保等に関する法律
会社	会社法
行政機関個人情報保護法	行政機関の保有する個人情報の保護に関する法律
行訴法	行政事件訴訟法
金商法	金融商品取引法
刑収法	刑事収容施設法
憲法	日本国憲法
個人情報保護法	個人情報の保護に関する法律
国賠法	国家賠償法
国公法	国家公務員法
刑訴法	刑事訴訟法
サイバー犯罪条約	サイバー犯罪に関する条約
児童ポルノ法	児童買春、児童ポルノに係る行為等の規制及び処罰並びに児童の保護等に関する法律
情報公開法	行政機関の保有する情報の公開に関する法律
通信傍受法	犯罪捜査のための通信傍受に関する法律
出会い系サイト規制法	インターネット異性紹介事業を利用して児童を誘引する行為の規制等に関する法律
電子消費者契約法	電子消費者契約及び電子承諾通知に関する民法の特例に関する法律
独占禁止法	私的独占の禁止及び公正取引の確保に関する法律
不正アクセス禁止法	不正アクセス行為の禁止等に関する法律
不競法	不正競争防止法
プロバイダ責任制限法	特定電気通信役務提供者の損害賠償責任の制限及び発信者情報の開示に関する法

律

民訴法　民事訴訟法

預金者保護法　偽造カード等及び盗難カード等を用いて行われる不正な機械式預貯金払戻し等からの預貯金者の保護等に関する法律

新・判例ハンドブック　情報法

報道の自由と公正な裁判……博多駅事件

1　最大決昭和44・11・26刑集二三巻一一号一四九〇頁

関連条文　憲法二一条一項、刑訴法九九条・二六二条・二六五条

①憲法二一条は、報道の自由および取材の自由を保障しているか。②報道機関の取材フイルムに対する提出命令はどこまで許容されるか。

事　実　一九六八年一月一六日、米原子力空母の佐世保寄港阻止闘争に参加するため博多駅で下車した学生三〇〇名が、機動隊員と衝突した。学生側は、その際の機動隊員らの行為が特別公務員暴行陵虐罪（刑法一九五条）などに当たるとして告発したが不起訴となったため、付審判の請求を行った。審理を担当した福岡地裁は、博多駅事件の状況を撮影したテレビフィルムの提出を民放三社とNHKに命じたが、放送四社は福岡高裁に抗告。同裁判所が抗告を棄却したために、最高裁に特別抗告が行われた。

裁判所の見解　①「報道機関の報道は、民主主義社会において、国民が国政に関与するにつき、重要な判断の資料を提供し、国民の『知る権利』に奉仕するものである」。そのため事実の報道の自由は、憲法二一条の保障の下にあることはいうまでもなく、報道機関の報道が正しい内容をもつために、報道のための取材の自由も「憲法二一条の精神に照らし、十分尊重に値いする」ものといわなければならない。②しかし取材の自由といえども、公正な刑事裁判の実現を保障するために、取材活動によって得られたものが証拠として必要とされる場合には、ある程度の制約を蒙ることとなってもやむを得ない。そこでは、犯罪の性質、態様、軽重および取材したものの証拠としての価値、公正な刑事裁判を実現するにあたっての必要性の有無を考慮するとともに、それにより取材の自由が妨げられる程度およびこれが報道の自由に及ぼす影響の度合その他諸般の事情を比較衡量して決せられるべきである。以上の諸点その他各般の事情をあわせ考慮すると、本件フイルムを付審判請求事件の証拠として使用するために本件提出命令を発したことは、やむをえないものがあると認められる。

解　説　まず争点①について、最高裁は、取材の自由について、「憲法二一条の精神に照らし、十分尊重に値いする」との言い回しを用いたが、学説上は、報道の自由に比して保障の程度は曖昧だが、一定の場合に取材の自由も憲法的保護を受けると捉えている。また212事件で「尊重に値する」とされた一般人によるメモ採取の自由との違いにも注意が必要である。②他方で、最高裁がとった、対立する憲法上の価値同士を比較衡量しながら結論を導く手法は評価できるが、具体的な衡量において取材の自由の不利益をやや軽い扱いに留めている点に問題が残る。

未決拘禁者の新聞閲読の制限……よど号ハイジャック記事抹消事件

2　最大判昭58・6・22民集三七巻五号七九三頁

関連条文　監獄法三一条二項、監獄法施行規則八六条一項

①未決勾留により拘禁されている者の新聞紙、図書等の閲読を監獄内の規律及び秩序維持のために制限することは憲法一三、一九、二一条に反するか。②また拘置所長が新聞紙の記事を抹消する措置をとったことは違法か。

事実　公安事件の被告人として東京拘置所に勾留された女性Xらが、所内で読売新聞を定期購読していたところ、昭和四五年三月三一日に日航機よど号ハイジャック事件が発生したため、Y拘置所長が三月三一日夕刊から四月二日朝刊までの間、同事件に関する記事一切を黒塗りにした上で新聞を配布した。これに対して、Xらは、Y所長による本件記事抹消処分は知る権利を侵害する違法な公権力の行使であるとして国を相手に国家賠償訴訟を提起した。第一審・二審ともに請求を棄却したため、Xらが上告した。

裁判所の見解　①「およそ各人が、自由に、さまざまな意見、知識、情報に接し、これを摂取する機会をもつこと」は、「個人として自己の思想及び人格を形成・発展」させていく上で不可欠であり、「民主主義社会における思想及び情報の自由な伝達、交流の確保という基本的原理」にとっても必要なものである。そのため、新聞他の閲読の自由は、憲法一九、二一条の規定の趣旨・目的から、「その派生原理として当然に導かれるところ」であり、また一三条の規定の趣旨にも沿う。未決拘禁者は、当該拘禁関係に伴う制約の範囲外においては、原則として一般市民としての自由を保障されるべき者であり、これら自由を制限する場合においても、目的を達するために真に必要と認められる限度にとどめられるべきである。この制限が許されるためには、具体的事情のもと、監獄内の規律及び秩序の維持上放置することのできない程度の障害が生ずる「相当の蓋然性」があると認められることが必要であり、その制限の程度は、必要かつ合理的な範囲にとどまるべきものである。そこで、監獄法三一条二項他の規定を通覧すると、その要件及び範囲内でのみ閲読の制限を許す旨を定めたものと解するのが相当であるから、憲法に違反するものではない。②加えて、本件の具体的場合における前記法令等の適用にあたっても、当時の状況のもとにおいては、Y所長の判断に裁量権の逸脱または濫用の違法があったとはいえない。

解説　本判決は、閲読の自由が憲法上の「派生原理」として保障されるとしつつ、害悪発生の危険について「相当の蓋然性」を要求し、必要かつ合理的な範囲で制限をとどめるべきとするかなり厳格な基準を採用したと評価できる。他方で、本件の具体的判断については、かなり特殊な事例であり、本判決の結論もやむをえないところはあるが、事後的にみれば過剰措置であった面も否定できないであろう。

教科書検定と出版の自由……第一次家永教科書訴訟

3 最3判平成5・3・16民集四七巻五号三四八三頁

関連条文　憲法二一条一項・二項

①表現の自由の制限の合憲性の判断枠組み。②教科書検定制度は検閲に当たるか。③教科書検定制度は表現の自由を侵害するか。

事実　X（家永三郎教授）は、高校用日本史教科書を執筆して検定申請をしたが、一九六三年に文部大臣により検定不合格処分を受け、相当な部分の記述を修正することを余儀なくされた。Xは教科書検定制度が、表現の自由、学問の自由等に違反すると主張して、国家賠償を求めた。

裁判所の見解　検定に不合格とされた図書は教科書としての発行の道が閉ざされるが、それは普通教育の場で使用義務が課せられている教科書という特殊な形態に限定される。不合格図書をそのまま一般図書として発表すること、すなわち思想の自由市場に登場させることは妨げられない。

検定は一般図書としての発行を妨げず、発表禁止目的や発表前の審査などの特質がないから、検閲に当たらない。

表現の自由も無制限に保障されるものではなく、公共の福祉による合理的で必要やむを得ない限度の制限を受けることがある。その制限が容認されるかどうかは、制限が必要とされる程度と、制限される自由の内容及び性質、これに加えられる具体的制限の態様及び程度等を較量して決せられるべきである。

普通教育の場で、教育の中立・公正、一定水準の確保等の要請を実現するためには、不適切と認められる図書が教科書として発行・使用されること等を禁止する必要がある。また、制限の態様も、右の観点から不適切と認められる内容を含む図書のみを、教科書という特殊な形態において発行を禁ずるにすぎないことなどを考慮すると、本件検定による表現の自由の制限は、合理的で必要やむを得ない限度のものである。

解説　三次にわたる家永教科書訴訟は、公教育の内容を誰が決定するのか（教育権の所在）、教師の教育の自由の範囲をはじめ、多くの憲法上の論点を含んでいる。

公教育は、政府であれ親を含む社会であれ、先行する世代から後の世代への強制的なコミュニケーションの性格を持っている。だからこそ政治的介入を不当な支配（教育基本法一〇条）として排除すべき一方、子どものために全国的な水準を確保し機会均等を図る要請がある。本判決は、そうした背景から、検定教科書の出版は、通常の思想の自由市場とは異なる、国家によって作られた特殊な出版市場への参入であると考えて、検定制度は検閲に当たらず（論点②、17判決参照）、また、表現の自由の制約としても違憲ではない、と判断した（論点③）。

本判決も、2判決と同じく、表現の自由の制限の合憲性について総合的な比較衡量の手法を採っており、後の表現の自由に関する裁判で判例としてしばしば引用される（論点①）。

ポスティングの自由……立川テント村事件

4　最2判平成20・4・11刑集六二巻五号一二一七頁

関連条文　憲法二一条一項、刑法一三〇条

ポスティングのための立入り行為を処罰することは表現の自由を侵害するか。

事実　反戦運動を行う「立川自衛隊監視テント村」は、自衛隊のイラク派遣に反対するビラを、自衛官等が居住する防衛庁立川宿舎の集合ポストや各室玄関ドアの新聞受けに繰り返し投函しており、宿舎の管理者はビラ配布禁止の表示をして、警察に被害届を提出していた。テント村の構成員であるXは、二〇〇四年に宿舎の各室玄関前まで立ち入り、各室玄関ドアの新聞受けにビラを投函したところ、人の看守する邸宅に侵入した罪（刑法一三〇条前段）で、処罰された。

裁判所の見解　表現の自由は民主主義社会において特に重要な権利として尊重されなければならず、Xらによる政治的意見を記載したビラの配布は表現の自由の行使ではあるが、憲法二一条一項も表現の自由を絶対無制限に保障したものではなく、公共の福祉のため必要かつ合理的な制限を認めるものであり、たとえ思想を外部に発表するための手段であっても他人の権利を不当に害するようなものは許されない。本件では表現そのものの処罰ではなく、表現の手段すなわちビラの配布のために人の看守する邸宅に管理権者の承諾なく立ち入ったことを処罰することの合憲性が問われているが、本件でXらが立ち入った場所は防衛庁の職員等が私的生活を営む場所である集合住宅の共用部分及びその敷地であり、自衛隊・防衛庁当局がそのような場所として管理していたもので、一般に人が自由に出入りすることのできる場所ではない。表現の自由の行使のためであっても、このような場所に管理権者の意思に反して立ち入ることは、管理権者の管理権に加えて、そこで私的生活を営む者の私生活の平穏を侵害する。Xらの行為を刑法一三〇条前段の罪に問うことは憲法二一条一項に違反しない。

解説　意見や情報を記載したビラの投函（ポスティング）は、表現が確実に読み手の下に届く点で、現代でも重要なコミュニケーションの手段の一つである。

最高裁は本件で、ポスティングのために邸宅に立ち入った行為を処罰することの合憲性を、簡単に認めた。その背後には、表現そのものと表現のための手段を区別する判例法理（128判決）がある。しかしポスティングの自由が現実に行使されるためには、そのために必要な立入り行為もある程度表現の自由として保障されなければならない。その上で、本件の立入りの態様が平穏かどうか、管理権を有する国は本件ビラの政治的内容に着目して自衛官等のコミュニケーションを遮断しようとしたのではないか等、本件の事情を具体的に検討すべきだったという批判が強い。集合ポストまでの平穏な立入りであれば、その処罰は適用違憲になりうるという指摘もある。

国家公務員の政治的行為に対する刑事罰……堀越事件

5　最2判平成24・12・7刑集六六巻一二号一三三七頁

関連条文　憲法二一条一項、国公法一〇二条一項

①公務員に禁止される「政治的行為」の範囲。②公務員の政治的行為を禁止・処罰する国公法一〇二条一項等の規定（本件規定）は表現の自由を侵害するか。

事　実　社会保険事務所の年金審査官であるXは、二〇〇三年の衆議院議員総選挙に際して公務員であることを明らかにせず政党機関紙等をポスティングした。Xは政治的行為を禁止する本件規定違反の罪で起訴された。

裁判所の見解　本件規定の目的は、公務員の職務遂行の政治的中立性を保持することによって行政の中立的運営を確保し、国民の信頼を維持することにある。表現の自由としての政治活動の自由は立憲民主政の政治過程にとって不可欠の基本的人権であり、公務員に対する政治的行為の禁止は当該自由に対する必要やむを得ない限度に範囲が画されるべきだから、政治的行為とは公務員の職務遂行の政治的中立性を損なうおそれが実質的に認められるものと解すべきである。

本件規定の目的は議会制民主主義に基づく統治機構の仕組みを定める憲法の要請にかなう国民全体の重要な利益を保護するためのもので、合理的で正当である。公務員の職務遂行の政治的中立性を損なうおそれが実質的に認められない政治的行為は禁止されず、本件規定による制限は目的達成のために必要かつ合理的な範囲のものだから、憲法二一条一項に違反しない。

Xが管理職的地位になく職務の内容・権限に裁量の余地がないこと、Xの行為が職務と全く無関係であり、公務員による行為と認識し得る態様でなかったこと等からすれば、Xは無罪。

解　説　本件規定は公務員の政治活動を事実上全面的に禁止しているため、その合憲性が激しく争われてきた。猿払事件判決（最大判昭和49・11・6刑集二八巻九号三九三頁）は、政治的行為の制限は意見表明の手段を規制しているに過ぎない（間接的・付随的制約論）、政治的行為の一律禁止も目的達成のために合理的関連性がある、規制によって得られる国民全体の利益は規制によって失われる公務員の不利益に比べて大きいと述べて、本件規定を合憲と判断した。

これに対して本判決は、政治活動の自由の重要性を認め、比較衡量に際して、手段が目的達成のために合理的であるだけでなく、必要な限度に収まっているかどうかも重視した。

この必要性の審査を先取りして本件規定を限定的に解釈し（論点①）、それをなぞる形で憲法判断を示す（論点②）等、本判決の論理はわかりにくいところがある。同じ日に出た世田谷事件判決では、Xとほぼ同じ行為をしたにもかかわらず、本省の統括課長補佐が有罪となった点も、批判が強い。しかし本判決が、猿払事件判決を事実上変更し、具体的な比較衡量を通じて表現の自由を救済する姿勢を示した点は、注目に値する。

取材の自由と国家秘密……外務省秘密電文漏洩事件

6 最1決昭和53・5・31刑集三二巻三号四五七頁

関連条文　国公法一〇〇条一項・一〇九条一二号・一一一条

報道機関による公務員を対象とした国家秘密に関する取材行為は、「そそのかし」罪に該当するか。

事　実　昭和四六年五月から六月にかけて、外務省担当の新聞記者Xが外務省審議官付女性事務官Aと不倫関係を持った後に沖縄返還をめぐる日米外交当局による交渉関係の秘密電文の提供を依頼したところ、Aは日米交渉担当者間で行われた会議の具体的内容を記載した三通の「極秘」指定電信文のコピーをXに交付した。Aの行為は、国家公務員法一〇〇条一項にいう公務員の職務上知りえた秘密を漏らしたことに、Xの行為は同法一一一条にいう「そそのかし」に当たるとして、それぞれ起訴された。第一審はAを有罪とした一方で、Xは無罪とした。これに対し、検察官の控訴を受けた第二審は第一審判決を破棄して有罪判決を下した。そこでXは、第二審判決が憲法二一条に反するとして上告した。

裁判所の見解　国家公務員法一一一条にいう「そそのかし」とは、公務員による秘密漏示行為を実行させる目的をもつて、公務員に対し、その行為を実行する決意を新に生じさせるに足りる慫慂行為をすることを意味するものである。この点、Xの行為は、この「そそのかし」に該当する。他方で、報道のための取材の自由も、憲法二一条の精神に照らし、十分尊重に値するものといわなければならない。また国政に関する取材行為は、時としては誘導・唆誘的性質を伴うため、直ちに当該行為の違法性が推定されるものと解するのは相当ではなく、それが真に報道の目的からでたものであり、その手段・方法が法秩序全体の精神に照らし相当なものとして社会観念上是認されるものである限りは、実質的に違法性を欠き正当な業務行為というべきである。しかしながら、取材の手段・方法が取材対象者の個人としての人格の尊厳を著しく蹂躙する等社会観念上是認することのできない態様のものである場合には、正当な取材活動の範囲を逸脱し違法性を帯びるものといわなければならない。この点、Xの行為は、当初から秘密文書を入手するための手段として利用する意図でAと肉体関係を持つなど、取材対象者であるAの個人としての人格の尊厳を著しく蹂躙したものといわざるをえず、このような取材行為は、正当な取材活動の範囲を逸脱しているものというべきである。

解　説　本決定は1判決を踏襲し、取材の自由を憲法上位置づけた上で、その限界を国家秘密との関係で判断したものである。この点、本判決の判断枠組みは、公務員に対する取材の誘導的性質を考慮して、通常の取材行為を許容し例外的なものだけが罰せられることになると解釈することができる。ただし、1判決と異なり、利益衡量を用いていない点に注意が必要である。

取材への応答拒否……堺市泉北コミュニティ事件

7 大阪地堺支判平成9・11・28判時一六四〇号一四八頁

関連条文　憲法二一条、民法七〇九条

小学校校長による取材の拒否は、取材の自由を侵害するか。

事実　地域コミュニティ紙を発行するXが、「花いっぱいコンクール」最優秀賞を受賞したY_1市立小学校に対して取材を申し込んだところ、Y_2学校長がこれを拒否した。そこでXは、Y_2による取材の拒否は正当な理由なくしてなされたもので、取材の自由を侵害し、不法行為に当たるとして、Y_1とY_2に対し、損害賠償を請求した。

裁判所の見解　憲法が保障する取材の自由とは、報道機関の取材行為に介入する国家機関の行為からの自由をいうにとどまり、それ以上に、取材を受ける側に法的義務を生ずるような取材の権利をも当然に含むものではない。これは、取材対象が国、地方公共団体などの公的機関の場合も同様である。ここから、所属公務員が取材に協力しないことを理由に、直ちに取材の自由を制約する違法なものと観念することはできない。Xは憲法二一条から直接に取材の権利及び公的機関に対する情報提供義務が導かれると主張するが、法律の制定を待たずに、直ちに情報開示請求権が認められたり、公的機関に取材への応諾義務などを課すことはできない。そうであるならば、取材対象が公的機関であったとしても、そのような立法措置が講ぜられていない場合には、取材契約が締結されていたり、取材拒否を越えて積極的に取材を妨害したり、取材拒否の態様が刑罰法令に触れる等の特段の事情がない限り、報道機関からの取材の申込みに対して所属公務員が取材を拒否すること自体が直ちに違法になることはないと解するのが相当である。

解説　本件において原告の新聞社は、公権力は報道機関の取材に対し、正当な理由がない限り、取材を拒否することは許されないとの主張を行った。果たしてそもそもこのような立論が成り立つかが問題となるが、この点、6判決の東京高裁判決では、取材の自由は、消極的自由にとどまるのであり、取材の対象たる公務員に、その取材に応ずべき義務を課するという意味での強制可能な積極的権利として取材の特権が、報道機関に対し、憲法上保障されているものではないと判示している。他方で本判決では、取材の拒否を越えて積極的に取材を妨害した等の特段の事情があるときには、取材への応答拒否が違法になりうることが示されている。学説も、組織的で、かつ全面的な取材拒否は、取材妨害に該当し違法とされる可能性があると論じられる。もっとも本件のような場合は、報道そのものをしないか、別の形で取材・報道するか、あるいは取材拒否自体を記事にするなどで対抗すれば事足りるように思われる。

地方議会の傍聴と記者クラブ

8 大阪地判平成19・2・16判時一九八六号九一頁

記者クラブに属する報道機関・記者にのみ傍聴を認める規定は憲法二一条一項、一四条一項に反するか。

事　実　Y市議会財務総務委員会の委員長から、同委員会の傍聴不許可の処分を受けたフリージャーナリストXが、Y市に対して、委員会傍聴の許可制を定めたY市会委員会条例一二条一項は、憲法二一条一項に反して無効であり、また市政記者クラブ所属の記者の傍聴のみを許可すると規定する同市会先例三一四は、憲法二一条一項、一四条一項に反して無効であり、さらに同委員長の傍聴不許可処分は、憲法二一条一項及び一四条一項違反または、その裁量権の範囲を逸脱もしくは濫用の違法があるとして、国家賠償法一条一項による損害賠償を求めた。

裁判所の見解　「委員会」は、地方議会の内部機関として地方自治法及び条例により設けられているものにすぎないため、憲法もその会議の公開はもとよりその設置自体についてもこれを制度として保障しておらず、一定の合理的制限に服する。そのため、委員会において自由かつ率直な審議の場を確保してその審査及び調査の充実を図ることは、それ自体重要な公益であり、「委員会」の傍聴が制限されてもやむを得ない。「報道機関が地方議会の会議を傍聴する自由」は、国民（住民）の知る権利に奉仕するものとして、個々の住民の傍聴の自由以上に重要な意味を有しているが、「重要な公益」は報道機関の場合にもあてはまることから、Y市会委員会条例一二条一項を報道機関に適用しても憲法二一条一項に違反しない。さらに市政記者クラブ所属の報道機関ないしその記者は、相互規制等を通じて報道に係わる一定の行為規範、価値基準が共有され、それによって事実の正確な報道が担保され、しかも、その存在意義について相当数の国民（住民）から支持されていると推認され、報道分野において重要な役割を果たしているということができる。ゆえに、大阪市会先例三一四のように市政記者クラブ所属の記者にのみ傍聴を認めることも憲法二一条一項、一四条一項に違反しない。

解　説　本判決が認めるところの一部の報道機関に対する取材上の特権付与は、平等条項の見地から、慎重な合憲性の審査が要請されよう。この点、判決では、記者クラブに属する報道機関及び記者は、一定の行為規範、価値基準が共有され、委員会の会議に係る事実を正確に報道することのできる能力、資質を備えた者であることが相当の根拠をもって担保されているとするが、こうした資質は記者クラブに属しておらずとも有しうる可能性があるのであり、原告のようなフリージャーナリストがその資質に欠けていたのかどうかもより慎重に問われるべきであったろう。

関連条文　憲法二一条・一四条、大阪市会委員会条例一二条一項、大阪市会先例三一四

番組協力者の期待権……NHK従軍慰安婦訴訟

9 最1判平成20・6・12民集六二巻六号一六五六頁

取材対象者が一定の内容、方法により素材が放送に使用されるものと期待し、信頼したことが法的保護の対象となり、放送事業者は損害賠償責任を負うか。

事実

「日本軍性奴隷制を裁く女性国際戦犯法廷」が開催され、その際にY_1（NHK）がこれを取り上げる番組を放送した。この番組の取材にXは協力したが、実際に放送された番組の趣旨・内容が、取材の際に説明を受けたものとは異なるものであった。そこでXは、期待した内容の放送がされるとの信頼、期待を害されたこと、さらに本件番組の趣旨・内容が変更されたことを説明しなかったことが違法であるとして、Y_1と本件番組制作委託を受けたY_2、Y_2からさらに制作の再委託を受けて実際の取材を行ったY_3に対し、損害賠償を求めた。

裁判所の見解

法律上、放送事業者がどのように番組の編集をするかは、表現の自由の保障の下、公共の福祉の適合性に配慮した放送事業者の自律的判断に委ねられている。それゆえ、取材対象者の期待権は原則として法的保護の対象とはならない。もっとも、当該取材に応ずることにより必然的に取材対象者に格段の負担が生ずる場合において、取材担当者が、そのことを認識した上で、取材対象者に対し、取材で得た素材について、必ず一定の内容、方法により番組中で取り上げる旨説明し、その説明が客観的に見ても取材対象者に取材に応ずるという意思決定をさせる原因となるようなものであったときは、取材対象者が同人に対する取材で得られた素材が上記一定の内容、方法で当該番組において取り上げられるものと期待し、信頼したことが法律上保護される利益となりうる。しかしながら、本件はそのような場合に当たらないと解される。

解説

確かに報道機関による取材に対し、取材対象者は説明を受けて取材に応ずるかの意思決定を行う以上、そこに期待や信頼が生じることは理解できる。しかしながら、番組の趣旨、内容について取材対象者が抱く、期待や信頼といっても、その内容や程度は多種多様なものであり、このようなものを広く法的保護に値するものとした場合、放送事業者側が、取材対象者の期待、信頼の内容を忖度しつつ番組制作を行うことを迫られることになる。このように取材対象者の期待権は、放送事業者の番組編集に関する自律権と衝突する。これに対し、本判決は、原則として期待権は法的保護の対象とならず、取材対象者に格段の負担が生ずるような例外的な場合に、期待権を認めるものとして理解される。放送事業者の自律権が過度に制限されれば、報道の自由、ひいては国民の知る権利が阻害されることが危惧されることを踏まえれば、こうした基準は評価に値するだろう。

関連条文　民法七〇九条、放送法三条

文書頒布等の制限

10 最大判昭和30・3・30刑集九巻三号六三五頁

関連条文　憲法二一条一項、公職選挙法一四六条一項

選挙運動期間中の文書頒布制限は表現の自由を侵害するか。

事実　労働組合の書記長であるXは、一九五二年の衆議院議員総選挙の選挙運動期間中に、組合が候補者の推薦を決定したという記事が掲載された機関紙を組合員に配布したため、公職選挙法一四六条一項違反の罪で起訴された。

裁判所の見解　憲法二一条は言論出版等の自由を絶対無制限に保障するものではなく、公共の福祉のため必要ある場合には、その時・所・方法等につき合理的制限が存在する。公職選挙法一四六条は、公職の選挙につき文書図画の無制限の頒布、掲示を認めるときは、選挙運動に不当の競争を招き、このためかえって選挙の自由公正を害し、公明を保持し難い結果を来たすおそれがあると認めて、そのような弊害を防止するため、選挙運動期間中に限り、文書図画の頒布、掲示につき一定の規制をしたものであり、この程度の規制は、公共の福祉のため、憲法上許された必要かつ合理的な制限である。

解説　選挙は議会制民主主義の根幹となる仕組みである。選挙で有権者が正しい投票を行うためには、候補者や政党の政策等について自由な議論が保障されなければならない（自由選挙の原則）。しかし公職選挙法は、事前運動を禁止し（一二九条）、戸別訪問を禁止するほか（一三八条一項）、文書図画の規制（一四二～一四七条）、選挙における報道・評論の規制（一四八条一項、11判決）を定めている。このような「べからず選挙」とまで呼ばれる厳しい選挙運動規制には、表現の自由の観点から批判が強い。本判決では、法定ビラ以外の文書等の頒布の禁止を前提に（一四二条）、その脱法行為として法定外ビラの頒布を禁止処罰する規定（一四六条一項）の合憲性が争われた。

判例は選挙の公正を重視して規制を合憲と認めてきたが、その理由づけとしては選挙運動による抽象的な弊害を挙げるだけで、文書の頒布により現実にどの程度の弊害が生じるのか、具体的に検討していない。選挙運動は一般的な表現の自由とは違い、国の定めたルールの範囲内で行われるべきだという見方（公営選挙観）も説かれている（最3判昭和56・7・21刑集三五巻五号五六八頁の伊藤正己裁判官補足意見）。

もっとも最近では、政党本位の選挙の実現や情報通信技術の発展に合わせて、選挙運動規制が部分的に見直されている。例えば二〇〇三年には各政党によるマニフェストの頒布が認められた。二〇一三年には文書図画の頒布に当たるとして禁止されていたインターネット上での選挙運動が解禁され、ウェブサイトによる選挙運動（SNSでのメッセージ機能を含む）は一般有権者も行えるようになった。しかし電子メールによる選挙運動を行えるのは、候補者・政党等に限られている。

11 選挙に関する報道または評論の制限……政経タイムス事件

最1判昭和54・12・20刑集三三巻七号一〇七四頁

関連条文　憲法二一条一項、公職選挙法一四八条一項・三項

選挙運動期間中に報道・評論を行う自由が保障される新聞・雑誌を毎月三回以上有償で頒布されるものに限定している公職選挙法一四八条三項一号イの規定（本件規定）は表現の自由を侵害するか。

事　実　「政経タイムス」紙は本件規定の要件を満たさない媒体であるが、一九七五年の県議会議員選挙に際して、選挙区内の候補者の得票数の予想や批判を号外に掲載した。同紙の編集人であるXは本件規定違反の罪で起訴された。

裁判所の見解　本件規定は、選挙目当ての新聞紙・雑誌が選挙の公正を害し特定の候補者と結びつく弊害を除去するためやむをえず設けられた規定であり、公正な選挙を確保するために脱法行為を防止する趣旨のものである。右のような立法の趣旨・目的からすると、本件規定に関する罰則規定（二三五条の二第二号）のいう選挙に関する「報道又は評論」とは、当該選挙に関する一切の報道・評論を指すのではなく、特定の候補者の得票について有利または不利に働くおそれがある報道・評論をいうと解すべきである。さらに、右規定の構成要件に形式的に該当する場合でも、もしその新聞紙・雑誌が真に公正な報道・評論を掲載したものであれば、その行為の違法性が阻却されると解すべきである。右のように解すれば、本件規定は憲法二一条一項等に違反しない。

解　説　選挙運動における文書の頒布等は厳しく制限されている（11判決）。もちろん選挙運動期間中でもメディアの報道（評論を含む）の自由は保障されるべきであり、そのことは公職選挙法一四八条一項も確認している。本件規定は、選挙運動でありながら体裁だけ新聞等にして文書頒布規制を逃れようという脱法行為に対処するために、選挙運動期間中も報道・評論を行うことのできる新聞等を毎月三回以上有償で頒布されるものに限定している。

そもそも文書頒布規制が表現の自由の制約として必要な限度にとどまっているかも問題だが、それは措くとしても本件規定の仕組みには問題が多い。それは文書頒布規制の実効性を確保するために、メディアの報道を制限することを原則と考え、例外的に選挙前から定期的に発行されているものだけを規制の対象から外すという、報道の自由や知る権利から見れば逆転した発想に基づくものだからである。そこで本判決は、二つの解釈を示すことで、表現の自由の範囲を拡大しようとした。第一は、特定の候補者に有利または不利に働くおそれのない報道・評論は、そもそも処罰の対象とならないという解釈であり、第二は真に公正な報道・評論であればそれがたとえ特定の候補者の得票に影響したとしても、正当行為（刑法三五条）として違法性が阻却されるという解釈である（6判決も参照）。

政見放送の一部削除と公選法一五〇条一項……雑民党事件

12 最3判平成2・4・17民集四四巻三号五四七頁

関連条文　憲法二一条一項、公職選挙法一五〇条一項・一五〇条の二

①政見放送の一部を削除した放送局は、候補者の表現の自由を侵害したものとして不法行為責任を負うか。②放送局による政見放送の一部削除は検閲に当たるか。

事実　一九八三年の参議院議員選挙に出馬したXは、NHKの放送設備によりXを党首とする政党（雑民党）の政見を録画した際に「めかんち、ちんばの切符なんか、だれも買うかいな」と発言した。NHKが自治省に対し見解を照会した上で当該部分の音声を削除して政見放送を行ったため、Xらは不法行為による損害賠償を求めた。なおXの発言は身体障害者への差別を批判する文脈でなされたものである。

裁判所の見解　本件削除部分は、多くの視聴者が注目するテレビ放送において、社会的に許容されないことが広く認識されていた身体障害者に対する卑俗かつ侮蔑的表現であるいわゆる差別用語を使用した点で、他人の名誉を傷つけ善良な風俗を害する等政見放送としての品位を損なう言動を禁止した公職選挙法一五〇条の二に違反する。同規定は、テレビ放送による政見放送が直接かつ即時に全国の視聴者に到達して強い影響力を有していることにかんがみそのような言動が放送されることによる弊害を防止する目的で政見放送の品位を損なう言動を禁止したものであるから、同規定に違反する言動がそのまま放送される利益は法的に保護された利益とはいえず、右言動がそのまま放送されなかったとしても不法行為法上法的利益の侵害があったとはいえない。

NHKは行政機関ではなく、自治省に対し見解を照会したとはいえ、自らの判断で本件削除部分の音声を削除してテレビ放送をしたのであるから、本件削除は検閲に当たらない。

解説　公職選挙法は候補者ないし政党が政見を無料で放送することを認めており（一五〇条）、これは放送局の番組編集の自律（放送法三条）の例外である。本判決は、「政見放送としての品位を損なう言動をしてはならない」とする公職選挙法一五〇条の二に違反する政見放送をそのまま放送される利益は法的に保護される利益とはいえないと判断した（論点①）。とはいえ政見放送が品位を損なうかどうかを放送局が判断して削除することが、公職選挙法一五〇条に違反しないかどうかは別問題であり、園部逸夫判事の補足意見はそのような削除は候補者による放送の利用（アクセス）としての重要性から許されないと説いている。なお論点②については17判決参照。

放送の社会的影響力は、放送の規律根拠の一つとして重視されてきた。なお一九九四年の公職選挙法改正は、政党本位の選挙のために衆議院小選挙区選挙での政見放送を候補者届出政党に限定した。無所属候補者への差別になるが、判例は合憲としている（最大判平成11・11・10民集五三巻八号一七〇四頁）。

少数の有力候補者のみを取り上げた選挙報道……「激戦区シリーズ」事件

13　東京高判昭61・2・12判時一一八四号七〇頁　関連条文　憲法二一条一項、放送法一条二号・四条一項二号、公職選挙法一五一条の三・一五一条の五

①国政選挙の激戦区について、少数の有力候補者のみを取り上げた選挙報道は、選挙に関する放送について定める公職選挙法の規定に反するか。②右放送は放送法の定める政治的公平の要請に反するか。

事実　NHKは一九八三年の参議院議員選挙の際に、ニュース番組「ニュースワイド」の中で「激戦区シリーズ」を企画し、その一つとして一〇分間、東京選挙区の動向について、立候補者三四名全員を文字で紹介した後、有力候補者六名を現地報告の形式で放送した。立候補者の一人で有力候補者として扱われなかったXは、同報道が公選法一五一条の三、一五一条の五等に反するとして損害賠償を求めた。

裁判所の見解　本件報道は特定の候補者に投票を得しめることを目的とするものでなく、選挙運動のための放送ではないから公職選挙法一五一条の五に反しない。

激戦区であっても当落の予測が全くつかないものではなく、NHKが六名が当落にかかわる焦点となる候補者であるとの判断のもとに本件選挙報道を行ったことには合理的根拠がなかったとはいえないから、「虚偽の事項を放送し、又は事実をゆがめて放送」（公選法一五一条の三）したことには当たらない。

放送法の規定は放送一般に関し不偏不党であること、政治的に公平であることを要求しているが、それが選挙に関する報道又は評論について、政見放送や経歴放送と同じレベルにおける形式的な平等取扱いを要求しているとは解し得ない。NHKが六名についてのみ選挙活動の映像取材をしたうえこれをニュース番組において放送したことは、五名が有力政党の公認候補であり、あと一名は政治以外の分野においても社会的知名度の高い人物であること、他の候補者もその氏名だけは文字画面で放映されたことに照らすと、番組編集の自由の範囲内にある。

解説　公職選挙法は新聞・雑誌による選挙に関する報道・評論と同じく（12判決）、放送による報道・評論にも一定の規制を課している。ただし、放送法の保障する番組編集の自律（三条）が不偏不党（一条二号）や政治的公平（四条一項二号）が要請される点で新聞・雑誌とは異なる。

本判決は、国政選挙の激戦区について少数の有力候補者のみを取り上げた選挙報道について、本件事情の下では、選挙運動のための放送には当たらない（公職選挙法一五一条の五）、特定の候補者を有力候補者として扱ったことも事実の歪曲等に当たらない（同一五一条の五）と判断した（論点①）。政治的公平の要請は、選挙であっても形式的・量的公平ではなく、有権者の選択に資する質的公平であることを、本判決は前提にしていると解される（論点②。なお二〇一六年二月の「政治的公平の解釈について（政府統一見解）」も参照）。

わいせつ情報(1)……チャタレー事件

14 最大判昭和32・3・13刑集一一巻三号九九七頁

関連条文　刑法一七五条

文学のわいせつ性判断の方法とその周辺。

事　実　訳書「チャタレイ夫人の恋人」の販売者と翻訳者がわいせつ物販売罪で起訴された事件である。一審は小説の内容だけではわいせつ性を認めず、販売広告方法を考慮して訳書のわいせつ性を肯定し、販売者を有罪（罰金二五万円）にしつつ、方法面での寄与がないとして翻訳者を無罪としたが、二審はこの考え方を否定して文書自体の記載からわいせつ性を肯定して双方有罪（販売者：罰金二五万円、訳者：罰金一〇万円）にしたので、被告人らが上告。

裁判所の見解　わいせつとは徒らに性欲を興奮または刺戟せしめ、かつ普通人の正常な性的羞恥心を害し、善良な性的道義観念に反することをいう。別の次元の問題だから高度の芸術性が作品のわいせつ性を解消するとは限らない。わいせつ性は社会通念に従って作品自体から客観的に判断され、作者の主観的意図に左右されない。わいせつと評価される記載の存在の認識があればわいせつ性に係る故意がある。

本件訳書には芸術的特色が認められないではないが、検察官指摘に係る部分の性的描写はわいせつであるから本件訳書自体がわいせつ文書であり、故意もある（有罪の判断を維持）。

解　説　刑法一七五条は、情報が固定された物または記録を用いて特定の態様でわいせつ情報を不特定または多数の者に伝達する行為を処罰することにより、性風俗を保護する規定だと理解されている。もっとも、わいせつの概念が不確定的なので、本判決は、わいせつ三要件（「徒らに性欲を…」）とわいせつ性の判断方法（社会通念に従って客体自体から判断されること）等を示した。これらは現在の裁判例でも用いられているが、わいせつ三要件の具体的判断の方法は、本判決以後、約四半世紀を経て変遷した。本判決は、指摘された部分自体の芸術性の存在は認めたものの、わいせつ性と芸術性とは別次元の概念だとし、指摘部分のわいせつ性を吟味して全体をわいせつだとした（部分的判断）。しかし、最大判昭和44・10・15刑集二三巻一〇号一二三九頁（悪徳の栄え事件）を経て最2判昭和55・11・28刑集三四巻六号四三三頁（四畳半襖の下張事件）に至ると、わいせつ三要件の該当性判断に際しては、わいせつ性の程度と性的刺激の緩和の程度等の観点から、対象を全体としてみて主として読者の好色的興味にうったえるものと認められるか否か等を検討することが必要だとされ（全体的判断）、この基準によりわいせつ性を否定したのが15判例である。

なお、わいせつ性を表現の意味に対して持つイメージに着目した概念だと理解すると、故意としては、本判決とは異なり、表現の意味の認識を要求すべきだともいい得る。

わいせつ情報(2)……メイプルソープ事件

15 最3判平成20・2・19民集六二巻二号四四五頁

関連条文 (平成一七年法律第二二号による改正前の) 関税定率法二一条一項四号

写真集のわいせつ性判断の具体的方法。

事　実　本件は、N税関支署長から、帰国の際に携行していた写真集が風俗を害すべき物品に当たる、として当時の関税定率法二一条一項四号所定の輸入禁制品に該当する旨の通知を受けたため、同号該当性を争う等により、本件通知処分の違法を主張し、Nに対してその取消し及び国家賠償を求めた民事事件である。主な争点は風俗を害すべき＝わいせつであることを前提としたわいせつ性である。

裁判所の見解　男性器を直接的具体的に写し、中央に目立つように配置した本件各写真は「いずれも性器そのものを強調し、その描写に重きを置くもの」である。しかし、「本件写真集は、写真芸術ないし現代美術に高い関心を有する者による購読、鑑賞を想定して、(中略) 写真による現代美術の第一人者として美術評論家から高い評価を得ていた写真芸術家メイプルソープの主要な作品を一冊の本に収録し、その写真芸術の全体像を概観するという芸術的観点から編集し、構成したものである点に意義を有し、本件各写真もそのような観点からその主要な作品と位置付けられた上でこれに収録されたものといえる。また、(中略) 本件写真集全体に対して本件各写真の占める比重は相当に低く、しかも、本件各写真は、白黒の写真であり、性交等の状況を直接的に表現したものでもない。以上のような本件写真集における芸術性など性的刺激を緩和させる要素の存在、本件各写真の本件写真集全体に占める比重、その表現手法等の観点から写真集を全体としてみたときには、本件写真集が主として見る者の好色的興味に訴えるものと認めることは困難である。」

解　説　本件は、最2判昭和55・11・28刑集三四巻六号四三三頁の全体的判断方法を踏襲してわいせつ性を否定した事例であり、その評価方法が重要である。原審は、個々の写真にわいせつ性を認め、他の頁との不可分離性を根拠に本件写真集全体が禁制品に当たるとしたが、個々の写真の芸術性しか考慮しないのなら、部分的判断をしたにすぎない。一方で最高裁は、全体的判断の考慮要素として、本件各写真の内容を踏まえつつ、高い社会的評価を受けた芸術家による芸術的観点に基づいて製作された写真集だという、個々の写真からは感得できない写真集全体の特徴も含めて判断した。ただし、同一作家でも構成が異なる場合または社会通念の変化により、別の判断が下されうる点には注意を要する（本件と同一の作家の作品のわいせつ性を肯定した判例に最3判平成11・2・23判時一六七〇号三頁［既に二裁判官の反対意見があった］）。なお、本件は既に国内で流通していた物を国内に持ち込もうとした事案だったが、これは表現の外の事情であり、最高裁は触れていない。

わいせつ情報(3)……ろくでなし子事件

16 東京高判平成29・4・13裁判所ウェブサイト

関連条文 刑法一七五条

わいせつ罪の成否における芸術活動の考慮方法等。

事実 ①女性器の型取りをして作成された石膏に着色や装飾などを施した本件造形物をアダルトショップにおいて展示した行為がわいせつ物公然陳列罪に、②自己の女性器の三次元形状データファイル（本件データ）をオンラインストレージにアップして不特定の者五人に対して保存場所のURL情報等を教え現に保存させた行為がわいせつ電磁的記録送信頒布罪に、及び③本件データが記録された電磁的記録媒体であるCD－Rを郵送して不特定の者三人に受領させた行為について わいせつ電磁的記録媒体頒布罪に問われた事件である。一審も本判決も本件造形物のわいせつ性を否定し（①無罪）、本件データのわいせつ性を肯定した（②、③有罪）。

裁判所の見解 わいせつ性判断では、それ自体からは知りえない制作者の意図ないし制作過程等を考慮してはならず、これを考慮した原判決は不適切だが、一般人が本件造形物を女性器だと認識することにより性的刺激を受けるとは考えにくいのでわいせつ性は認められない（芸術性・思想性に関する考慮は不要）。

データのわいせつ性はそのデータ自体から判断されるべきであるから、将来のデータの加工の可能性を考慮した原判決は不適切であるが、女性器及びその周辺部分の忠実な再現であり、性的刺激の程度が強く、芸術性・思想性等による性的刺激の緩和の程度も大きくないのでわいせつ性が認められる。

さらに、本件データの頒布は芸術活動の一部であり違法性を欠くという主張（正当業務行為）に対し、一般論としてプロジェクトアートという芸術分野が存在するとしても、活動資金を得るための方策としてわいせつ性の強い本件データを頒布したと評価できるから、違法性阻却は認められない。

解説 まず、本判決は、わいせつ性の判断（構成要件判断）では作品外の事情を考慮しないという判例理論に基づき、一審の判断の一部を不適切だとした。当てはめの方法が参考になる。次に、具体的衡量をすべき違法性阻却の段階では行為の目的等が考慮されてよい。本判決も、作品外の事情を違法阻却で考慮しないとした一審の理解を採らずに、これを考慮して当てはめを行ったが、違法性阻却は認めなかった。本件が頒布したデータ自体の性的刺激の程度が強いと判断された事案であることも踏まえると、芸術活動の一環性、活動資金の取得目的といった評価が違法性阻却の判断に与える具体的な影響の分析は難しい。違法性阻却における表現自体及び表現外の事情の考慮方法を具体化する必要がありうる。

なお、刑法一七五条一項後段の送信頒布の意義（事実②参照）については19判例参照。

書籍等の輸入と税関検査……札幌税関検査事件

17 最大判昭和59・12・12民集三八巻一二号一三〇八頁

関連条文　憲法二一条一項・二項、関税法六九条の一一第一項七号

①税関検査は検閲に当たるか。②税関検査によるわいせつ表現物の輸入規制は表現の自由を侵害するか。③表現の自由を規制する法令の合憲限定解釈の限界。

事実　書籍輸入業者であるXは一九七四年、海外から男女の性交等が撮影された8ミリ映画フィルムを輸入しようとしたが、風俗を害すべきものと認められるとの税関長の通知処分によって輸入を阻まれたため、その取消しを求めた。

裁判所の見解　憲法二一条二項前段は検閲の絶対的禁止を宣言した趣旨であり、「検閲」とは行政権が主体となって、思想内容等の表現物を対象とし、その全部または一部の発表の禁止を目的として、対象とされる一定の表現物につき網羅的一般的に、発表前にその内容を審査した上、不適当と認めるものの発表を禁止することを、その特質として備えるものを指す。税関検査は事前規制そのものでなく、関税徴収手続に付随して行われ思想内容等を網羅的に審査することを目的とするものでない、通知処分に対する司法審査の機会が与えられる点からすれば、検閲に当たらない。

税関検査によるわいせつ表現物の輸入規制は憲法二一条一項に反しない。わいせつ文書の単純所持は処罰の対象ではないが（刑法一七五条）、国内の健全な性的風俗が害されることを実効的に防止するには、単なる所持目的かどうかを区別せずにその流入を水際で阻止することもやむを得ない。わいせつ表現物についての知る自由が一般の表現物と比べて制限されていることからすれば、輸入禁止による知る自由の制限もやむを得ない。

表現の自由を規制する規定に対する限定解釈が許されるのは、その解釈により規制の対象となるものとそうでないものとが明確に区別され、かつ、合憲的に規制し得るもののみが規制の対象となることが明らかにされる場合であり、また一般国民の理解において具体的場合に当該表現物が規制の対象となるかどうかの判断を可能ならしめるような基準をその規定から読みとることができる場合に限られる。「風俗を害すべき書籍、図画」等とはわいせつな書籍、図画等に限られるという限定解釈が可能である以上、「風俗を害すべき書籍、図画」等を輸入禁制品とする規定は明確性に欠けるものではない。

解説　本判決の検閲の理解は、行政権による網羅的一般的な審査に範囲を限定するもので批判が強い（論点①）。インターネットが普及した現在、税関検査の合憲性を支える水際阻止論の妥当性は疑問視されている（論点②）。表現の自由を規制する規定が違憲的適用部分を広く含む場合には過度に広汎な規定として違憲となる。本判決は合憲限定解釈により規定の合憲性を維持したが、過度の広汎性と明確性（憲法三一条）を区別せず処理した点に問題が残る（論点③）。

性的画像データとわいせつ図画……岡山FLMASK事件

18　岡山地判平成9・12・15判時一六四一号一五八頁

関連条文　刑法一七五条後段

画像処理ソフトを用いて容易に外すことができるマスクをかけた性器画像のデータはわいせつ図画と言えるか。

事　実　被告人らは、わいせつ画像の性器部分に、インターネット利用者の間で広く普及しているマスク付け外し機能を有する画像処理ソフト（FLMASK）を使用して、同ソフトを使用すれば容易に取り外すことができるマスクを付した上、同画像データ合計一六八画像分を、順次、サーバーコンピューターに送信し、同コンピューターの記憶装置であるディスクアレイ内に記憶・蔵置させ、不特定多数のインターネット利用者が、電話回線を使用し、同データを受信した上、同ソフトを使用すればマスクを取り外した状態となるわいせつ画像を復元閲覧することが可能な状況を設定し、同データにアクセスしてきた不特定多数の者に対して同データを送信して、同わいせつ画像のデータを再生閲覧させるなどした。

裁判所の見解　「被告人らがサーバーコンピューターのディスクアレイ内に記憶・蔵置させた画像にはマスク処理が施されてはいるが、被告人らのホームページにアクセスしてくる者のほとんどにとっては、その場で、直ちに、容易にマスクを外すことができるのであるから、マスク処理が施された画像自体がわいせつであると認めることができる」し、「被告人らは、これがわいせつであることの認識があった」と言える。また、「被告人らがサーバーコンピューターのディスクアレイ内に記憶・蔵置させた物は情報として画像データであり、有体物ではないが、インターネットにより、これをパソコンの画面で画像として見ることができる。そして、ここにおいて陳列されたわいせつ図画は、サーバーコンピューターではなく、情報としての画像データであると解するべきである。」として、わいせつ図画公然陳列罪の成立を肯定した。

解　説　本判決は、「マスクを外すことが、誰にでも、その場で、直ちに、容易にできる場合には、その画像はマスクがかけられていないものと同視することができる」として、本件画像のわいせつ性を肯定する。何らかの装置を用いないとわいせつ内容を認識できない場合でもその物のわいせつ性を肯定する判例（ビデオテープにつき、最2決昭和54・11・19刑集三三巻七号七五四頁）からは、当然の判断と言える。

また、本判決は、本件画像データが記憶・蔵置されたハードディスクではなく、画像データそのものを「わいせつ図画」に当たるとする。しかし、平成二三年改正で「電磁的記録に係る記録媒体」が一七五条一項の客体として規定された上、同項で、電気通信の送信による「わいせつな電磁的記録」それ自体の頒布についても処罰対象とされた以上、こうした解釈は、現在ではもはや意義を失ったと見るべきであろう（19事件も参照）。

海外へのアップロードとわいせつ電磁的記録の頒布

19 最3決平成26・11・25刑集六八巻九号一〇五三頁

関連条文　刑法一七五条一項後段

顧客によるダウンロード操作に応じて自動的にデータを送信する機能を備えた配信サイトを利用した送信により、わいせつな動画等のデータファイルを顧客の記録媒体上に記録、保存させる行為は、わいせつ電磁的記録の「頒布」に当たるか。

事　実　日本在住の被告人は、日本国内で作成したわいせつな動画等のデータファイルをアメリカ合衆国在住の共犯者らの下に送り、同国内に設置されたサーバコンピュータに同データファイルを記録、保存し、日本人を中心とした不特定多数の顧客にインターネットを介した操作をさせて同データファイルをダウンロードさせる方法によって有料配信する日本語のウェブサイトを運営していたところ、平成二三年に、日本国内の顧客によるダウンロード操作に応じて、わいせつな動画等のデータファイルを顧客のパーソナルコンピュータの記録媒体上に記録、保存させた。

裁判所の見解　「刑法一七五条一項後段にいう『頒布』とは、不特定又は多数の者の記録媒体上に電磁的記録その他の記録を存在するに至らしめることをいうと解される。（中略）不特定の者である顧客によるダウンロード操作を契機とするものであっても、その操作に応じて自動的にデータを送信する機能を備えた配信サイトを利用して送信する方法によってわいせつな動画等のデータファイルを当該顧客のパーソナルコンピュータ等の記録媒体上に記録、保存させることは」、本条にいう「わいせつな電磁的記録の『頒布』に当たる」。

解　説　本決定は、平成二三年改正で新設された一七五条一項後段の罪における「頒布」の意義を明らかにした上で、不特定の顧客のダウンロード操作が介在する場合であっても、それはあくまでも被告人が「意図していた送信の契機」に過ぎないとして、電磁的記録の頒布を肯定した。

利用者がデータを取得するために必要なプロセスが全て被告人あるいはその共犯者によって行われて初めて「頒布」と言えるのだとすれば、利用者が自らダウンロードする必要がある場合には、およそ「頒布」に当たらないことになる。しかし、物の頒布であっても、わいせつ図画の自動販売機のように、客の側に受領のための一定の行為が必要とされる場合は容易に想定しうる。したがって、利用者に一定の行為が必要であるとしても「頒布」には当たりうる。なお、利用者が不正なアクセスによってデータをダウンロードする場合には、「頒布」に当たらない（「電気通信の送信により」要件の問題ではない）。

次に、本決定は、データを記録媒体上に「存在するに至らしめた」ことが「頒布」を認めるに当たって必要とする。いわゆるキャッシュは一時的なメモリーに過ぎず、「頒布」から除外されるとの趣旨まで含むかは、なお明らかでないと言えよう。

児童ポルノ法七条三項の合憲性と処罰範囲

20 最3決平成18・2・20刑集六〇巻二号二一六頁

関連条文　児童ポルノ法七条三項

児童ポルノ法所定の姿態を児童にとらせ、これを電磁的記録に係る記録媒体に記録した者が、当該電磁的記録を別の記録媒体に記憶させて児童ポルノを製造する行為は、旧七条三項（現七条四項）の児童ポルノ製造罪に当たるか。

事　実　被告人は、十八歳に満たない被害児童との性交の場面をデジタルカメラなどで撮影することにより、児童を相手方とする性交又は性交類似行為に係る児童の姿態等を視覚により認識することができる方法により描写した児童ポルノであるミニディスク三本及びメモリースティック三本を製造し、さらに、同日、被告人方において、同メモリースティック三本に記憶させた画像データ一二七個をパーソナルコンピューターのハードディスクに記憶させることにより、児童ポルノであるハードディスクを製造した。

裁判所の見解　児童ポルノ法「七条三項の規定について憲法二一条、三五条違反をいう点は、（中略）規定中の『姿態をとらせ』という文言が所論のように不明確であるとはいえず、（中略）規定が表現の自由に対する過度に広範な規制であるということもできない」とした上で、「二条三項各号のいずれかに掲げる姿態を児童にとらせ、これを電磁的記録に係る記録媒体に記録した者が、当該電磁的記録を別の記録媒体に記憶させて児童ポルノを製造する行為は、法七条三項の児童ポルノ製造罪に当たると解すべき」と判示した。

解　説　本決定は、児童ポルノ法七条三項の「姿態をとらせ」要件につき、明確性の原則違反や表現の自由に対する過度に広汎な規制に当たらないとする。徳島市公安条例事件大法廷判決（最大判昭和50・9・10刑集二九巻八号四八九頁）の立場からは、本項の規制内容は通常一般人に理解可能であると言えよう。ただし、表現の自由との関係で、十六・十七歳で婚姻した女子につき、その配偶者が「姿態をとらせ」て製造した場合であっても本罪が常に成立すると解すべきかは一個の問題ではあろう（ただし、民法改正によって女子の婚姻年齢が十八歳に引き上げられれば、この問題自体が消失する）。

また、本決定は、行為者が被害児童に「姿態をとらせ」て製造した児童ポルノにつき、当該電磁的記録を別の記録媒体に記憶させた場合（複製行為）にも別個に本項の製造罪を肯定する。これに対しては、本件弁護人が主張するように、複製行為の際に被害児童に「姿態をとらせ」ておらず、本罪が成立するのかが問題となる。しかし、同一の行為者が被害児童に「姿態をとらせ」て製造した児童ポルノを更に複製する行為については、一連の「姿態をとらせ」製造罪を構成する行為として、元の製造行為と併せて包括一罪と解することができる（その後の裁判例として、金沢地判平成29・9・4公刊物未登載など）。

児童ポルノ・わいせつ物の販売目的

21 最3決平成18・5・16刑集六〇巻五号四一三頁

関連条文　刑法一七五条後段、児童ポルノ法七条二項

児童ポルノ・わいせつ物である光磁気ディスクを販売用コンパクトディスク作成のバックアップのために製造所持する場合に、児童ポルノ法旧七条二項の児童ポルノを販売する目的及び刑法旧一七五条後段にいう「販売の目的」があるか。

事実　被告人は、自ら撮影した児童の姿態に係る画像データをパーソナルコンピュータ上のハードディスクに記憶、蔵置させ、さらに、そこに保存された画像データを光磁気ディスクに記憶、蔵置させ、これを所持していた。本件光磁気ディスクは児童ポルノであり、かつわいせつ物であった。被告人が本件光磁気ディスクを製造、所持した目的は、本件ハードディスクに保存されるデータが破壊されるなどして販売用のコンパクトディスクが作成できなくなる事態に備えて、加工前のデータを保存しておくバックアップのためのものであった。

裁判所の見解　「被告人は、本件光磁気ディスク自体を販売する目的はなかったけれども、これをハードディスクの代替物として製造し、所持していたものであり、必要が生じた場合には、本件光磁気ディスクに保存された画像データを使用し、これをコンパクトディスクに記憶させて販売用のコンパクトディスクを作成し、これを販売する意思であったものである。その際、画像上の児童の目の部分にぼかしを入れ、ファイルのサイズを縮小する加工を施すものの、その余はそのまま販売用のコンパクトディスクに記憶させる意思であった」として、児童ポルノ法旧七条二項の児童ポルノを販売する目的及び刑法旧一七五条後段の「販売の目的」を肯定した。

解説　本決定は、所持の対象物それ自体を販売する目的を有していない場合、すなわち、所持の対象物と販売目的の対象物とが同一ではない場合にもなお販売目的を肯定したものであり、ダビングテープを販売する目的でマスターテープを所持する事案に関する一連の下級審裁判例と軌を一にするものと言える（富山地判平成2・4・13判時一三四三号一六〇頁、東京地判平成4・5・12判タ八〇〇号二七二頁）。その気になればいつでも直ちに流布させることができる状態にあることが、販売目的を基礎づける事実であることからすると、バックアップ目的であってもなお本決定の判断は是認されよう。

次に、本決定は、所持の対象物と販売目的の対象物との内容が同一でない場合にもなお販売目的を肯定する点で、前述の下級審裁判例よりも更に歩を進めたものと言える。本件での加工は、被害児童の目の部分にぼかしを入れ、ファイルサイズを縮小するに過ぎず、その余はそのままであったことからすると、その加工は容易にかつ直ちに行えるものであり、また、非本質的なものに過ぎない。このような場合には、販売目的を基礎づける流布の危険があると言え、販売目的を肯定できよう。

児童ポルノと刑法一七五条のわいせつ物との関係

22 最2決平成21・7・7刑集六三巻六号五〇七頁

関連条文　刑法一七五条、児童ポルノ法七条四項・五項

①児童ポルノを不特定多数人に提供すると共に、不特定多数の者に提供する目的で所持した場合の罪数はどうなるか。②児童ポルノかつわいせつ物を不特定多数人に販売提供し、かつ提供する目的で所持した場合の罪数はどうなるか。

事実　被告人は、当初、「前後一一回にわたり、三名の者に対し、児童ポルノでありわいせつ図画であるDVD—R合計一一枚及びわいせつ図画であるDVD—R合計二五枚を不特定又は多数の者に販売して提供した」との公訴事実で訴追されたところ、訴因変更が行われ、①前後一六回にわたり、四名の者に対し、児童ポルノかつわいせつ図画のDVD—R合計二一枚及びわいせつ図画のDVD—R合計六七枚を不特定又は多数の者に販売して提供し、②自宅において、児童ポルノかつわいせつ図画のDVD—R合計二〇枚及びわいせつ図画のDVD—R合計一三六枚を不特定多数の者に提供又は販売する目的で所持したとされた。弁護人は、本件の各罪は併合罪の関係にあるにも拘らず、訴因変更を許可した第一審には違法がある旨控訴審で主張し、上告趣意でも同様の主張を行った。

裁判所の見解　児童ポルノ法「一二条三項にいう児童ポルノを、不特定又は多数の者に提供するとともに、不特定又は多数の者に提供する目的で所持した場合には、児童の権利を擁護しようとする同法の立法趣旨に照らし、同法七条四項の児童ポルノ提供罪と同条五項の同提供目的所持罪とは併合罪の関係にある」が、「児童ポルノであり、かつ、刑法一七五条のわいせつ物である物を、他のわいせつ物である物も含め、不特定又は多数の者に販売して提供するとともに、不特定又は多数の者に販売して提供する目的で所持したという本件のような場合」、「わいせつ物販売と同販売目的所持が包括して一罪を構成」し、「その一部であるわいせつ物販売と児童ポルノ提供、同じくわいせつ物販売目的所持と児童ポルノ提供目的所持は、それぞれ社会的、自然的事象としては同一の行為であって観念的競合の関係に立つ」ため、全体を一罪とした。

解説　本決定は、児童ポルノ法旧七条四項の提供罪と旧五項の所持罪とは併合罪関係に立つとしつつ、児童ポルノかつわいせつ物を提供するとともに提供目的で所持する場合には、わいせつ物販売と販売目的所持が包括一罪を構成し（最1決昭和39・4・30集刑一五一号一三三頁参照）、わいせつ物販売と児童ポルノ提供、わいせつ物所持と児童ポルノ所持がそれぞれ観念的競合となることに鑑みて、全体として一罪として処理することを肯定した。同一の所持行為及び同一の販売・提供行為が一方では（児童ポルノ法における）併合罪として、他方では（刑法一七五条における）包括一罪として構成される場合に、後者の側面を重視したものと言えよう。

インターネット上の児童ポルノの改変ＵＲＬ掲載行為と公然陳列罪の成否

23　最3決平成24・7・9判時二一六六号一四〇頁

関連条文　児童ポルノ法七条四項

インターネット上の掲示板に記憶・蔵置されている児童ポルノの改変ＵＲＬを共犯者が運営する掲示板に掲載した場合に児童ポルノ法旧七条四項の公然陳列罪が成立するか。

事　実

被告人は、共犯者と共謀の上、第三者が開設したインターネット上の掲示板に記憶・蔵置されていた児童ポルノのＵＲＬについて、「ｂｂｓ」という部分を「（ビービーエス）」とカタカナに直した上で、共犯者が管理する掲示板において、右のように改変したＵＲＬを、「カタカナはそのまま英語に…直してください。」との正しい文字列に直す方法の付記と共に掲載し、不特定多数のインターネット利用者が正しい文字列に直したＵＲＬを入力すれば、直ちに当該児童ポルノを閲覧することが可能な状態を設定した。

裁判所の見解

最高裁は、児童ポルノ公然陳列罪の成立を認めた原審である大阪高裁判決に対する弁護人の上告を「刑訴法四〇五条の上告理由に当たらない」として棄却した。なお、大橋正春裁判官の反対意見は、「『公然と陳列した』とされるためには、既に第三者によって公然陳列されている児童ポルノの所在場所の情報を単に情報として示すだけでは不十分であり、当該児童ポルノ自体を不特定又は多数の者が認識できるようにする行為が必要」として被告人の行為はそれに当たらないとしつつ、幇助犯の成立の余地を肯定した。

解　説

本決定は、原判決に対する弁護人の上告に対して、職権による判断を示さずに上告を棄却している。こうした判断については、本件被告人の行為につき正犯性を積極的に肯定したものとする理解もあるが、問題を今後の学説や裁判例の発展に委ねる趣旨であるとの評価も可能であろう。

原判決は、児童ポルノ法旧七条四項の公然陳列の意義につき、刑法一七五条に関する最3決平成13・7・16（刑集五五巻五号三一七頁）を引用しつつ、児童ポルノの内容を「不特定又は多数の者が認識できる状態に置くこと」とする。その上で、児童ポルノの改変ＵＲＬを掲載する行為が、自ら児童ポルノを掲載する行為と、①新たな法益侵害の危険性という点と②行為態様の類似性という点からみて同視できる場合には、本条の公然陳列に当たるとした。具体的には、①で、閲覧の容易性及び閲覧の誘引性を考慮しつつ、法益侵害の危険性が肯定され、②で、インターネットを通じて児童ポルノを見ることができるという現象面が重要だとして、行為態様の類似性も肯定された。

リンクや改変ＵＲＬであっても、一定の誘引的な文言・状況を伴うことで、当該児童ポルノの存在を知らなかった不特定多数人がその存在を認識する危険性を生じさせうる。したがって、公然陳列、すなわち「不特定又は多数の者が認識できる状態に置くこと」に当たるとして正犯性を認めうる。

有害図書指定と表現の自由……岐阜県青少年保護育成条例事件

24 最3判平成元・9・19刑集四三巻八号七八五頁

関連条文　憲法二一条一項

いわゆる包括指定方式により有害図書として指定された図書の自動販売機への収納を禁止処罰する岐阜県青少年保護育成条例の諸規定は、憲法二一条一項に違反するか。

事実　自動販売機により図書を販売することを業とする被告会社の代表取締役である被告人が、被告会社が岐阜県の道路沿いにある喫茶店などの前に設置管理する自動販売機において、岐阜県青少年保護育成条例六条二項の規定する包括指定方式によって有害図書に指定された雑誌を収納した。

裁判所の見解　「本条例の定めるような有害図書が一般に思慮分別の未熟な青少年の性に関する価値観に悪い影響を及ぼし、性的な逸脱行為や残虐な行為を容認する風潮の助長につながるものであって、青少年の健全な育成に有害であることは、既に社会共通の認識になっているといってよい。さらに、自動販売機による有害図書の販売は、売手と対面しないため心理的に購入が容易であること、昼夜を問わず購入ができること、収納された有害図書が街頭にさらされているため購入意欲を刺激し易いことなどの点において、書店等における販売よりもその弊害が一段と大きいといわざるをえない。しかも、自動販売機業者において、(中略)審議会の意見聴取を経て有害図書としての指定がされるまでの間に当該図書の販売を済ませることが可能であり、このような脱法的行為に有効に対処するためには、本条例六条二項による指定方式も必要性があり、かつ、合理的」なので、本件のような収納の禁止は、「青少年に対する関係において、憲法二一条一項に違反しないことはもとより、成人に対する関係においても、有害図書の流通を幾分制約することにはなるものの、青少年の健全な育成を阻害する有害環境を浄化するための規制に伴う必要やむをえない制約であるから、憲法二一条一項に違反するものではない。」

解説　本判決は、有害図書が青少年の健全育成に弊害を与える点の厳密な立証を不要としつつ(伊藤正己判事の補足意見も参照)、精神的に未成熟な青少年を広く保護し、その付随的規制として成人についても自動販売機に収納された有害図書を読む自由を制約しているものと言える。また、包括指定方式についても、個別指定による時間的スパンをいわば悪用する脱法的販売形態を抑止するために必要かつ合理的としている。

自動販売機の収納規制は、本判決以降も度々憲法二一条一項との関係で問題とされている。たとえば、最2判平成21・3・9(刑集六三巻三号二七頁)は、無人の小屋の中に監視カメラで客を撮影してその画像をチェックするシステムを導入していた事案で、本判決を引用し、同システムの採用によっても前述の青少年への弊害がなお存在するとし、自動販売機への収納を処罰することは憲法二一条一項に反しないとされた。

いわゆる出会い系サイト規制法の合憲性

25 最1判平成26・1・16刑集六八巻一号一頁

関連条文　憲法二一条一項

いわゆる出会い系サイト規制法が規定する罰則を伴う届出制度は、憲法二一条一項に反するか。

事実　被告人は、公安委員会に届出をしないで、四か月余に渉り、被告人方に設置してあるサーバーコンピュータに電子掲示板を蔵置して、異性交際希望者が相互に連絡することができるようにする役務を提供する事業を行った。

裁判所の見解　本判決は、出会い系サイト規制法が、思慮分別が一般に未熟である児童を児童買春などの犯罪から保護し、その健全な育成を図るという「社会にとって重要な利益」を有するものであり、「本法の目的は、もとより正当である」し、出会い系サイトの「利用に起因する児童買春その他の犯罪が多発している状況を踏まえると、それら犯罪から児童を保護するために」当該事業について「規制を必要とする程度は高い」とする。その上で、一定の事項について公安委員会に事業者自身から事業開始段階で届け出ることを義務付けることは、同法の「各規定に基づく監督等を適切かつ実効的に行い、ひいては本法の上記目的を達成することに資する」とする。また、本件届出制度の届出事項の内容は限定されたものであり、届出自体によっては利用者による書き込みの内容などは制約されず、届出義務違反に罰則を科すことも義務履行の担保の上で合理的であり、罰則の内容も相当であるとする。したがって、「本件届出制度は、上記の正当な立法目的を達成するための手段として必要かつ合理的なものというべきであって、憲法二一条一項に違反するものではない」とする。

解説　本判決は、平成二〇年改正により新設された、出会い系サイト規制法七条一項に基づく都道府県公安委員会への届出義務違反に対する罰則（同三二条一項）につき、憲法二一条一項の保障する表現の自由との関係で、憲法適合性判断を示したものである。まず、本法の立法目的の正当性（規制の必要性）につき、本判決は、思慮分別が一般に未成熟である児童を児童買春等の犯罪から保護することに求めており、岐阜県青少年保護育成条例事件最高裁判決（24事件）と軌を一にするものと言える。また、出会い系サイトの利用に起因する児童買春罪などの多発といった状況に鑑みて、児童を保護するために事業者を規制する必要性が高いことが指摘されている。

次に、目的達成手段としての届出制度の必要性・合理性につき、許可制のような一般的禁止とは異なることを前提に、本判決は、届出事項の内容も限定的なこと、事業者や利用者の表現行為が制約されないこと、更には罰則規定を設けることの合理性や罰則内容の相当性を論じている。ただし、本法罰則が現行の六月以下の懲役または百万円以下の罰金よりも更に加重された場合に、直ちに相当性が失われるとまでは言えない。

名誉毀損における公然性

26 最1判昭和34・5・7刑集一三巻五号六四一頁

関連条文　刑法二三〇条一項

名誉毀損罪における事実摘示の「公然」性はいかなる場合に肯定されるか。

事　実　被告人は、自宅寝室で窓ガラスに火が反射したことに不審を抱き、外を覗いたところ、約一〇メートル離れた場所で火が燃えているのを発見し、消火に赴く際にたまたまその付近で見かけた男性を甲だと思い込み、確証のないままに、その後自宅において二名に対して甲が放火した旨述べ、また、別の日にも、複数名に対して同様の事実を述べた。

第一審は、「刑法二三〇条にいう公然たるには必ずしも事実摘示をした場所に現在した人員の衆多であることを要せず、二、三人に対して事実を告知した場合でも他の多数人に伝播すべき事情があれば公然」ということができる旨判示した。これに対して原審は、本件では「被告人は特殊の関係により限局せられた者に対してのみ事実を摘示したものではなく不定の人に対してなした」旨判示した。

裁判所の見解　本判決は、「原判決は（中略）、被告人は不定多数の人の視聴に達せしめ得る状態において事実を摘示したものであ」るとした上で、「このような事実認定の下においては、被告人は刑法二三〇条一項にいう公然事実を摘示したものということができる」旨判示した。

解　説　本判決は、不定多数の人の視聴に達せしめ得るべき状況があれば、名誉毀損罪における公然性を肯定できる旨判示しており、判例は一貫して、「不特定又は多数人」が認識できる状態を要求している（大判昭和12・11・19刑集一六巻一五一三頁、最2判昭和36・10・13刑集一五巻九号一五八六頁参照）。「不特定」とは、原判決が述べるように、摘示の相手方が特殊の関係によって限局された者ではないことを指し、「多数」については（具体的な数字で示すことはできないものの）、七名の役員からなる役員会での事実摘示につき、「多数人なりと雖も」絶対に伝播する恐れがない場合には公然性を否定するとしたものがある（前掲・大判昭和12・11・19）。

本判決は、第一審判決が論じるいわゆる「伝播性の理論」、すなわち、事実を直接に摘示した相手方が特定少数人であったとしても、そこから不特定又は多数人に伝播する危険性がある場合には、なお公然性を肯定し得るとする理解を採用したものとされている（同理論を採用する判例として、大判昭和3・12・13刑集七巻七六六頁参照）。ただし、判例においては、前掲・大判昭和12・11・19のように、直接の相手方が多数人であっても、そこから伝播する恐れがない場合にはなお公然性を否定するものもある。とはいえ、この事案では直接の相手方が七名だからこそかかる判断が是認されるのであって、直接の相手方が例えば百名であった場合にはなお別異に解さざるを得ない。

死者の名誉毀損……「落日燃ゆ」事件

27 東京高判昭和54・3・14高民集三二巻一号三三頁

①死者の名誉は不法行為法上保護され得るか。②遺族の敬愛追慕の情は不法行為法上保護され得るか。

事実　Yは、組織と人間との関係の究極の姿としての戦争をテーマとした作品を構想し、戦争に巻き込んで行った側の人物として、元外交官・首相のAに焦点を絞り、取材の上、小説「落日燃ゆ」を著述した。その中で、Yは、Aと同時代の外交官Bとを比較する形で取り上げ、Bが妻帯者であったにもかかわらず、他の女性と関係をもっていたとし、「それに、相手は花柳界の女だけではない。部下の妻との関係もうんぬんされた。（潔癖なAは、こうしたBの私行に、「風上にも置けぬ」と、眉をひそめていた）」と記述した。Bの甥であるXは、この小説の出版によって、Bの名誉が毀損され、自らも精神的苦痛を受けたとして、不法行為による損害賠償及び原状回復措置としての謝罪広告の掲載を求めた。

裁判所の見解　①死者の名誉ないし人格権について、「刑法二三〇条二項及び著作権法六〇条はこれを肯定し、法律上保護すべきものとしており」、一般私法に関してはこれと特に右と異なる考え方をすべき理由はないから、法律上保護されるべき権利ないし利益として、その侵害行為につき不法行為成立の可能性を肯定すべきである。しかし、請求権の主体については何らの規定がなく、結局その権利の行使につき実定法上の根拠を欠く。②一方、「故人に対する遺族の敬愛追慕の情も一種の人格的法益としてこれを保護すべきものであるから、これを違法に侵害する行為は不法行為を構成する。」「もっとも、死者に対する遺族の敬愛追慕の情は死の直後に最も強く、その後時の経過とともに軽減して行くものであることも一般に認めうるところであり、他面死者に関する事実も時の経過とともにいわば歴史的事実へと移行して行くものということができるので、年月を経るに従い、歴史的事実探求の自由あるいは表現の自由への配慮が優位に立つに至る」。年月が経過した場合に右行為の違法性を肯定するためには、少なくとも摘示された事実が虚偽であること、その事実が重大で、その時間的経過にかかわらず、故人に対する敬愛追慕の情を受認し難い程度に害したことが必要である（本件では虚偽性が否定された）。

関連条文　民法七〇九条・七二三条

解説　相続の対象になりえない名誉が死後保護されるか否かについては、ドイツ法の議論や著作権法六〇条の規定を参考にした積極説がある一方で、帰属主体がいない以上保護されないとする消極説もある。もっとも、後者も、死者の名誉を毀損する事実の摘示が遺族自身の名誉を毀損し、または敬愛追慕の情を害する場合には、それらを権利侵害と構成することを認める（ただし、敬愛追慕の情を被侵害利益としたときには、原状回復措置は認められない）。本判決は後者に立つ。

新聞の編集方針・読者構成・性質と名誉毀損の成否……ロス疑惑夕刊フジ事件

28 最3判平成9・5・27民集五一巻五号二〇〇九頁

関連条文　民法七〇九条

新聞の編集方針、読者構成及び新聞の性質についての社会の一般的な評価は、名誉毀損の成否に影響するか。

事実　Xについては、当時、妻を殺害したとの殺人被疑事件について捜査が進行中であった。一方、Y_1は、自社の発行するA新聞の紙面に、アメリカ合衆国の捜査当局が右殺人被疑事件についてXを起訴する方針を固めたことを報じた後、推理小説作家であるY_2が、「『あくまで推理ですよ』と断りながら、事件は保険金を目当てにしたグループによる犯行で、Xは主犯クラスではないといい続けてきた」こと、Xが共犯者を明らかにしない理由について、『X自身がAさん銃撃事件とは別に、主犯としてやった事件があるからだとにらんでいます。』『殴打事件（殺人未遂）の判決（東京地裁）は懲役六年。Xにとっては、六年ですめば御の字だからですよ。六年どころではない事件、主犯としてやった事件があるはず。』」と述べたことを紹介する記事を掲載した。Xは、本件記事によって、自らが保険金を目当てにしたグループの一員であり別の殺人事件の犯人であると理解され、名誉が毀損されたとして、Yらに対して、不法行為による損害賠償を請求した。

裁判所の見解　当該新聞の編集方針、その主な読者の構成及びこれらに基づく当該新聞の性質についての社会の一般的な評価は、右不法行為責任の成否を左右しない。ある記事の意味内容が他人の社会的評価を低下させるものであるかどうかは、当該記事についての一般の読者の普通の注意と読み方とを基準として判断すべきものであり、たとえ、当該新聞が主に興味本位の内容の記事を掲載することを編集の方針とし、読者層もその編集方針に対応するものであったとしても、当該新聞が報道媒体としての性格を有している以上は、その読者も当該新聞に掲載される記事がおしなべて根も葉もないものと認識しているものではなく、当該記事に幾分かの真実も含まれているものと考えるのが通常であろうから、その掲載記事により記事の対象とされた者の社会的評価が低下させられる危険性が生ずることを否定することはできないからである。

解説　本判決は、新聞報道による名誉毀損の成否を「一般読者の普通の注意と読み方を基準として解釈した意味内容」に従って判断すべきとした最2判昭和31・7・20民集一〇巻八号一〇五九頁を前提としつつ、問題の新聞の編集方針や読者構成、新聞の性質についての社会の一般的評価は、「一般の読者の普通の注意と読み方」には影響しないものと判断した。ただし、「当該新聞が報道媒体としての性格を有している」ことが前提になっているため、もし、一般人が新聞とは名ばかりであると認識する「報道」媒体が存在するとすれば、名誉毀損の成否に影響する可能性はありえよう。

テレビの報道番組における名誉毀損の成否の判断……テレビ朝日ダイオキシン事件

29 最1判平成15・10・16民集五七巻九号一〇七五頁

関連条文　民法七〇九条・七二三条

①テレビの報道番組における摘示事実の内容はどのように判断すべきか。②摘示事実による社会的評価の低下の有無はどのように判断すべきか。

事実　テレビ放送等の放送事業会社であるYは、テレビのニュース番組のダイオキシン類問題についての特集に係る放送において、ほうれん草を中心とするA県B市産の葉物野菜が全般的にダイオキシン類による高濃度の汚染状態にあることを、測定値を示して報じる等して、B産の農産物とりわけ野菜のダイオキシン類汚染の深刻さや、その危険性に関する情報を提供した。ただし、測定値として示された数値の最高値は、煎茶についてのものであった。この放送の翌日以降、ほうれん草を中心とするB産の野菜について、取引停止が相次ぎ、その取引量や価格が下落した。B市内の野菜等農家であるXらは、この放送によって、自らの名誉が毀損されて精神的損害等を被ったとして、不法行為による損害賠償及び謝罪広告を求めた。Yは、摘示事実の重要部分が真実であったと主張しており、摘示事実の重要な部分が何かが問題になっている。

裁判所の見解　①テレビの報道番組によって摘示された事実がどのようなものであるかについては、新聞記事と同様に、一般の視聴者の普通の注意と視聴の仕方とを基準として判断すべきである。テレビの報道番組においては、新聞記事等の場合とは異なり、視聴者は、音声及び映像により次々と提供される情報を瞬時に理解することを余儀なくされるのであり、録画等の特別の方法を講じない限り、提供された情報の意味内容を十分に検討したり、再確認したりすることができないため、当該報道番組の摘示事実がどのようなものかは、当該報道番組の全体的な構成、これに登場した者の発言の内容や、画面に表示されたフリップやテロップ等の文字情報の内容を重視しつつ、映像の内容、効果音、ナレーション等の映像及び音声に係る情報の内容並びに放送内容全体から受ける印象等を総合的に考慮して判断すべきである（本件においては、摘示事実の重要部分は、ほうれん草を中心とするB産の葉物野菜が全般的にダイオキシン類による高濃度の汚染状態にあり、その測定値が高い水準にあるとの事実であるとしたうえ、真実性の証明がないとした）。②テレビの報道番組の内容が人の社会的評価を低下させるか否かについても、一般の視聴者の普通の注意と視聴の仕方とを基準として判断すべきである。

解説　本判決は、最2判昭和31・7・20民集一〇巻八号一〇五九頁の考え方をテレビ放送にも広げつつ、次々に提供される情報を瞬時に理解することを求められ、また、内容の再確認が困難であるというテレビ放送の特殊性に鑑み、具体的な判断要素を掲げたものである。

「一般の視聴者の普通の注意と視聴の仕方」の意味……NHK・JAPAN事件

30 最1判平成28・1・21判タ一四二二号六八頁

関連条文　民法七〇九条

台湾統治中の日本がXの父親を含む台湾の一民族の暮らしぶりを博覧会で見せ物としたという内容を含むテレビ番組は、Xの名誉を毀損するか。

事実　Yは、平成二一年、「アジアの〝一等国〟」と題するドキュメンタリー番組のテレビ放送をした。本番組は、世界の一等国に上り詰めた日本は、なぜ、坂を転げ落ちていったのかとの問題提起をした上で、日本は、明治四三年にロンドンで開催された日英博覧会を台湾統治の成果を世界に示す絶好の機会と捉えて、Aを含む台湾南部のパイワン族を連れて行き、その暮らしぶりを見せ物としたこと、当時、英国やフランスは、博覧会等で植民地の人々を盛んに見せ物にしており、これが「人間動物園」と呼ばれていて、日本はこれをまねたことを説明した。そして、Xの映像と画面に映っている女性がAの娘である旨のナレーションを流し、Xの氏名等を字幕で表示した。Xは、本番組が、日英博覧会へのパイワン族の出演を「人間動物園」と称した上、Xの父親は日英博覧会において動物扱いされた者であり、Xはその娘であるとして紹介することで、X自身を動物扱いしてその名誉を毀損したとして、不法行為による損害賠償を求めた。

裁判所の見解　テレビ番組の内容が人の社会的評価を低下させるか否かについては、「一般の視聴者の普通の注意と視聴の仕方とを基準として判断すべきである」。「これを本件についてみると、本件番組を視聴した一般の視聴者においては、日本が、約一〇〇年前である明治四三年、台湾統治の成果を世界に示す目的で、西欧列強が野蛮で劣った植民地の人間を文明化させていると宣伝するために行っていた「人間動物園」と呼ばれる見せ物をまねて、Xの父親を含むパイワン族を日英博覧会に連れて行き、その暮らしぶりを展示するという差別的な取扱いをしたという事実を摘示するものと理解するのが通常である」。本番組が「摘示したこのような事実により、一般の視聴者が、Xの父親が動物園の動物と同じように扱われるべき者であり、その娘であるX自身も同様に扱われるべき者であると受け止めるとは考え難く」、したがって本番組の放送によりXの社会的評価が低下するとはいえない。

解説　本判決は、最高裁が、29判決の判断基準に基づいて、原判決が触れた、Xがパイワン族を代表して英国に行った人の娘であるという、パイワン族の中での社会的評価の低下の有無には触れず、「一般の視聴者の普通の注意と視聴の仕方によれば」、Xの社会的評価は低下していないと判示したものであり、最高裁自身が具体的なあてはめを示したものとして意義を有する。

インターネット上での動画配信による摘示事実の判断

31 大阪地決平成27・6・1判時二二八七号七五頁

関連条文　民法七〇九条・七二三条

インターネット上での動画配信による摘示事実の内容はいかに判断すべきか。

事実　Xが A市長在任中の平成二三年、A市は、地域振興活動補助金等を、領収書等を付した活動報告書の提出が必要な補助金から同報告書の提出が不要な交付金へ変更した。一方、平成二七年開催のタウンミーティングにおいて、当時のA市長Y_1は、「僕とXさんが戦ったA市長選挙。町内会に現金一〇〇万円、領収書抜きで配られています。皆さんの税金で。使い道何かわかりません。領収書求めずに役員の方に全部配っています。」（発言①）、「選挙が近づいてくると、町内会にね、現金配るんです（…）Xさんはもう町内会にびゃーんと現金まいて、はい領収書使わなくていいですよ、その代わり選挙で、といったかどうかは分かりませんけれどもね。」（発言②）等と述べた。Xは、発言①・②等が、Xが平成二三年のA市長選挙の際、集票目的で、A市内の町内会に一〇〇万円を配ったという事実を摘示し、Xが公職選挙法違反行為をしたかのような印象を与えるところ、発言①・②等の様子が録画された動画の動画投稿サイト等上での公開等がXの名誉を毀損したとして、Y_1及び地域政党Y_2に対して、人格権に基づく動画の削除等及び名誉回復措置としての謝罪広告の掲載を求めた。

裁判所の見解　動画投稿サイト上の動画は、繰り返し視聴が可能であるものの、動画の視聴という面でテレビ放送と共通する。「繰り返し視聴すれば本件各発言について別個の意味に解されないことはないにしても、提供された情報の意味内容を再生によって十分に検討したり再確認したりすることが、通常であるとも一般的に期待されているとも」いえない「から、一般の視聴者の普通の注意と視聴の仕方においては、本件各発言及びその前後の発言から受ける全体の印象等によって異なる見方、受け取り方がされることが通常であり、」摘示事実がどのようなものかは、「このような印象等を総合考慮して判断すべきである」。（本件では、「各発言に至るまでに、補助金という具体的な言葉を用いてA市の交付金制度に関する問題を提起しているか否か、公にされていない問題や不正が公表されるのではないかとの聴衆の好奇心を煽るような発言による印象付けの有無、領収書を不要とすることによる弊害の具体例の紹介の有無による発言全体の印象の違い」を考慮して、発言①等につき名誉毀損を肯定、発言②につき否定。）

解説　本判決は、動画投稿サイト上の動画についても、繰り返し再生による内容の検討・再確認が通常だとも一般的に期待されるともいえないとして、テレビ放送に関する29判決の基準を用いつつ、そのあてはめにあたって「前後の発言から受ける」全体の印象等を重視した点に特徴がある。

弁明による名誉毀損……プリンスホテル日教組大会会場等使用拒否事件

32 東京地判平成21・7・28判時二〇五一号三頁

関連条文 民法七〇九条・七二三条

表現行為が、紛争の一方当事者による弁明の形で行われた場合、名誉毀損の成否に影響するか。

事実 Xは、毎年全国各地で教育研究全国集会を開催していたが、平成二〇年の集会を東京都内で開催するため、Y_1との間で、Y_1が経営するホテルの宴会場の使用契約及び客室の宿泊契約を締結した。しかし、Y_1やその代表取締役Y_2らが、集会に反対する右翼団体の街宣活動等による他の顧客及び近隣等への迷惑等を理由として、これらの契約を解約した旨を主張してその使用を拒否した。このため、Xは、東京地裁に対し、集会のための宴会場の使用を求めて仮処分命令を申し立て、認められた。Y_1はこれを争ったが、東京高裁で、保全抗告棄却決定がなされて、仮処分命令決定が確定した。しかし、Y_1は、引き続きXに対して宴会場の使用を拒否した。そして、Y_2らは、Y_1のホームページにおいて、集会前日から約一年二か月にわたり、本件に関してY_1の立場を弁明する内容の記事等を掲載し続け、記者会見等もした。Xは、これらによって自らの名誉・信用が毀損されたとして、不法行為による損害賠償及び謝罪広告の掲載等を求めた。

裁判所の見解 紛争の一方当事者が自らの立場を弁明する内容の表現行為については、通常の読者であれば、対立関係にある者の片方から一方的に発信されたものとしてその表現行為を受け取り、事実を正確に伝えるものでない可能性があることを留保するものと解され、その表現行為によって相手方当事者に対する評価を変えるとは断定できない。また、社会的耳目を引く紛争の当事者が自らの立場を弁明することは、正当な目的に出た行為である。そうすると、この種の表現行為の違法性は慎重に判断する必要がある。当該表現行為の内容が表現行為者の意見表明である場合には、相手方がその意見を事実と受け取るおそれはより小さいということができる上、紛争当事者が当該紛争について自らの評価を表明することは、当該紛争の解決にも資すると考えられるので、紛争の一方当事者による意見表明は、原則として相手方の社会的評価を低下させず、違法性がない。他方、紛争の一方当事者が事実を摘示する場合には、その摘示が真実でなく、そのことを知りまたは容易に知りえたときは、違法性がある（本件においては、事実の摘示にあたる部分の一部についてのみ違法性を認めた）。

解説 本判決は、紛争の一方当事者による弁明のうち、意見表明部分については原則名誉毀損を否定し、また、事実摘示部分については、それが真実でないことについて行為者が悪意または重過失の場合にのみ免責を否定した。特に後者については、社会的評価の低下がある場合にも、相当性の抗弁よりも緩やかな要件の下で免責を認めた点に特徴がある。

公共の利害に関する事実……月刊ペン事件

33 最1判昭和56・4・16刑集三五巻三号八四頁

名誉毀損罪の真実性の証明（刑法二三〇条の二）における「公共の利害に関する事実」は、いかなる場合に肯定されるか。

事　実　株式会社P社の編集局長である被告人は、同社発行の月刊誌上で連続特集を組み、宗教法人Aを批判するにあたり、その象徴的存在とみられるBの私的行動をも採り上げ、複数回に渉り、同誌上において、Bの女性関係に関する記事を執筆掲載した上、同雑誌を多数の者に販売・頒布したとして起訴された。第一審及び原審は、名誉毀損罪の構成要件該当性を肯定した上で、真実性の証明に関して、被告人の摘示した事実はBの私生活上における不倫な男女関係の醜聞を内容とするものであり、その表現方法も不当な侮辱的・嘲笑的表現を用いており、文体・内容も不確実な噂、風聞をそのまま取入れている点などを指摘しつつ、「公共の利害に関する事実」に当たらないとした。

裁判所の見解　本判決は、「私人の私生活上の行状であつても、そのたずさわる社会的活動の性質及びこれを通じて社会に及ぼす影響力の程度などのいかんによつては、その社会的活動に対する批判ないし評価の一資料として、刑法二三〇条の二第一項にいう『公共ノ利害ニ関スル事実』にあたる場合がある」としつつ、BはAにおいて「その教義を身をもつて実践すべき信仰上のほぼ絶対的な指導者であつて、公私を問わずその言動が信徒の精神生活等に重大な影響を与える立場にあつたばかりでなく、右宗教上の地位を背景とした直接・間接の政治的活動等を通じ、社会一般に対しても少なからぬ影響を及ぼしていたこと」などを指摘しつつ、本条の「公共の利害に関する事実」に当たるとして、破棄差戻しとした。

解　説　本判決は、名誉毀損罪の真実性の証明における「公共の利害に関する事実」について、個人のプライバシーに関する私生活上の事実であっても、その個人の社会的な地位や影響力に鑑みて、その社会的活動に対する批判・評価の一資料として事実の公共性が肯定される場合があることを示した。また、本判決が、「摘示された事実自体の内容・性質に照らして客観的に判断されるべき」であり、事実を摘示する際の表現方法や事実調査の程度などは公益目的の存否の認定で考慮されるべきであり、事実の公共性判断で考慮されるべきではないとした点も注目に値する。

本判決は、一定の公的な地位や社会的影響力を有する者との関係では、そのプライバシーの保護を一定程度後退させるものとも言えるが、いかなる地位・影響力を持つ者との関係でこうした判断が妥当するか、また、病気や出自といった高度に私的な情報についてもこうした判断が妥当であるかについては、慎重な検討が必要と言えよう。

関連条文　刑法二三〇条の二第一項

芸能人の私生活上の行状の公共性

34　東京地判平成21・8・28判タ一三一六号二〇二頁

関連条文　民法七〇九条・七二三条

芸能人の私生活上の行状の摘示は公共の利害に関する事実に係るといえるか。

事　実　X_1は、アイドルグループAの元メンバーであり、A脱退後も芸能活動をしている。X_2は、X_1の兄であり、北海道の美容院勤務の美容師である。出版社Yは、自社の発行する週刊誌において、「元A　X_1が元カレにせびる『法外な慰謝料』」と題した、X_2が、X_1の依頼を受け、自らも京都での美容院開業資金欲しさに、過去にX_1と交際していたBに対し、二〇〇〇万円ないし三〇〇〇万円もの慰謝料の支払を求めてその支払を受けた上、これに飽き足らず、再度慰謝料の支払を求めている旨の記事を掲載した。Xらは、本件記事が、自らが犯罪者であるとの印象を与えるものであって、自らの名誉を毀損したとして、不法行為による損害賠償及び謝罪広告の掲載を求めた。X_1が芸能人であることから、その私生活上の行状の摘示は公共の利害に関する事実に係り、専ら公益目的であるといえるかが問題とされた（その他、争点は摘示事実の内容や社会的評価の低下の有無、真実性・相当性の有無にも及んだ）。

裁判所の見解　私人の私生活上の行状であっても、そのたずさわる社会的活動の性質及びこれを通じて社会に及ぼす影響力の程度などのいかんによっては、その社会的活動に対する批判ないし評価の一資料として、公共の利害に関する事実にあたる場合がある（33判決参照）。本件記事の摘示事実は、男女間の交際関係やその解消後の行動という私生活上の行状との性質を有する事柄であって、X_1の芸能活動やこれに関係する生活関係に関する記事とはいえない。また、X_1が、Aの元メンバーであり、A脱退後も芸能活動に従事しているにしても、公職ないしそれに準ずる公的地位にあるものではなく、また芸能活動自体は、一般人の個人的趣味に働き掛けて、これを通じて公共性を持つものであるから、必ずしも私的な生活関係を明らかにする必要があるとの特段の事情は認められない。したがって、X_1のこのような社会的立場を考慮すると、Xらが非常識な人物で反道徳的行動に出たとの事実を報じることは、公共の利害に関する事実に係るものとはいえない。

解　説　本判決は、芸能人の私生活の行状を摘示することは、原則として、公共の事実に関する事実に係るものとはいえないとした。ただし、本判決は、33判決を参照しつつ、X_1が公職やそれに準ずる公的地位にないことを指摘しており、問題の芸能人がこれらの地位にある場合には、「私的な生活関係を明らかにする必要があるとの特段の事情」が認められうる可能性がある。

民法上の名誉毀損と真実性・相当性の抗弁……「署名狂やら殺人前科」事件

35 最1判昭和41・6・23民集二〇巻五号一一一八頁

関連条文　民法七〇九条・七二三条

名誉毀損が不法行為法上免責されるのはいかなる場合か。

事実　Yは、自社が発行する新聞の朝刊社会面トップ欄に、「二月選挙の内幕」と題し、「署名狂やら殺人前科」の見出しで、①Xが昭和三〇年二月の衆議院議員総選挙に立候補した際、A大学専門部の卒業生でなく、また両親が朝鮮人であり、昭和二五年に養子縁組により朝鮮の戸籍から内地の戸籍に入籍してきた朝鮮出身者であるのに、選挙公報には、それぞれA大学専門部経済科卒業を表示する「A大学経専科卒」あるいは「広島県出身」と掲載させた経歴詐称の疑があり、B警察署がXを追及していること、②Xは、殺人の前科を有し、昭和二八年の選挙に辛うじて被選挙権を得たばかりである旨の記事を掲載した。Xは、この記事によって自らの名誉が毀損されたとして、不法行為による損害賠償及び謝罪広告の掲載を求めた。

裁判所の見解　民事上の不法行為たる名誉毀損については、①その行為が公共の利害に関する事実に係り②もっぱら公益を図る目的に出た場合には、③ⓐ摘示された事実が真実であることが証明されたときは、右行為には違法性がなく、不法行為は成立しない。また、右事実が真実であることが証明されなくても、③ⓑその行為者においてその事実を真実と信ずるについて相当の理由があるときには、右行為には故意もしくは過失がなく、不法行為は成立しない（このことは、刑法二三〇条の二の規定の趣旨からも十分窺うことができる）。（本件においては、①Xが前記衆議院議員の立候補者であったことから考えれば、公共の利害に関するものであり、②Yのした行為は、専ら公益を図る目的に出たものであり、③ⓐ記事の内容は、経歴詐称の点を除けば真実であり、ⓑ経歴詐称の点においても、少なくとも、Yにおいて、これを真実と信ずるについて相当の理由があったとして、免責を認めた。）

解説　本判決は、刑法の規定を参考に、「真実性の抗弁」及び「相当性の抗弁」を認めた。なお、本判決は、真実性の抗弁を違法性阻却事由、相当性の抗弁を故意・過失阻却事由としているが、不法行為責任の要件に違法性を掲げることに批判的な立場からは、真実性の抗弁を単に免責事由と捉えれば足りるとの指摘がされている。また、相当性の抗弁についても、故意・過失の対象を専ら「社会的評価の低下」とみるならば、そのような故意・過失は認められるため、故意・過失とは独立した免責事由と捉えるべきことになる。なお、表現の自由の保障を重視する学説からは、免責可能性をより緩やかな要件（たとえば「現実の悪意の法理」）の下で認めるべきであるとの主張もみられるが、本判決以降の判例は、本判決の枠組みを前提として発展してきている。

噂の存在による事実の摘示と事実の証明の対象

36 最1決昭和43・1・18刑集二二巻一号七頁

関連条文　刑法二三〇条の二第一項

人の噂であるという表現を用いて名誉を毀損した場合に、刑法二三〇条の二における事実の証明の対象は何か。

事　実　被告人は、市長選に立候補して落選した者であるが、対立候補であるAの名誉を毀損する内容の事実が記載されたパンフレットを多数の者に頒布した。同パンフレットには、「人の噂さであるから真偽は別として、五〇万円も餞別をA市長に贈つたとか言われ」といった記載があった。原審は、名誉毀損罪の構成要件該当性を肯定した上で、真実性の証明に関して、「風評そのものの存在が問題なのではなくして、その風評の内容たる事実そのものの真否が問題となる」として、当該事実に関する真実性の立証がなされていないとした。

裁判所の見解　「本件のように、『人の噂であるから真偽は別として』という表現を用いて、公務員の名誉を毀損する事実を摘示した場合、刑法二三〇条ノ二所定の事実の証明の対象となるのは、風評そのものが存在することではなく、その風評の内容たる事実の真否であるとした原判断は、相当である。」

解　説　本決定は、刑法二三〇条の二における証明の対象となる「事実」とは、噂・風評が存在することそれ自体ではなく、噂・風評の内容となる事実であることを示した。

原判決が述べるように、名誉毀損罪が（侮辱罪とは異なり）事実の摘示を必要とする理由は、当該事実の存在を印象付けることによって被害者の社会的評価を低下させる点にある。したがって、噂・風評の形で示された場合であっても、被害者の社会的評価を低下させるのはあくまでも当該事実の存在であるから、この点が真実性の立証の対象となると考えるべきである。

しかし、問題はその先にある。報道機関がある被疑者に関する犯罪報道を行う際には警察発表などを元にすることが大半であろうが、こうした事例であっても、真実性の証明の対象は警察による発表が存在したか否かではなく、当該被疑者が行った犯罪事実自体の存否なのであろうか。仮に、この事例では「当該被疑者に犯罪の嫌疑が掛けられていること」が証明の対象であるとするのであれば、もはや噂・風評の「内容」ではなくその存在自体を立証すれば足りるとするのと変わらない。

こうした観点からは、噂・風評が存在すること自体が人の社会的評価を低下させる場合と、噂・風評の内容が人の社会的評価を低下させる場合とを区別し、前者については噂・風評の存在自体を立証すれば足りると解することにも合理性はある。

なお、個人がインターネットのSNSなどで新聞記事などにリンクを貼って不特定多数人に認識させる場合が名誉毀損に当たりうるとされる場合には、真実性の立証対象が重要な問題となる。この場合も前記の区別基準は意味を持つであろう。

記事内容の真実性に関する錯誤……夕刊和歌山時事事件

37 最大判昭和44・6・25刑集二三巻七号九七五頁

関連条文　刑法二三〇条の二第一項

事実の真実性に関する証明がなくとも、行為者がその事実を真実であると誤信し、その誤信したことについて、確実な資料、根拠に照らし相当の理由がある場合に、名誉毀損罪は成立するか。

事　実　被告人は、その発行する新聞紙上において、「吸血鬼Aの罪業」と題し、A本人又はA経営の新聞社の記者が、市役所土木部の課長に向かって、「出すものを出せば目をつむつてやるんだが、チビリくさるのでやつたるんや」と聞こえよがしの捨てせりふを吐いた上、今度は主幹に向かって、「しかし魚心あれば水心ということもある、どうだ、お前にも汚職の疑いがあるが、一つ席を変えて一杯やりながら話をつけるか」と凄んだ旨の記事を掲載・頒布した。原審は、刑法二三〇条の二の成否に関して、摘示された事実の真実性が立証されていないとした上で、真実性の誤信は犯罪の成否に影響しないとする最1判昭和34・5・7刑集一三巻五号六四一頁を援用し、名誉毀損罪の成立を肯定した。

裁判所の見解　「刑法二三〇条ノ二の規定は、人格権としての個人の名誉の保護と、憲法二一条による正当な言論の保障との調和をはかつたものというべきであり、これら両者間の調和と均衡を考慮するならば、たとい刑法二三〇条ノ二第一項にいう事実が真実であることの証明がない場合でも、行為者がその事実を真実であると誤信し、その誤信したことについて、確実な資料、根拠に照らし相当の理由があるときは、犯罪の故意がなく、名誉毀損の罪は成立しないものと解するのが相当である。」とし、前述の判例を変更した。

解　説　本判決は、刑法二三〇条の二の真実性の立証に失敗した以上、行為者に真実性の誤信があってもおよそ犯罪の成否とは無関係とする旧判例を変更し、誤信が「確実な資料、根拠に照らし相当の理由があるとき」には故意を阻却するとした。人格権としての個人の名誉の保護と、憲法二一条が保障する表現の自由の調整という観点から、刑法二三〇条の二が規定する不可罰の範囲をより拡張的に解釈したものとして理解できよう（この点に関して43事件も参照）。

とはいえ、①本判決が要求する「確実な資料・根拠」が存在する場合にそもそも真実性の立証に失敗することがあるのか、②かかる資料・根拠が存在する場合になぜ故意処罰が否定されるのかといった点が学説においては批判の対象とされている。

学説では、信頼すべき資料などに基づく言論こそが民主主義社会においては国民の知る権利に資するものとして価値があるとして刑法三五条による違法阻却を認める見解や、一定の資料や根拠に基づき事実が虚偽でないことを調査すべき義務を尽くした場合に処罰を否定する見解など、様々な見解が存在する。

捜査当局の公の発表がない場合の相当性判断……嬰児殺し事件

38 最1判昭和47・11・16民集二六巻九号一六三三頁

関連条文 民法七〇九条

捜査当局の公の発表がない場合に、関係者への裏付け取材をせずに新聞記事を掲載した場合、相当性があるか。

事実　Yは、自社の発行するA新聞の朝刊に、「口を押え殺す?」「えい児変死」「近く家族調べる」という見出しをつけ、「宇都宮市a町、B事務所勤務Xさんの長男Cちゃん（生後三カ月）が二十九日夜八時半過ぎ、急死したと同夜D病院から宇都宮署へ届け出があった。宇都宮署では三十日、E警察医の執刀でCちゃんを解剖したところ、外傷はなく、内臓にも異常がないところから窒息死した疑いが濃くなった。このため同署でも捜査を開始したが、これまでの調べだとCちゃんは生まれながら口の形がかわっており、これを悲観して家族のだれかがCちゃんの口や鼻をおおって殺した疑いが強まっており同署も近く家族を取り調べることになった。」旨の記事を掲載した。この記事は、E警察医と捜査経緯発表の権限を有するF刑事官への取材に基づいて、Fからの了解を得て書かれたものではあったものの、記者がXら家族に面会を拒絶されていたため、Xらへの取材に基づいて書かれたものではなかった。Xらは、本件記事によって自らの名誉が毀損されたとして、不法行為による損害賠償を請求した。なお、Xらの誰かがCを殺害したとの事実は認定されていない。

裁判所の見解　Cの死が単なる事故死であるという可能性も考えられ、捜査当局が未だ公の発表をしていない段階において、Xら家族の誰かがCを殺害したものであるというような印象を読者に与える本件記事を新聞紙上に掲載するについては、右記事が解剖医及び捜査経緯の発表等広報の職務を有する刑事官への取材及び同刑事官の了解を得ていたとしても、家族らを再度訪ねて取材する等、さらに慎重に裏付取材をすべきであった。これをしないでYの各担当者がたやすく本件記事の内容を真実と信じたことについては相当の理由があったものということはできない。

解説　本判決は、「捜査当局が未だ公の発表をしていない段階に」おける捜査関係者への取材を基にした新聞報道をした場合に、そのことのみをもって相当の理由を認めることはできないとしたものである。一方、本判決は、捜査当局の公の発表があった段階で、その発表を基に、裏付け取材をせずに報道した場合の扱いについて述べるものではない。刑事第一審判決の認定事実を基に事実を摘示した場合には、相当の理由があるとする判決（40判決）があるが、その根拠として、「刑事裁判における慎重な手続」が挙げられていることからすると、40判決は、捜査当局の発表のみをもって相当性が認められるという考え方の支えにはならないであろう。

名誉毀損・損害の発生時期とその後の有罪判決の影響……ロス疑惑スポーツニッポン事件

39　最3判平成9・5・27民集五一巻五号二〇二四頁

関連条文　民法七〇九条

①名誉毀損及びそれによる損害の発生時期はいつか。損害発生後に被害者が有罪判決を受けたことは②損害賠償請求権の消長や③慰謝料額に影響を与えるか。

事実　Yは、自社の発行するA新聞の紙面に、「『X氏に保険金殺人の計画を持ち込まれた』あるサラリーマン、ショッキングな証言」等の見出しを付し、「社会的地位のある人」が「確か四年ぐらい前」にXから保険金がらみの交換殺人の計画を持ち込まれたと「〝証言〟」した旨の記事を掲載した。本件記事には、「Bさんは X氏からこう切り出された。――『あんたの奥さん、オレが殺すからあんたはオレの女房をやって保険金をガッポリいただくというのはどう?…』」といった記載がある。Xは、本件記事が掲載された後、第三者に依頼して自分の妻を殺害しようとした（本件記事とは別の）二つの事件で起訴され、いずれについても有罪判決を受けて上訴中であった。Xは、本件記事によって、自らの名誉が毀損されたとして、不法行為による損害賠償を請求した。

裁判所の見解　①新聞記事による名誉毀損にあっては、これを掲載した新聞が発行され、読者がこれを閲読し得る状態になった時点で、右記事により事実を摘示された人の客観的な社会的評価が低下する。したがって、その人が当該記事の掲載を知ったかどうかにかかわらず、名誉毀損による損害はその時点で発生する。②新聞の発行によって名誉毀損による損害が生じた後に被害者が有罪判決を受けたとしても、これによって新聞発行の時点において被害者の客観的な社会的評価が低下したという事実自体には消長を来さない。したがって、被害者が有罪判決を受けたという事実は、既に生じている損害賠償請求権を消滅させない。③一方、慰謝料の額は、裁判所が諸般の事情を斟酌して裁量によって算定するものであり、右諸般の事情には、被害者が社会から受ける客観的評価が当該名誉毀損以外の理由によって更に低下したという事実も含まれるから、損害が生じた後に被害者が有罪判決を受けたという事実を斟酌して慰謝料の額を算定することは許される。

解説　本判決は、①について、被害者が記事の掲載を知ったか否かは、名誉＝社会的評価の低下には関係ないとした。もっとも、判例・通説によれば、ここでの損害は精神的苦痛であり、記事の掲載を知って初めて生じるとも考えられ得る。本判決の担当調査官は、精神的苦痛の客観化・類型化をもって、名誉毀損時の発生を説明しているが、本判決は名誉毀損＝損害と捉えているように読めるとの指摘もある。なお、②・③について、本件記事と有罪判決の事実との間には同一性がないが、そのことは、真実性の抗弁との関係ではともかく、慰謝料算定にあたって斟酌することの妨げにはならない。

刑事第一審判決を資料とした場合の相当性判断

40 最3判平成11・10・26民集五三巻七号一三一三頁

刑事第一審判決の認定事実を資料とし、この認定事実と同一性のある事実を真実と信じて摘示した場合に、後に控訴審において異なる認定判断がされても、相当性はあるか。

関連条文　民法七〇九条

事実　Xは、会社業務と関係のない買物に係る領収書と引換えに現金を受領するなどの方法によって会社資金を着服横領し、かつ、会社の所有する美術品等を自宅に持ち帰って横領したとして、昭和五五年四月二六日に業務上横領罪で起訴され、昭和六〇年四月二六日に第一審で一部有罪、一部無罪の判決の言渡しを受けた。Yは、この第一審判決を資料として、昭和六一年二月二五日にA社が発行した「賄賂の話」と題する書籍を執筆し、その中において、右刑事事件を取り上げ、Yが、「ネグリジェ、ハンドバッグ、紳士靴、時計のバンド、牛肉、洋酒、冷蔵庫と手当たり次第、会社業務と全く関係のないレシートを会社に持ち込んで現金化したり、会社のハイヤーを妻の買物などにも自由に使わせ、一流レストランから社費で昼食を自宅に運ばせたり（…）家族とのゴルフ代まで会社に負担させるといったように、公私混同のかぎりをつくした。」との記載をした。Yは、執筆当時、右判決に対してXが控訴をしたことを知っていた。平成三年三月一二日の控訴審判決では、第一審判決が一部有罪とした会社資金の横領についてはすべて無罪となり、会社所有の美術品等を自宅に持ち帰った事実の一部のみが有罪とされ、その後、控訴審判決は確定した。Xは、本件記述によって自己の名誉が毀損されたとして、不法行為による損害賠償を請求した。これに対してYは、摘示事実を真実と信ずるについて相当の理由があったと反論した。

裁判所の見解　刑事第一審判決の認定事実を資料として、この認定事実と同一性のある事実を真実と信じて摘示した場合に、後に控訴審において異なる認定判断がされても、摘示事実を真実と信ずるについて相当の理由があったといえる。刑事判決の理由中に認定された事実は、刑事裁判における慎重な手続に基づき、裁判官が証拠によって心証を得た事実であるから、行為者が右事実には確実な資料、根拠があるものと受け止め、摘示した事実を真実と信じたとしても無理からぬものがあるといえるからである。

解説　本判決は、「刑事」第一審判決を資料とした事実摘示をした場合には、相当の理由があると認めている。その根拠は、「刑事裁判における慎重な手続に基づき、裁判官が証拠によって心証を得た事実である」ことに求められている。反面、民事判決については、弁論主義が妥当し、当事者が争わなければそのまま事実として認められる。したがって、本判決の射程は、民事判決には及ばないと指摘されている。

真実性の判断基準と考慮される証拠の範囲……ロス疑惑北海道新聞社事件

41 最3判平成14・1・29判時一七七八号四九頁

関連条文 民法七〇九条

①「真実性」の判断基準時はいつか。②名誉毀損行為時に存在しなかった証拠を考慮することは許されるか。

事実 昭和五六年八月一三日、米国ロス・アンジェルス市内のホテルにおいて、当時のXの妻Aが何者かに凶器で殴打されて負傷する事件が発生した。Xは、殴打事件について、殺人未遂罪で起訴され、昭和六二年八月七日、東京地裁において有罪判決を受けた。東京高裁は、平成六年六月二二日、Xの同判決に対する控訴を棄却した。Xは、Yが、自社が発行するB新聞に、XがAに掛けられた生命保険金を目当てに殴打事件を敢行した犯人であることを推測させる内容の記事を掲載し、それによってXの名誉を毀損したとして、Yに対して不法行為による損害賠償を請求した。Yは、本件記事の掲載は、公共の利害に関する事実に係り、専ら公益を図る目的に出たものであり、現在存在する証拠によれば、摘示された事実がその重要な部分において真実であると主張している。

裁判所の見解 ①裁判所は、摘示された事実の重要な部分が真実であるかどうかについては、事実審の口頭弁論終結時において、客観的な判断をすべきである。②その際に名誉毀損行為の時点では存在しなかった証拠を考慮することも当然に許される。けだし、摘示された事実が客観的な事実に合致し真実であれば、行為者がその事実についていかなる認識を有していたとしても、名誉毀損行為自体の違法性が否定されることになるからである。真実性の立証とは、摘示された事実が客観的な事実に合致していたことの立証であって、これを行為当時において真実性を立証するに足りる証拠が存在していたことの立証と解することはできないし、また、真実性の立証のための証拠方法を行為当時に存在した資料に限定しなければならない理由もない。

解説 本判決は、真実性の判断基準時を事実審口頭弁論終結時として、その時点で存在する証拠によって真実性の有無を判断すべきであるとした。なお、本判決は、傍論ながら、相当性の抗弁についての相当性判断は、「名誉毀損行為当時における行為者の認識内容が問題になるため、行為時に存在した資料に基づいて検討することが必要となる」として、判断基準時を行為時であると判示している。これは、判例上、真実性の抗弁が違法性の問題に位置付けられ、相当性の抗弁が故意・過失の問題に位置づけられていることによる。

「真実と信じるについて相当の理由」があると認められる場合……薬害エイズ事件

42 最1判平成17・6・16判時一九〇四号七四頁

関連条文 民法七〇九条・七二三条

「真実と信じるについて相当の理由」があると認められるのは、具体的にはどのような場合か。

事実

フリージャーナリストのYは、「私の傍聴した『東京HIV訴訟』裁判（最終回）」と題する記事を執筆し、この記事は、雑誌Aに掲載された。また、Yは、この記事等をもとに、単行本「エイズ犯罪　血友病患者の悲劇」を執筆して出版した。この記事と単行本には、血液学者で加熱血液製剤の治験統括医であるXが、加熱血液製剤の開発が遅れていた血液製剤市場の最大手の製薬会社であるBに合わせて加熱血液製剤の治験を遅らせ、その結果、我が国における加熱血液製剤の製造承認が米国より二年四ヶ月遅れた事実、治験の時期にXが製薬会社各社から資金提供を受けていた事実等が記載されていた。一方、Xは、C新聞社のインタビュー等に対して、加熱血液製剤の開発が遅れていたBに合わせて加熱血液製剤の治験を遅らせたことを認める旨の発言をしていた。また、Xの上記発言内容を裏付ける事実として、当時の厚生省は加熱血液製剤の治験の第Ⅰ相試験は必要ないとしていたにもかかわらず、Xは第Ⅰ相試験に固執しており、B以外の製薬会社からは、それは、加熱血液製剤の開発が遅れていたBに配慮して長い治験期間をとろうとしていると考えられていた事実、Bを含む製薬会社各社の加熱血液製剤の製造承認はいずれも昭和六〇年七月一日であったという事実が存在する。Xは、Yの執筆した記事の掲載・単行本の出版によって、一般の読者に対して、加熱製剤が早期に承認されて使用できるようになることが血友病患者にとって利益であるのに、XがBから相当の資金提供を受けていたために、その利益を犠牲にして、Bという特定の製剤メーカーの利益を図り、その結果、多数の患者にエイズを感染させてしまったという印象が与えられ、自らの名誉が毀損されたとして、不法行為による損害賠償及び謝罪広告の掲載を求めた。これに対して、Yは、真実性の抗弁・相当性の抗弁を主張した。

裁判所の見解

Xが、新聞社のインタビュー等に対し、開発が遅れていた上記製薬会社に合わせて加熱血液製剤の治験を遅らせたことを認める旨の発言をしていたこと、Xの上記発言内容を裏付ける事実が存在したこと、Xが、講演において自己が設立の準備をしている血友病治療にかかわる財団法人への寄附を募っている旨の発言をしており、同財団法人への寄附を製薬会社各社に要求しているとのうわさがあるとの指摘に対してもその事実を否定しなかったこと等の事実関係の下においては、Xがこの記事等において摘示した事実を真実であると信じたことには相当の理由がある。

解説

本判決は、35判決のいう「相当性」について、最高裁が具体的なあてはめを示したものである。

インターネットにおける刑法上の名誉毀損

43 最1決平成22・3・15刑集六四巻二号一頁

関連条文　刑法二三〇条の二第一項

インターネットの個人利用者による表現行為において、事実の真実性に誤信があった場合には、従来よりも緩やかな基準で名誉毀損罪の成立を否定すべきか。

事　実　被告人は、「ラーメンA」のFC加盟店等の募集や経営指導等を業とする株式会社Bの名誉を毀損するため、自己の開設したインターネット上のホームページにおいて、B社がカルト集団である旨の虚偽の内容の文章を掲載した。

第一審は、本件は37事件判決の基準を充足しないとしつつ、インターネット上の言論では、①一定の場合には被害者の反論が期待できることや、②その情報の信頼性が一般的に低いことを理由として、「加害者が、摘示した事実が真実でないことを知りながら発信したか、あるいは、インターネットの個人利用者に対して要求される水準を満たす調査を行わず真実かどうか確かめないで発信したといえるとき」に初めて名誉毀損罪が成立するとして本件を無罪としたが、原審は有罪とした。

裁判所の見解　「個人利用者がインターネット上に掲載したものであるからといって、おしなべて、閲覧者において信頼性の低い情報として受け取るとは限らないのであって、相当の理由の存否を判断するに際し、これを一律に、個人が他の表現手段を利用した場合と区別して考えるべき根拠はない。そして、インターネット上に載せた情報は、不特定多数のインターネット利用者が瞬時に閲覧可能であり、これによる名誉毀損の被害は時として深刻なものとなり得ること、一度損なわれた名誉の回復は容易ではなく、インターネット上での反論によって十分にその回復が図られる保証があるわけでもないことなどを考慮すると、インターネットの個人利用者による表現行為の場合においても、他の場合と同様に、行為者が摘示した事実を真実であると誤信したことについて、確実な資料、根拠に照らして相当の理由があると認められるときに限り、名誉毀損罪は成立しないものと解するのが相当であって、より緩やかな要件で同罪の成立を否定すべきものとは解されない」

解　説　第一審がいわゆる「対抗言論の法理」を踏まえて、真実性の誤信に関する従来の基準を緩和したのに対して、本決定は、インターネット上の言論であっても、必ずしも一律に信頼性の低いものとして捉えられるわけではなく、また、反論による被害回復が常に可能であるとも限らないことなどを理由に、従来の基準がなお妥当するとした。こうした理由づけは、近時のいわゆる「フェイクニュース」などを見れば、インターネット上の言論の特徴を捉えたものと言える。

なお、37事件判決とは異なり、「確実な資料・根拠に照らして相当の理由がある」場合に、故意の阻却により名誉毀損罪の成立が否定されると明示されていない点に注意すべきである。

通信社配信の記事につき新聞社の免責が認められる場合……東京女子医大病院事件

44 最1判平成23・4・28民集六五巻三号一四九九頁

関連条文 民法七〇九条

新聞社が、通信社からの配信に基づき、自己の発行する新聞に記事を掲載した場合に、新聞社は免責されるか。

事実 Xは、a大学に勤務していた医師である。Z通信社の加盟社である地方新聞社Yらは、a大学病院において行われた手術に関し、Xが人工心肺装置の操作を誤ったことにより患者を死亡させたなどとする記事をそれぞれ自社発行紙に掲載した。加盟社は、自らの報道内容を充実させるためにZ通信社の社員となってその経営等に関与し、同社は加盟社のために、加盟社に代わって取材をし、記事を作成してこれを加盟社に配信し、加盟社は当該配信記事を原則としてそのまま掲載しているところ、この記事も、YらがZ社から配信を受けた記事を、裏付け取材をすることなく、ほぼそのまま掲載したものであった。Xは、Yらに対し、本件記事によって自らの名誉が毀損されたとして、不法行為による損害賠償を請求した。

裁判所の見解 「通信社と新聞社との関係、通信社から新聞社への記事配信の仕組み、新聞社による記事の内容の実質的変更の可否等の事情を総合考慮して」、「当該通信社と当該新聞社とが、記事の取材、作成、配信及び掲載という一連の過程において、報道主体としての一体性を有すると評価することができるときは、当該新聞社は、当該通信社を取材機関として利用し、取材を代行させたものとして、当該通信社の取材を当該新聞社の取材と同視することが相当である。この場合に、当該通信社が当該配信記事に摘示された事実を真実と信ずるについて相当の理由があるのであれば、当該新聞社が当該配信記事に摘示された事実の真実性に疑いを抱くべき事実があるにもかかわらずこれを漫然と掲載したなど特段の事情のない限り、当該新聞社が自己の発行する新聞に掲載した記事に摘示された事実を真実と信ずるについても相当の理由がある」。通常は、新聞社が通信社から配信された記事の内容について裏付け取材を行うことは予定されておらず、これを行うことは現実には困難であるにもかかわらず、通信社が免責される場合に、配信記事を掲載した新聞社のみが免責されないとすれば、新聞社が通信社を利用して国内及び国外の幅広いニュースを読者に提供する報道システムの下における報道が萎縮し、結果的に国民の知る権利が損なわれるおそれのあることを否定することができないからである。

解説 本判決は、新聞社が通信社配信の記事を掲載した場合に、通信社に相当の理由があるのであれば新聞社にも原則として相当の理由があるとした。ただし、アメリカ法を参考に主張されてきた「配信サービスの抗弁」を認めるものではないこと、通信社と新聞社とが「報道主体としての一体性を有する」場合に射程が限定されていることに注意を要する。

批判・論評を主題とするビラの配布による名誉毀損……佐賀教師批判ビラ配布事件

45 最1判平成元・12・21民集四三巻一二号二二五二頁

関連条文 民法七〇九条・七一〇条

批判・論評による名誉毀損の成立枠組みはどのようなものか。

事実 公立学校教師Xらが勤務先で通知表を交付しなかったところ、Yが「教師としての能力自体を疑われるような『愚かな抵抗』」等の表現とともに、Xらの氏名・住所・電話番号等が記載されたビラを、勤務先の児童、家庭等に配布した。その結果、Xらは、誤解等を受け、さらには非難攻撃や嫌がらせの電話が続いた。そこで、XらがYに対して、損害賠償と謝罪広告を求めた。原審が慰謝料等の賠償と新聞の社会面広告欄への謝罪広告を認めたため、Yが上告。

裁判所の見解 「公共の利害に関する事項について自由に批判、論評を行うことは、表現の自由の行使として尊重されるべきである。その対象が公務員の地位における行動である場合には、批判等により当該公務員の社会的評価が低下することがあっても、その目的が専ら公益を図るものであり、かつ、その前提としている事実が主要な点において真実であることの証明があったときは、人身攻撃に及ぶなど論評としての域を逸脱したものでない限り、名誉侵害の不法行為の違法性を欠く」とし、Yの行為は、公共の利害に関する事項に対する批判、論評とする意見表明であり、それが論評としての域を逸脱しているということもなく、専ら公益を図る目的に出たものに当たらないということはできず、前提となる客観的事実についても真実であることの証明があったため、違法性を欠くとした。

解説 事実の摘示により、原告の社会的評価が低下すれば、35判決が示した成立枠組みのもと名誉毀損による不法行為が成立する。では、事実の摘示ではなく、意見の表明や論評による名誉毀損は成立しないのか。本判決は、この批判・批評等の意見表明により原告の社会的評価が低下した場合の名誉毀損の成立枠組みを示したものである。そして、その成立枠組みが、事実摘示型の名誉毀損の場合とは異なることを示した点で重要である。本判決のような意見・論評型の場合、①公共の利害に関する事項についての論評が、②目的が専ら公益を図るものであること、③その前提としている事実が主要な点において真実であること、④人身攻撃に及ぶなど論評としての域を逸脱したものでないこと、を満たす場合に、名誉毀損の成立が否定される（「公正な論評の法理」との評価もある）。意見・論評型の場合にこのような枠組みが用いられる根拠は、47判決が示す通り、表現の自由を重視しているとともに、事実摘示型とは異なり、意見・論評型の場合には、その意見・論評の当否を判断する基準がないという点に着目することができる。

なお、本判決は、名誉毀損は否定したものの、Yの行為について、人格的利益の侵害を認め、慰謝料の支払を命じている。

他人の著作物を引用した意見・論評……諸君！事件

46 最2判平成10・7・17判時一六五一号五六頁

関連条文 民法七〇九条

他人の著作物を引用し意見・論評した場合の名誉毀損の成立枠組みはどのようなものか。

事実　Yらは、X著作の記述に対し、Xの執筆姿勢を批判する評論を執筆した。評論では、Xの著作が引用され、加除訂正があるが、概ね著作部分を正確に表現していた。Xは、本件引用が違法であり、評論部分の根拠を欠くとして損害賠償及び謝罪文掲載を請求した。原審は、引用が公正な慣行に合致し、かつ、正当な範囲内にあるときは、評論の前提としている事実が主要な点において真実であることの証明があり、評論としての域を逸脱したという事情のない限り、違法性が阻却されるとして不法行為の成立を否定した。そこでXが上告。

裁判所の見解　他人の言動、創作等について意見ないし論評を表明する行為がその者の客観的な社会的評価を低下させることがあっても、その行為が公共の利害に関する事実に係り専ら公益を図る目的に出たものであり、かつ、意見ないし論評の前提となっている事実の主要な点につき真実であることの証明があるときは、人身攻撃に及ぶなど意見ないし論評としての域を逸脱するものでない限り、名誉毀損としての違法性を欠く。「意見ないし論評が他人の著作物に関するものである場合」には、「著作物の内容自体が意見ないし論評の前提となっている事実に当たるから、当該意見ないし論評における他人の著作物の引用紹介が全体として正確性を欠くものでなければ、前提となっている事実が真実でないとの理由で当該意見ないし論評が違法となることはない」とし、本件評論における引用が全体として正確性を欠くということはできないとして、名誉毀損の成立を否定した。

解説　意見・論評型の名誉毀損では、45判決の枠組みで不法行為の成否が判断される。本判決は、意見・論評型の名誉毀損のうち、その意見・論評が、他人の著作物に関するものであり、それを引用していた場面を扱うものである。本判決は、この場面でも、45判決の枠組みを採用した。そうすると、意見・論評型の名誉毀損では、摘示した事実の真実性・相当性を証明しなければならない事実摘示型とは異なり、被告は、意見・論評の「前提となる事実」の真実性を証明すれば、名誉毀損の責任を免れる。この点、本判決は、意見・論評が他人の著作物に関する場合、「当該意見ないし論評における他人の著作物の引用紹介が全体として正確性を欠くもの」でなければ真実性の証明があったとする。したがって、他人の著作物を引用する意見・論評は、引用方法の正確性によって免責の有無が判断される。これは、著作物の内容が意見・論評の前提となる事実に当たるため、証明可能な事実を主要な点についての真実性の証明に位置づけているものといえる。

法的な見解の表明と意見・論評型の名誉毀損……「脱ゴーマニズム宣言」事件

47 最1判平成16・7・15民集五八巻五号一六一五頁

関連条文　民法七〇九条

①事実摘示型と意見・論評型との区別。②法的な見解の表明が意見・論評に該当するか。

事実　Xは、Yの見解を批判した書籍を出版し、その中にYの著作の一部を無断採録した。その後、Yは、新たに著作を執筆し、その中で、Xの本件採録を違法と批判し（別件訴訟で複製権侵害は否定）、さらに、X著作が「ドロボー本」であると記述し、泥棒の格好をしたXの似顔絵を描くなどした。そこで、XがYに対し、損害賠償・謝罪広告を求めた。原審がXの請求を一部認めたため、Yが上告。

裁判所の見解　①「当該表現が証拠等をもってその存否を決することが可能な他人に関する特定の事項を明示的又は黙示的に主張するものと理解されるときは、当該表現は、上記特定の事項についての事実を摘示するもの」であり、「証拠等による証明になじまない物事の価値、善悪、優劣についての批評や論議などは、意見ないし論評の表明」である。②「法的な見解の正当性それ自体は、証明の対象とはなり得ないものであり、法的な見解の表明が証拠等をもってその存否を決することが可能な他人に関する特定の事項ということができない……から、法的な見解の表明は、……、意見ないし論評の表明の範ちゅう」である。③「意見・論評については、その内容の正当性や合理性を特に問うことなく、人身攻撃に及ぶなど意見ないし論評としての域を逸脱したものでない限り、名誉毀損の不法行為が成立しないものとされているのは、意見ないし論評を表明する自由が民主主義社会に不可欠な表現の自由の根幹を構成するものであることを考慮し、これを手厚く保障する趣旨」であり、本件表現が意見・論評の域を出たものではないと判示した。

解説　本判決では、法的な見解の表明が事実の摘示なのか意見・論評の表明なのかが問われている。この点、本判決は、「証拠等による証明になじまない」物事の価値、善悪等への批評や論議は、意見・論評の表明であり、法的な見解の正当性それ自体は、証明の対象とはならないから、法的な見解の表明は意見・論評の表明であることを示す（①、②部分）。意見・論評の表明と事実の摘示との区別は相対的な部分もあろうが、本判決が法的な見解の表明を意見・論評の表明と位置づけたことに意義が認められる。

また、本判決は、これまで必ずしも明らかとされてこなかった事実摘示型と意見・論評型との区別の根拠について、意見・論評を表明する自由が民主主義社会に不可欠な表現の自由の根幹を構成し、これを保障するためということを明らかにした（③部分）。事実摘示型に比して、より表現行為を重要視しているといえるだろう。

名誉回復の適当な処分としての謝罪広告……謝罪広告事件

48 最大判昭和31・7・4民集一〇巻七号七八五頁

関連条文　民法七二三条、憲法一九条

謝罪広告は、民法七二三条の名誉回復の適当な処分か。

事実　Yは、政見放送の中でXが収賄を行っているかのような印象を与える発言をし、新聞紙上でも同様の発表をした。Xは、これが名誉毀損に当たるとし、Yに「右放送及記事は真相に相違しており、貴下の名誉を傷け御迷惑をおかけいたしました。ここに陳謝の意を表します」との謝罪広告を求めた。原審がこの請求を認めたため、Yは上告。

裁判所の見解　民法七二三条の「『他人の名誉を毀損した者に対して被害者の名誉を回復するに適当な処分』として謝罪広告を新聞紙等に掲載すべきことを加害者に命ずることは、従来学説判例の肯認するところであり、また謝罪広告を新聞紙等に掲載することは我国民生活の実際においても行われているのである。尤も謝罪広告を命ずる判決にもその内容上、これを新聞紙に掲載することが謝罪者の意思決定に委ねるを相当とし、これを命ずる場合の執行も債務者の意思のみに係る不代替作為として民訴七三四条（現民執一七二条）に基き間接強制によるを相当とするものもあるべく、時にはこれを強制することが債務者の人格を無視し著しくその名誉を毀損し意思決定の自由乃至良心の自由を不当に制限することとなり、いわゆる強制執行に適さない場合に該当することもありうるであろうけれど、単に事態の真相を告白し陳謝の意を表明するに止まる程度のものにあつては、これが強制執行も代替作為として民訴七三三条（現民執一七一条）の手続によることを得るものといわなければならない」として、上告を棄却した。

解説　民法七二三条は、名誉毀損の救済として金銭による損害賠償（民法七二二条一項）以外に「名誉を回復するのに適当な処分」という救済方法を認めている。これは、損害の金銭的評価が困難であり、また、金銭賠償では救済が難しい場合の適切な手段を認めたものである。本判決は、この名誉回復の適当な処分として、いわゆる謝罪広告を認めたものである。本判決によると、謝罪広告の妥当性として、①学説判例が是認していること、②実際に行われていること、③「単に事態の真相を告白し陳謝の意を表明するに止まる程度のもの」であれば、強制執行も可能であることが挙げられている。③については、謝罪広告のうち、強制執行になじまないものがあることを認めつつも（それが憲法一九条等に反する可能性）、本件のような「単に事態の真相を告白し陳謝の意を表明するに止まる程度のもの」であれば、謝罪広告を認めうるとしていることから、ここでの謝罪広告は、強制執行によって対応可能かが問われているとも考えられる。なお、「名誉回復」のための「適当な処分」として謝罪広告が適切かは、さらなる議論が必要であろう。

名誉毀損の救済方法としての事前差止め……北方ジャーナル事件

49　最大判昭61・6・11民集四〇巻四号八七二頁

関連条文　民法七〇九条・七二三条、憲法二一条

①名誉毀損行為の事前差止めは認められるか。②事前差止めをするための要件は何か。

事　実　選挙立候補予定者の市長Xについて、Y発刊の誌上で、知事たる者の適格要件を備えていないとする記事が掲載予定であった。そこで、Xは、名誉権の侵害を予防するとの理由で本件雑誌の印刷、販売禁止等を命ずる仮処分申請をし、仮処分決定がなされた。これに対し、Yは、差止めは違憲であるとして上告。

裁判所の見解　①「名誉を違法に侵害された者は、損害賠償又は名誉回復のための処分を求めることができるほか、人格権としての名誉権に基づき、加害者に対し、現に行われている侵害行為を排除し、又は将来生ずべき侵害を予防するため、侵害行為の差止めを求めることができる。名誉は生命、身体とともに極めて重大な保護法益であり、人格権としての名誉権は、物権の場合と同様に排他性を有する権利というべきである」。表現行為に対する事前抑制は、厳格かつ明確な要件の下においてのみ許容され、②憲法二一条一項の趣旨に照らし、その表現が私人の名誉権に優先する社会的価値を含み憲法上特に保護されるべきであることに鑑みると、「当該表現行為に対する事前差止めは、原則として許されない」。ただ、「その表現内容が真実でなく、又はそれが専ら公益を図る目的のものではないことが明白であつて、かつ、被害者が重大にして著しく回復困難な損害を被る虞があるときは、当該表現行為はその価値が被害者の名誉に劣後することが明らかであるうえ、有効適切な救済方法としての差止めの必要性も肯定されるから、かかる実体的要件を具備するときに限つて、例外的に事前差止めが許される」として上告を棄却した。

解　説　名誉毀損の被害者は、損害賠償（民法七〇九条）や名誉回復のための適当な手段（民法七二三条）の救済を受けることができるが、これらは事後的方法にすぎない。では、被害が重大で回復困難となる前に、名誉毀損行為を差し止めることができないか。本判決は、人格権たる名誉権に基づき、侵害行為の事前差止めを認めた。根拠としては、保護法益の重要性、名誉権の排他性が挙げられている。名誉が重要な保護法益であることに疑いはないが、そこから直ちに差止めという効果を導けるわけではなく、名誉権にどのような排他性があるかも明らかではないが、名誉権に基づく差止めを認めた点に意義がある。差止めを認めると他方で、表現の自由を制約するおそれがある。そこで、本判決も、事前差止めを原則として否定しつつ、表現内容が真実でなく、またはそれが専ら公益を図る目的ではないことの明白性、かつ、被害者の損害の回復困難性、という厳格な要件のもと、差止めを認めている。

反論文の掲載請求……サンケイ新聞事件

50　最2判昭和62・4・24民集四一巻三号四九〇頁

関連条文　民法七〇九条・七二三条、憲法二一条

反論文の掲載請求が認められるか。

事　実　Xは、Y発行の新聞紙上に、「日本共産党綱領」とX提案の「民主連合政府綱領についての日本共産党の提案」間における国会、自衛隊、日米安保条約等の矛盾を主張する自民党の意見広告が掲載されたため、同一スペースでの反論文無料掲載をYに要求したが拒否された。そこで、憲法二一条、人格権、名誉毀損等に基づく原状回復を根拠に、反論文無料掲載を求めた。原審が請求を棄却したため、Xは上告。

裁判所の見解　私人間において、当事者の一方が情報の収集、管理、処理につき強い影響力をもつ日刊新聞紙を全国的に発行・発売する者である場合でも、憲法二一条の規定から直接に、反論文掲載の請求権が他方の当事者に生ずるものでない。「名誉回復処分又は差止の請求権も、単に表現行為が名誉侵害を来しているというだけでは足りず、人格権としての名誉の毀損による不法行為の成立を前提としてはじめて認められるものであって、この前提なくして条理又は人格権に基づき所論のような反論文掲載請求権を認めることは到底できない」。「反論文掲載請求権は、相手方に対して自己の請求する一定の作為を求めるものであって、単なる不作為を求めるものではなく、不作為請求を実効あらしめるために必要な限度での作為請求の範囲をも超えるものであり、民法七二三条により名誉回復処分又は差止の請求権の認められる場合があることをもって、所論のような反論文掲載請求権を認めるべき実定法上の根拠とすることはできない」とし、Yの行為は、専ら公益を図る目的に出たものであり、真実性の証明もあったとして、不法行為の成立を否定して、上告を棄却した。

解　説　新聞・雑誌等で批判をされた者が、当該新聞等に対して、反論文の掲載を求める反論権が認められるかが議論されてきた。この反論権は、一般に、名誉毀損が成立し、その回復のために認められる狭義の反論権と、記事等で批判等された者が名誉毀損の成立を前提とせずに、相手方に無料で反論文掲載を請求する広義の反論権とに区別される。

本判決は、名誉毀損による不法行為の成立を認めず、効果としての反論文掲載も認められないとしている。つまり、広義の反論権を否定したものである。そうすると、名誉毀損が成立する場合に狭義の反論権が認められるのか、という問題は残されたままと評価することが可能であろう。このような反論権は、名誉を回復するのに適当な処分として認めうる余地はあるものの、これを認めることにより、相手方には、反論の掲載を強いるという点で制約が強いものでもある。狭義の反論権については名誉毀損の成立を前提とするためそれを肯定する見解も少なくないが、このような点を考慮しなければならない。

芸能人に対する不法行為と慰謝料の算定

51 東京高判平成13・7・5判時一七六〇号九三頁

関連条文　民法七〇九条・七一〇条

名誉毀損・名誉感情侵害の慰謝料算定の基準と慰謝料の額。

事　実　Y発行の週刊誌（当時発行部数約七二万部、毎号売上高一億円以上）に、「トラブル続出でご近所大パニック」、「あの女は雪女」等の見出し記事とともに顔写真を表紙に掲載され、それが、新聞紙・電車等の広告にも掲示されたので、女優XがYに対して、慰謝料五〇〇〇万円を請求した。原審が、慰謝料五〇〇万円の支払を命じたためYが控訴。

裁判所の見解　本件記事等がXに与えた「精神的苦痛にとどまらず」、「記事等の公表によって生じ得るXの芸能活動及びコマーシャル宣伝への出演機会に対する悪影響による無形の財産的損害」、本件記事等の内容が真実と認めるに足る証拠もなく、取材等も的確でなく、記事内容が真実であると信ずるに足る相当な事由もないうえ、「その表現もXの人格に対する配慮が見られず、購読意欲を煽り本件週刊誌の売上を上げて利益を図る意図があることが推認されるようなものであること」、「Yが本件記事等を載せた本件週刊誌で相当な利益を揚げていると推認され、多少の損害賠償金の支払では本件のような違法行為の自制が期待されないこと」、「わが国においては民事私法の実定法上の規定もないのに、過去の判例により国民の知る権利に対応するため報道するマスメディアに緩やかな免責法理が認められてきており、本件記事のような類の虚偽報道や誤報記事による被害者に対する補償措置を多少強化しても国民の知る権利を脅かす危険性は少ないと見られること」、本件記事等は「結果として違法性が高いこと」、「Xが本件記事等に反駁、反論の措置として本件記事等と同程度の伝播効果のある週刊誌や一般新聞紙による名誉回復広告等を掲載してもらおうとすると数百万円以上の費用が掛かることが推認されること」等の事情から、Xの精神的苦痛等を償うに足りる慰謝料額は一〇〇〇万円を下回るものではないと判示した。

解　説　名誉毀損やプライバシー侵害が生じると、賠償の対象として慰謝料（無形損害）が認められる。慰謝料は、一般に、事実審口頭弁論終結時までに生じた諸般の事情を斟酌して裁判所が裁量により算定するが、金銭的評価の困難な事情をどのように算定するのかという問題を抱えている。さらに、額自体の低さも指摘されており、特に、加害行為が出版社等によりなされた場合には、慰謝料額が、雑誌等の売上額を下回ることから、これらの行為を助長しかねないという懸念もあった。本判決は、この状況のもと、一般に認められるよりも高い慰謝料額を認めた。そこでは、Xの芸能活動に対する影響やYの態様が重視されており、慰謝料が単に精神的な損害の賠償に留まるものではないことを示す。それは、不法行為法がどのような機能を有すべきかとも密接に関わる視点である。

いわゆるヘイトスピーチによる不法行為の成立と救済

52 大阪高判平成26・7・8判時二二三二号三四頁

関連条文　民法七〇九条、人種差別撤廃条約一条

人種差別撤廃条約に反する発言は、不法行為を構成するか。

事実　朝鮮学校の運営者Xに、Yらが、在日朝鮮人への侮辱的発言や在日朝鮮人排斥を主張する等示威活動を行い、その結果、学校が課外活動を余儀なくされた。また、XがYらの示威活動禁止等の仮処分を申し立て、地裁で認められたにもかかわらず、Yは、禁止区域を含む学校周辺で大音量で演説を行い、当該示威活動をWebで公開した。Xは、不法行為に基づく損害賠償と人格権に基づく示威活動の差止めを求めた。原審は、Xの請求を一部認容したため、Yが控訴。

裁判所の見解　人種差別撤廃条約は、「①私人相互の関係を直接規律するものではなく、私人相互の関係に適用又は類推適用されるものでもないから、その趣旨は、民法七〇九条等の個別の規定の解釈適用を通じて、他の憲法原理や私的自治の原則との調和を図りながら実現されるべきものである」。②私人間において一定の集団に属する者の全体に対する人種差別的な発言が行われた場合には、上記発言が、憲法一三条、一四条一項や人種差別撤廃条約の趣旨に照らし、合理的理由を欠き、社会的に許容し得る範囲を超えて、他人の法的利益を侵害すると認められるときは、民法七〇九条にいう『他人の権利又は法律上保護される利益を侵害した』との要件を満たすと解すべきであり、これによって生じた損害を加害者に賠償させることを通じて、人種差別を撤廃すべきものとする人種差別撤廃条約の趣旨を私人間においても実現すべきものである」。③我が国の不法行為に基づく損害賠償制度は、「加害者に対する制裁や、将来における同様の行為の抑止を目的とするものではないから、被害者に実際に生じた損害額に加え、制裁及び一般予防を目的とした賠償を命ずることはできない」が、人種差別撤廃条約の趣旨は、当該行為の悪質性を基礎付けることになり、理不尽、不条理な不法行為による被害感情、精神的苦痛などの無形損害の大きさという観点から当然に考慮される。

解説　一定の集団に属する者全体に対する人種差別的な発言は、条約等に反するものであっても、ただちに、民事法上の不法行為を構成するわけではない。当該行為が民事上の不法行為となるためには、その要件を満たす必要があり、本判決も、人種差別撤廃条約に反する行為から直接に法的効果を導くのではなく、民法七〇九条のもとでの議論を展開する（①、②部分）。そして、当該発言が、憲法や条約の趣旨に照らし、合理的な理由を欠き許容しうる範囲を超えた場合、民法七〇九条の権利侵害要件を満たすと判断している。さらに、本判決は、わが国の不法行為制度が実際の損害を填補する制度であるとの理解のもと、制裁的な賠償を否定しつつ、悪質性等を賠償額の算定において、考慮することを認めている（③部分）。

言論威圧目的での訴えの提起と不法行為……幸福の科学事件

53 東京地判平成13・6・29判タ一一三九号一八四頁

関連条文 民法七〇九条

言論威圧目的での訴えの提起は、不法行為となるか。

事実 X_1の元信者Y_1が、Y_2を訴訟代理人として、X_1およびその幹部X_2から献金を強制されたとXらに対し損害賠償請求訴訟を提起した。Y_2は、訴訟提起について記者会見を開くとともに、日弁連消費者セミナーでXらに関する発言をした。XらはYらに名誉を毀損された等主張し、X_1に対して七億円、X_2に対して五千万円を請求する損害賠償訴訟を提起するとともに、謝罪文掲載を請求した。これに対し、Y_2は、X_1の不当な本訴提起により損害を被ったとして反訴請求を提起した。

裁判所の見解 X_2はX_1の代表者として、同教団に敵対する者に対する攻撃ないしは威嚇の手段として訴訟を用いるとの意図を有していたこと、本訴の請求額が従来のこの種の訴訟における請求額の実情を考慮したとしても不相当に高額であることが認められ、本訴提起に至った経緯に関する証言の内容が合理的な内容を有するものとは認められないことをも考慮すると、本訴提起についての意思決定は、X_2の意図を体現したX_1の組織的意思決定としてされたものである。特に本訴が献金訴訟の提起からわずか二週間程度の短期間で提起されていることに照らすと、本訴提起の主たる目的は、献金訴訟を提起したYらに対する威嚇にあったことが認められる。X_1は、主に批判的言論を威嚇する目的をもって、七億円の請求額が到底認容されないことを認識した上で、あえて本訴を提起したものであって、このような訴え提起の目的及び態様は裁判制度の趣旨目的に照らして著しく相当性を欠き、違法なものといわざるをえないとして、Xらの責任を肯定した。

解説 訴えの提起は、裁判制度の自由な利用・裁判を受ける権利の保障（憲法三二条）から、原則として違法とはならない。もっとも、訴えの相手方も応訴のための負担があるため、例外的に、「当該訴訟において提訴者の主張した権利又は法律関係が事実的、法律的根拠を欠くもので」「提訴者が、そのことを知りながら又は通常人であれば容易にそのことを知りえたといえるのにあえて訴えを提起したなど、訴えの提起が裁判制度の趣旨目的に照らして著しく相当性を欠くと認められるとき」に限り、訴えの提起が違法となる（最3判昭和63・1・26民集四二巻一号一頁）。本件は、Y_2のXらに関する発言を機に、Xらが高額な賠償を求めた訴えを提起したものであり、この訴えの提起が違法とならないかが問題となった。本判決は、Xらの訴えの提起が、攻撃・威嚇の手段として用いるとの意図を有していたこと、請求額が不相当に高額であること、Yらの訴訟提起から短期間でXらが訴えを提起していること、を考慮して、訴え提起の目的及び態様が裁判制度の趣旨目的に照らして著しく相当性を欠くとして違法性を肯定した。

情報提供者の責任……郵政民営化通信事件

54 東京地判平成18・8・29判タ一二二四号二七七頁

他人の名誉を毀損する表現行為がなされるにあたり情報を提供した者は、名誉毀損に基づく不法行為責任を負うか。

関連条文　民法七〇九条

事　実　X会社は、内閣官房郵政民営化準備室から依頼され、「郵政民営化ってそうだったんだ通信」と題する新聞折込みチラシを企画制作した。元衆議院議員であるYは、A会社の取材を受け、Aが発行する週刊誌αの「報道されない郵政民営化の「茶番劇」の裏側」と題する記事に、「この仕事はもともと大手広告代理店が受注していたもので、それを実績もない社員二人の会社〔X〕が割り込んで受注できたのは、B大臣の意思があったものとしか考えられない。」等のYの発言が掲載された。Xは、Yの発言によりXの名誉・信用が毀損されたとして、Yに対し、損害賠償を請求した。

裁判所の見解　「①提供された情報の性質、情報と提供者の関係などに照らして出版社による裏付け取材が期待できない場合（出版社と情報提供者が意を通じた場合も含まれる。）、②情報提供者が事前に当該記事を見せられ、当該記事の掲載を承諾した場合等特段の事情のない限り、情報提供者の情報提供行為と当該情報提供をもとに作成された記事の掲載との間に相当因果関係がないものというべきである」〔丸数字は筆者〕。本件では、上記特段の事情は認められない。

解　説　標記の問題（様々な事案類型がありうるが、報道・出版のための取材に協力して情報を提供した者の責任の問題に限定する）については下級審裁判例がいくつか見られるところ（東京地判昭和59・6・4判時一一二〇号九頁、東京高判平成13・5・15判時一七五二号四〇頁等）、限定的な要件の下でのみ責任を認めるものが多い。取材源がたやすく責任を負うとすれば自由な報道・出版の前提が脅かされるのみならず、新聞・雑誌記事等の編集権は新聞社・出版社にあり、新聞社・出版社が裏付け取材を行い、掲載の是非を検討し、編集作業を行った上でその責任において掲載する（情報提供もその前提で行われる）のが通常であるところ、情報提供者が名誉毀損表現の主体であると見ることはできないためである（本判決に見られる「情報提供行為と記事の掲載との間の相当因果関係がない」との説明は、このことの表現である）。ただ、そうであるとすれば、新聞社・出版社による編集権が制約されることにより、情報提供行為と表現行為の間に強い関連性が認められ、情報提供者を表現行為の主体と見うる場合には、情報提供者にも名誉毀損に基づく不法行為責任を認めてよい。本判決は、①及び②の形で、そうした例外を例示する。もっとも、これらにあたる場合でも、名誉毀損の免責事由としての相当性については、情報提供者について独自に判断する必要がある（東京地判昭和61・7・22判タ六〇七号三七頁等）。

ニュース・ポータルサイト運営者の責任……ヤフーニュース事件

55 東京地判平成23・6・15判時二一二三号四七頁

関連条文　民法七〇九条

他人の名誉を毀損する記事を掲載したニュース・ポータルサイトの運営者は、名誉毀損に基づく不法行為責任を負うか。

事実　インターネット上の広告事業等を業とするY会社は、いわゆる「ロス疑惑」でマスコミに頻繁に取り上げられていたAが死亡したことを受け、自身が運営するニュースサイト（以下「本件サイト」）上に、当該事件の被害者遺族Bが報道各社に送信したコメントを元に作成された本件記事本文とともに、亡Aが逮捕連行される姿の撮影された写真及びその説明文（以下「本件写真」）を掲載した。この記事は、C新聞社が作成し、CとD会社の間のコンテンツ利用許諾契約に基づきDに配信され、DY間の情報提供契約に基づきYに配信されたものであった。Aの遺族Xは、本件記事本文及び本件写真の掲載によりXのAに対する敬愛追慕の情を侵害されたとして、Yに対し、不法行為による損害賠償を請求した。

裁判所の見解　本件記事本文の公表はXのAに対する敬愛追慕の情の受忍限度を超えた侵害に当たらないが、本件写真の公表はそれに当たるところ、「Yは、本件サイトに人の人格的利益を侵害するような写真が掲載されないよう注意し、掲載された場合には速やかにこれを削除すべき義務を負う」。Yは当該義務を怠っており、本件写真の公表について過失があることから、Xに対し、損害賠償責任を負う。

解説　事実の摘示による名誉毀損が不法行為責任を生じさせるか否かの判断にあたっては、相当性の法理が重要な意義を有するところ（35事件参照）、このことは、定評ある通信社から配信された記事を掲載した者に関しても基本的に妥当する（44事件参照）。しかし、インターネットの世界では、本件のYのように、情報提供元から記事データの配信を受け、これをサイトに掲載して利用者の閲覧に供する者がいる。こうしたポータルサイト運営者は取材能力を欠くことが多く、報道機関と同様の相当性の証明が求められるとすれば、一般公衆の知る権利に対する重大な制約となりうる。他方で、こうしたサイトの存在により名誉毀損の被害は拡大するともいえるため、ポータルサイト運営者の責任のあり方は難しい問題である。

本判決は、ポータルサイト運営者には、人格的利益を害する記事を掲載しない義務及び掲載された場合に速やかに削除する義務があるとする。もっとも、本件は、本人の名誉ではなく遺族の本人に対する敬愛追慕の情（27事件参照）の侵害が問題となった事案であり、また、写真とその説明文という当該法益侵害の有無の判定が比較的容易な表現行為が問題となった事案であることに注意する必要がある。上記の義務を他の事案でも認めることができるか、認めることができるとしてもその具体的内容・程度をどう考えるべきかは、慎重な検討を要する。

報道機関による犯罪報道と肖像権侵害

56　東京地判平成12・10・27判タ一〇五三号一五二頁

肖像権の侵害行為が、表現の自由の行使として許容される場合があるか。

事　実　刑事事件の被疑者として逮捕・勾留されたが、最終的に不起訴であったXが、本件事件について、報道機関YがXの氏名・映像を放映したことに関し、肖像権侵害等を理由とする損害賠償を請求した。その際、Yは、Xに許諾を得ずに自宅前でのXの姿を撮影等したものを報道していた。

裁判所の見解　何人も、肖像権を有しており、これが侵害された場合には原則として不法行為が成立するが、①他人の肖像権を侵害する行為であっても、それが表現の自由の行使として相当と認められる範囲内においては、違法性を欠き、不法行為は成立しない。②他人の肖像権を侵害する行為が表現の自由の行使として相当と認められるためには、「その表現行為が、公共の利害に関する事実その他社会の正当な関心の対象である事実と密接に関係するものであり、かつ、その公表内容及び方法がその表現目的に照らして相当なものであることを要する」とし、撮影された場所がXの自宅付近であり、Xの私的生活における行動の領域に属する場所であると評価できること、Xがその姿を報道機関によって撮影されることを望んでいない様子が明らかであること、一般に放映されることでXが不快感を抱くものと容易に予測できる映像であること、本件事件は未だ捜査段階にあり、Xは被疑者として勾留されているにすぎないこと、等の諸事情を考慮すると、Xの映像の放映内容及び放映方法は、相当と認められる範囲を逸脱したものといわざるをえないとして、肖像権侵害を認めた。

解　説　本判決は、人は、肖像権を有しており、これが侵害された場合、不法行為が成立するとしたうえで、「表現行為が、公共の利害に関する事実その他社会の正当な関心の対象である事実と密接に関係するものであり、かつ、その公表内容及び方法がその表現目的に照らして相当なもの」の場合には、その行為は表現の自由の行使として正当化されるとする（①②部分）。撮影行為も、表現の自由として保障されうる行為の一つであるから、その許容範囲を示したものといえる。本判決は、この公表内容・方法の相当性を否定し、肖像権侵害を認めたが、そこで考慮されていることは、撮影場所の私的領域性、Xが撮影を望んでいないこと、捜査段階であったこと、である。現在の最高裁は、肖像権侵害の成立において、58判決に挙げる様々な要素を考慮するが、本判決は、一方で、客観的な態様である撮影場所等、他方で、X自身の主観的な不快感等、多くの事情を考慮する点で理論的に参考になるとともに、実際上、刑事事件の被疑者を報道機関が放映するという点からも、参考になる点が多いと考えられる。

関連条文　民法七〇九条

57 公道歩行者の無断撮影と肖像権侵害……ストリートファッション事件

東京地判平成17・9・27判時一九一七号一〇一頁

関連条文　民法七〇九条

公道上を歩行中の一般人を承諾を得ずに撮影し、その写真を掲載することは肖像権を侵害するか。

事実　公道上を歩行中のXの姿が、本人の承諾なく撮影され、Yら開設のウェブサイトに撮影された写真が掲載された。本件写真は、Xの全身像が大写しにされ、その際着用の服には大きく赤字で「SEX」というデザインがあった。その結果、当該サイトを見た不特定多数の者により、インターネット掲示板等で、Xに対する下品な誹謗中傷が書き込まれた。そこで、Xは、Yらに対して、損害賠償を求めた。

裁判所の見解　何人も、個人の私生活上の自由として、みだりに自己の容貌や姿態を撮影されたり、撮影された肖像写真を公表されないという人格的利益を有しており、これは肖像権として法的に保護される。本件写真は、Xの全身像に焦点を絞り込み、容貌を含めて大写しに撮影したものであり、このような写真の撮影方法は、撮影した写真の一部にたまたま特定の個人が写り込んだ場合や不特定多数の者の姿を全体的に撮影した場合とは異なり、被写体となったXに強い心理的負担を覚えさせる。個人の容貌等の撮影及びウェブサイトへの掲載により肖像権が侵害された場合であっても、「当該写真の撮影及びウェブサイトへの掲載が公共の利害に関する事項と密接な関係があり、これらが専ら公益を図る目的で行われ、写真撮影及びウェブサイトへの掲載の方法がその目的に照らし相当なものであれば、当該撮影及びウェブサイトへの掲載行為の違法性は阻却される」とし、Xの承諾を得ることなく、Xの全身を大写しに撮影したものであること等から、写真撮影・掲載行為の相当性が認められず、違法性は阻却されないとした。

解説　何人も自己の肖像等をみだりに撮影されたり、公表されたりしない利益を有している。この権利・利益に対する侵害があれば、肖像権侵害として不法行為を構成することになる。本判決も、本人に無断で撮影し、その写真を掲載する行為について肖像権侵害を認めた。だが肖像権侵害が広く認められることになれば、写真等の撮影行為を過度に制約する恐れがある。そこで、本判決も、肖像権が侵害された場合であっても、①公共の利害に関する事項と密接な関係があり、②専ら公益を図る目的で行われ、③撮影方法等がその目的に照らし相当なものであれば、違法性が阻却されるとする（名誉毀損と類似の枠組み）。本件のような公共の場所での撮影は、阻却事由を満たしうる場面の一つであるが、Xの承諾を得ていないこと、Xの全身が大写しに撮影されていることを重視し、③の相当性を欠くとし、肖像権侵害を認めた。肖像権侵害の判断枠組みは、58判決により示されるが、そこでの撮影の場所、目的、活動等の考慮要素として本判決も参考になろう。

法廷での隠し撮り写真の撮影・公表及びイラスト画による肖像権侵害

58 最1判平成17・11・10民集五九巻九号二四二八頁

関連条文　民法七〇九条

①法廷で無断撮影した写真の公表が肖像権侵害となるか。②法廷で描写したイラスト画の公表が肖像権侵害となるか。

事　実　Yは、法廷内で裁判所の許可を得ず、Xに無断で、手錠をされ、腰縄が付けられたXの容ぼう等を撮影した写真とともに、法廷内でのXの容ぼう等を描いたイラスト画も週刊誌に掲載した。そこで、XがYに対し、肖像権を侵害するとして損害賠償を求めた。原審は、イラスト画の場合も含めて賠償を認めたため、Yが上告。

裁判所の見解　①「人は、みだりに自己の容ぼう等を撮影されないということについて法律上保護されるべき人格的利益を有する」。「ある者の容ぼう等をその承諾なく撮影することが不法行為法上違法となるかどうかは、被撮影者の社会的地位、撮影された被撮影者の活動内容、撮影の場所、撮影の目的、撮影の態様、撮影の必要性等を総合考慮して、被撮影者の人格的利益の侵害が社会生活上受忍の限度を超えるものといえるかどうかを判断して決すべきである」。人の容ぼう等の撮影が違法と評価される場合には、その容ぼう等が撮影された写真を公表する行為は、被撮影者の人格的利益を侵害するものとして、違法性を有する。

②「人は、自己の容ぼう等を描写したイラスト画についても、これをみだりに公表されない人格的利益を有する」。イラスト画は、その描写に作者の主観や技術が反映するものであるから、「人の容ぼう等を描写したイラスト画を公表する行為が社会生活上受忍の限度を超えて不法行為法上違法と評価されるか否かの判断に当たっては、写真とは異なるイラスト画の特質が参酌されなければならない」として、イラスト画の一部について不法行為の成立を否定した。

解　説　肖像権は、自己の肖像を権限なく他人が絵画、写真等により作成、公表することを禁止する権利とされ、最高裁においても、「何人も、その承諾なしに、みだりにその容貌、姿態を撮影されない自由を有する」ことが認められている（197判決）。本判決は、肖像権侵害についての不法行為の成立枠組みを示した判決である。そこでは、肖像等の利益性を肯定しつつ、その侵害は、様々な要因を総合考慮し、社会生活上の受忍限度を超えるか否かという判断枠組みが示されている（①部分）。この枠組みは、名誉毀損における判断枠組み（原審）とは異なるものを採用したという点で意義がある一方、総合判断をすることから、曖昧であるとの批判もありうる。

さらに、本判決は、人の容ぼう等のイラスト画の公表行為は、その描写に作者の主観が反映されるため、写真の公表とは異なることを示す（②部分）。肖像の態様により判断枠組みが変わる可能性があり、判決射程に注意が必要である。

建物への監視カメラの設置とプライバシー侵害

59 東京地判平成27・11・5判タ一四二五号三一八頁

①監視カメラの設置はプライバシーを侵害するか。②プライバシー権に基づき監視カメラの撤去を求めることができるか。

事　実　Yは、区分所有建物の共用部分である窓の上にある庇の下にカメラを設置した。このカメラは、区分所有者であるXらが公道に出るため日常利用する道路等が映っており、Xらの外出や帰宅を認識することが可能な鮮明さであった。そこで、Xらが、プライバシー権を侵害しているとして、Yに対して、損害賠償及び本件カメラの撤去を求めた。

裁判所の見解　①本件カメラ撮影が、Xらの外出や帰宅等の日常生活を常に把握しており、Xらのプライバシー侵害としては看過できない結果となっていること、窓の防犯対策としては二重鍵を設置するなどのその他の代替手段がないわけではないこと、等を考慮すると、本件カメラの設置及び撮影に伴うXらのプライバシーの侵害は社会生活上受忍すべき限度を超えている。②本件カメラの撮影範囲には、本件道路の相当の範囲が撮影対象となっていることに鑑みると、Xらは、Yに対し、「プライバシーの権利に基づく妨害排除請求として、本件カメラの撤去を求めることができる」と判示し、慰謝料一〇万円とともに、本件カメラの撤去請求を認めた。

関連条文　民法七〇九条

解　説　監視カメラ等の設置は、防犯目的等の有用性がある一方、撮影により、個人のプライバシーを侵害する危険性がある。本判決は、監視カメラ設置がプライバシーを侵害しないかが問題となり、プライバシー侵害の救済として、カメラの撤去を求めることができるのかが問われている。前者については、本件カメラの設置が社会生活上の受忍限度を超えるものとしてプライバシー侵害を認めた（①部分）。そのうえで、後者につき、本判決は、端的に、「プライバシー権に基づく妨害排除請求」として、カメラの撤去を認めた。人格的価値が毀損された場合には、人格権に基づき、加害者に対し、現に行われている侵害行為の排除、侵害行為の差止めを求めることができる（49判決）が、その具体的内容として、本判決は、相手方に作為を求めるカメラの撤去を認めた。ここでは、プライバシー権が侵害された場合に、それを積極的に解消する方法を認めており、プライバシー権をより積極的なものとして捉えていると評価できる。この点は、「プライバシーの権利に基づく妨害排除請求」という文言にも表れており、物権等に認められる妨害排除請求権をプライバシー権にも同様に認めていることからも、本判決が前提とするプライバシー権の意義が理解できるだろう。プライバシーは、必ずしも明確にされていない概念であるが、救済としてどのような効果が認められるのか、という視点も、この概念を把握するうえでは必要である。

プライバシーの権利……宴のあと事件

60 東京地判昭和39・9・28下民集一五巻九号二三一七頁

プライバシーは、民法の不法行為法により法的保護を受けるか。また「モデル小説」によってプライバシーは侵害されうるか。

事　実　戦前外務大臣も務めたXは、一九五九年の東京都知事選に立候補したが落選した。「三島由紀夫」のペンネームを持つ小説家Y_1は、この都知事選を題材に、Xと選挙当時の妻であったAをモデルとする小説「宴のあと」を執筆し、雑誌連載ののち、出版社Y_2から同一題名の小説を刊行した。これに対し、Xは、「宴のあと」における自身の私生活を「のぞき見」するような描写が、プライバシーを侵害するとして、Y_1とY_2に対して謝罪広告の掲載と損害賠償を求める訴えを起こした。

裁判所の見解　モデル小説におけるプライバシーはたとえ小説の叙述が作家のフィクションであったとしてもそれがモデルの私生活を写したものではないかと多くの読者に想像をめぐらさせ、モデル的興味というものが発生する点で問題が生じる。他方で「日本国憲法のよって立つところでもある個人の尊厳」という思想から、正当な理由がなく他人の私事を公開することが許されてはならないことはいうまでもない。こうした「私事をみだりに公開されないという保障が、今日のマスコミユニケーションの発達した社会では個人の尊厳を保ち幸福の追求を保障するうえにおいて必要不可欠なもの」であり、不法な侵害に対しては法的救済が与えられるまでに高められた人格的な利益であると考えるのが正当である。こうしたプライバシーの侵害に対し法的な救済が与えられるためには、公開された内容が(イ)私生活上の事実または私生活上の事実らしく受け取られるおそれのあることがらであること、(ロ)一般人の感受性を基準にして当該私人の立場に立った場合公開を欲しないであろうと認められることがらであること、(ハ)一般の人々に未だ知られていないことがらであることを必要とし、このような公開によって当該私人が実際に不快、不安の念を覚えたことを必要とする。本件ではXが公的経歴を有していたとしても受忍限度を超えている。

解　説　本判決は、プライバシー権を、人格権の一類型として私生活をみだりに公開されないという法的保障ないし権利として定義づけ、不法行為法の保護が及ぶ権利ないし法益であるとした。この定義は、「私生活秘匿権」としての性格を付与した古典的な定義として知られる。本判決はこの権利の根拠を「個人の尊厳」に求めており、憲法一三条を意識したものとなっている。本判決は、プライバシー侵害の判断のための三要件も提示しており、後の私事の公開をめぐる裁判例でも多く引用されている。他方で、表現の自由との関係でいえば、かなりプライバシー寄りの判断をしている。

関連条文　民法七〇九条、憲法一三条・二一条

ノンフィクション作品における前科等事実の公表……ノンフィクション『逆転』事件

61 最3判平成6・2・8民集四八巻二号一四九頁

関連条文　憲法二一条、民法七〇九条

ノンフィクション著作により、前科等の事実を実名で公表されたことは、不法行為責任を生じさせるか。

事実　本土復帰前の沖縄で発生した米兵に対する致死傷事件を素材としたYによる「逆転」と題したノンフィクション著作の中で、Xの実名が使用され、さらに彼が当該事件について有罪の実刑判決を受けて服役したという前科にかかわる事実が公表されていた。これによりXは、精神的苦痛を被ったと主張して、Yに対して、不法行為に基づく損害賠償を求めた。

裁判所の見解　前科という事実は、その者の名誉あるいは信用に直接にかかわる事項であるため、その者は、「みだりに右の前科等にかかわる事実を公表されない」、法的保護に値する利益を有する。前科者も「新しく形成している社会生活の平穏を害されその更生を妨げられない利益を有する」。もっとも、前科等にかかわる事実についても、その公表が許されるべき場合もあり、それは、その者のその後の生活状況のみならず、事件それ自体の歴史的または社会的な意義、その当事者の重要性、その者の社会的活動及びその影響力について、その著作物の目的、性格等に照らした実名使用の意義及び必要性をも併せて判断すべきものである。この点、本件著作の刊行当時、Xは、その前科に関わる事実を公表されないことにつき法的保護に値する利益を有していたところ、本件著作において、YがXの実名を使用して前科に関わる事実を公表したことを正当とするまでの理由はないといわなければならない。

解説　まず本判決以外でもたびたび問題となる前科にかかわる事実は二面性を有している。一面として、犯罪に関する事実を完全に「私事」とみなすことは不可能といってもよく、この点から前科をプライバシーとみなすことに対する有力な反対意見が存在する。他方で、罪を償った後に新しく形成した社会生活の平穏を害することが不当であると考えることは特異なことともいえないだろう。また本判決で取り上げられた「ノンフィクション」は、60判決での「モデル小説」とは異なり、アメリカにおける「ニュー・ジャーナリズム」の系譜に位置する、日本でいえば「調査報道」に近いものといえる。ここから、本判決を単に60判決の延長として捉えることはできない。むしろ、ノンフィクションは、長期的な取材と検証を経ることで、登場人物の思考や行動に迫るものであり、必然的に私事との衝突可能性が生じることとなる。本判決はこれを踏まえ、Xの「前科を公表されない利益」とYの「Xの実名を使用してその前科を公表する理由」とを等価的に考慮している。

仮名報道の自由とプライバシー権……「あしながおじさん」公益法人常勤理事事件

62 東京高判平成13・7・18判時一七五一号七五頁

関連条文　憲法二一条、民法七〇九条

仮名での報道においても、プライバシー侵害として不法行為責任を負うか。

事　実　財団法人Aの元常勤理事Xは、出版社Y_1の発行する週刊誌の記事内で、その収入、具体的な家計支出の内容について詳細な金額を公表された。なおその際、Xの名前は仮名で報道されていた。本件記事における家計支出の内容は、Aから常勤を解かれることになったXが地位保全の仮処分を申し立てて裁判所に提出した陳述書に依拠しており、Y_1はこれをAの専務理事Y_2から入手した。そこでXは、Y_1とY_2を相手に、損害賠償を請求するため訴訟を提起した。

裁判所の見解　まず本件記事は、他人に知られたくない私生活上の事実に該当し、Xのプライバシー権を侵害している。しかしながら、マスメディアが国民に対して豊富な情報を提供することが国民の知る権利にとってやはり重要であることに鑑みると、「当該報道の目的、態様その他の諸要素と当該プライバシー侵害の内容、程度その他の諸要素とを比較衡量」して表現の自由とプライバシーとのいずれを優先させるべきかを決定しなければならない。この比較衡量に際し、報道については、当該報道の意図・目的、これとの関係で私生活上の事実や個人的情報を公表することの意義ないし必要性、情報入手手段の適法性・相当性、記事内容の正確性、当該私人の特定方法、表現方法の相当性等が重要な考慮要素として挙げられる。他方、プライバシー侵害については、公表される私生活上の事実や個人的情報の種類・内容、当該私人の社会的地位・影響力、その公表によって実際に受けた不利益の態様・程度等である。本件記事の場合は、プライバシーの侵害は決して無視してよいようなものではないが、いずれかといえば報道の自由を保障する必要性が優先し、本件記事を掲載した行為は、報道の自由を保障するという観点から違法性を欠くものと評価すべきである。なお、「仮に本件記事において、仮名ではなく被控訴人の実名が用いられていたとすれば、比較衡量の結果、違法性の有無について上記とは異なる結論に達するであろう」。

解　説　本判決は60判決でも鮮明にされた表現の自由とプライバシーの等価値性を前提としつつ、比較衡量の要素をきめ細かく検討して適用したものであった。その過程においては、報道機関の報道価値判断に対する裁判所による事後的なチェックが行われており、プライバシーに配慮するよう厳格な姿勢で臨んでいることが伺える。また本判決の比較衡量で「仮名」報道であったことが大きな役割を果たしたことも注目されるが、これが「免罪符（切り札）」として必ずしも機能しているわけではないことに注意が必要であろう。

プライバシー権を理由とするモデル小説の事前差止め……「石に泳ぐ魚」事件

63 最3判平成14・9・24判時一八〇二号六〇頁

関連条文 民法一九八条・一九九条

障害をもった人物の外貌を公表したモデル小説につき、その侵害行為を差し止めることは可能か。

事実

芥川賞作家Y_1のモデル小説『石に泳ぐ魚』の中で、生まれつき顔に腫瘍のある外貌を持った在日韓国人三世Xについて、その人生につき過酷な描き方をした箇所があった。Xは、本書の記述に自身に対する名誉毀損、プライバシー侵害、ならびに名誉感情の侵害に相当するものが含まれているとして、人格権侵害等を理由にY_1ならびに出版社Y_2を相手取り、単行本化などの出版差止めと慰謝料の支払を求めて提訴した。第一審に続き、第二審も出版差止めと慰謝料の支払を認容したために、Y_1ならびにY_2のそれぞれが上告した。

裁判所の見解

本件原審（東京高裁）は、人格的価値を侵害された者は、人格権に基づき、加害者に対し、現に行われている侵害行為を排除し、または将来生ずべき侵害を予防するため、侵害行為の差止めを求めることができるとする。そして、どのような場合に侵害行為の差止めが認められるかは、侵害行為の対象となった人物の社会的地位や侵害行為の性質に留意しつつ、予想される侵害行為によって受ける被害者側の不利益と侵害行為を差し止めることによって受ける侵害者側の不利益とを比較衡量して決すべきであるとした。他方、最高裁は、原審の確定した事実関係によれば、公共の利益に係わらないXのプライバシーにわたる事項を表現内容に含む本件小説の公表により公的立場にないXの名誉、プライバシー、名誉感情が侵害されたものであって、本件小説の出版等によりXに重大で回復困難な損害を被らせるおそれがあるというべきであるとした。したがって、人格権としての名誉権等に基づくXの各請求を認容した判断に違法はなく、この判断が憲法二一条一項に違反するものでないことは、当裁判所の判例（37・49判決）の趣旨に照らして明らかである。

解説

本判決は49事件と同様に、出版差止めの是非が争われた。ただし49事件が公人の名誉毀損に関する事案であった一方で、本判決は対象が市井の一般人であることと、プライバシーを含む被侵害利益を総合して差止を認めている。なお本件の特殊性として、顔という外貌の障害について記述があるが、こうしたごく稀で顕著な障害ゆえに、将来本人を同定しうる読者はいわば無数に存在しうるといえる。他方で、顔の腫瘍は60判決でいう(ハ)の要件（非公知性）を満たさないのではないかと考えられるが、本件1審2審ともにプライバシーに該当するとしている。

少年の仮名報道と少年法六一条……長良川リンチ殺人事件報道訴訟

64 最2判平成15・3・14民集五七巻三号二二九頁

関連条文　少年法六一条、民法七〇九条

①仮名を用いた少年事件に関する報道は、少年法六一条にいう推知報道に該当するか。②推知報道による不法行為責任はどのように判断すべきか。

事　実　一九歳の少年グループによる四府県にまたがる強盗殺人、殺人等の四つの事件が起きた。そのうちの一つ「長良川リンチ殺人事件」に関する裁判の係争中に、Yの発行する週刊誌が少年ら（記事公表時点では成人）について仮名を用いて、法廷での様子、犯行態様の一部、経歴や交友関係等を公表した。これに対し少年のうちXが、少年法六一条の禁止する推知報道による名誉毀損、プライバシー侵害を理由に、Yに対して損害賠償を請求する訴訟を提起した。

裁判所の見解　①少年法六一条に違反する推知報道かどうかは、その記事等により、不特定多数の一般人がその者を当該事件の本人であると推知することができるかどうかを基準にして判断すべきである。この点、本件記事は、少年法六一条の規定に違反するものではない。②また名誉毀損については、その行為が公共の利害に関する事実に係り、その目的が専ら公益を図るものである場合において、摘示された事実がその重要な部分において真実であることの証明があるとき、または真実であることの証明がなくても、行為者がそれを真実と信ずるについて相当の理由があるときは、不法行為は成立しない。また、プライバシーの侵害についても、本件記事によって被上告人のプライバシーに属する情報が伝達される範囲と被上告人が被る具体的被害の程度、本件記事の目的や意義、公表時の社会的状況、本件記事において当該情報を公表する必要性など、その事実を公表されない法的利益とこれを公表する理由に関する諸事情を個別具体的に比較衡量して判断することが必要である。原審の判断には、審理不尽の結果、判決に影響を及ぼすことが明らかな法令の違反がある。

解　説　①まず推知報道か否かの判断は、少年と面識を有する特定多数を基準とするか、面識のない不特定多数の読者を基準とするかが分かれるところであるが本判決は後者を採用した。これは報道の自由に対する一定の配慮ともいえる。②他方で本判決は、少年法違反の事実がないとしても、少年のプライバシー侵害、名誉毀損を認めている。もっとも仮に少年法違反があったとしても、それだけで不法行為となるかには議論の余地があり、実名で報道されない人格的利益を少年法六一条の保護法益であるとする見解がある一方で、あくまで刑事政策的観点から理解する見解もある。なお、旧少年法七四条の刑罰規定が削除された経緯などを踏まえると、本規定は単なるメディア倫理規定と捉えることもできよう。

政治家長女の離婚記事が掲載された雑誌の販売差止め……週刊文春事件

65 東京高決平成16・3・31判時一八六五号一二頁

関連条文　民事保全法二三条・二四条

政治家長女の離婚記事が掲載された雑誌は差止め可能か。

事　実　元外務大臣の母Aと参議院議員の父をもち、元総理大臣の父をもつ有力な政治家一族の長女であるX_1（ただし事件当時、自身は直接に政治に関係していない）に関し、出版社Yの刊行する週刊誌は、X_1がAの反対を押し切って会社の同僚X_2と結婚し渡米したが、一年程度離婚し単身帰国したという記事を掲載した。これに対しX_1とX_2はそれぞれプライバシー侵害を理由に出版の差止めを求め、地裁はこれに応じた。Yは直ちに保全異議を申し立てたが、異議審は差止めを認めた。これを不服としYが保全抗告を申し立てた。

裁判所の見解　原決定（東京地裁）は、プライバシー侵害行為の差止めを求めることができるための要件として、本件記事が「公共の利害に関する事項に係るものといえないこと」（要件一）、本件記事が「専ら公益を図る目的のものでないことが明白であること」（要件二）、本件記事によって「被害者が重大にして著しく回復困難な損害を被るおそれがあること」（要件三）という三要件を挙げており、当裁判所としても、この三要件を判断の枠組みとして判断する。まず要件一について、X_1が、将来、政治活動の世界に入るというのは、単なる憶測にすぎないため、直ちに、公共性の根拠とすることは相当とはいえない。次に要件二についても本件記事は、X_1及びその配偶者X_2の離婚という全くの私事を内容とするものであり、「専ら公益を図る目的のものでないことが明白である」。他方で要件三については、離婚は、当事者にとって、喧伝されることを好まない場合が多いとしても、それ自体は、日常生活上、人はどうということもなく耳にし、目にする情報の一つにすぎない。さらには、表現の自由は、民主主義体制の存立と健全な発展のために必要な、憲法上最も尊重されなければならない権利であることを考えると、本件記事は、要件三を満たさないと考えられる。

解　説　本決定は、プライバシー侵害を理由とする事前差止めについて高裁が一応の基準を示したもので極めて重要といえる。ここで示された三基準については、妥当な基準とする見解、要件一について公共の利害に関わるものではないことが明白であることを要求すべきであるとする見解、要件一または要件二、かつ要件三とすべきであるとする見解がある。この点、報道の自由の観点からは、少なくとも要件一につき明白性を要求すべきであろう。また要件二についても、特に世襲議員が多い我が国における現状を踏まえるなら、政治家家族の生活について報道価値が認められる場合も十分にありうるところである。

電話帳への氏名・電話番号の掲載とプライバシー

66 東京地判平成10・1・21判タ一〇〇八号一八七頁

関連条文　民法七〇九条

本人の意思に反して、個人の氏名・電話番号・住所を電話帳に掲載することはプライバシー侵害に当たるか。

事実　未成年の子と共に居住する女性Xは、転居に伴い、Y（NTT）に対し電話番号の変更等を求めるとともに、Xの氏名・電話番号・住所（以下、「氏名等個人情報」と呼ぶ）を電話帳に掲載しないよう求めた。ところがYが、Xの明示の意思に反し、電話帳にXの氏名等個人情報を掲載して配布したため、Xが、プライバシーを侵害され精神的損害を蒙ったと主張して、Yに対し、人格権に基づき電話帳配布先に当該電話帳の廃棄を求める広告の配布とともに、慰藉料三〇〇万円の支払を請求した。

裁判所の見解　氏名等個人情報は、社会生活上、公的機関や友人など一定の範囲の者に了知され、日常的に利用される情報だが、「私生活の本拠である住居に関するものであること」、現代社会では「このような情報が当該個人の了解する範囲外の者の目にさらされ〔て〕……私生活上の平穏が害されるおそれが増大しつつあること」、「プライバシーの利益の保護が人格的自律ないし私生活上の平穏の維持をその主旨とすること」から、私生活上の事柄に当たる。またXが嫌がらせ電話などで悩んだ経験を有していることに照らすと、Xの氏名等個人情報は、一般人の感受性を基準にして、Xの立場に立った場合に公開を欲しない事柄である。さらに、電話帳配布対象者らはXの電話番号等を了知していたとは推認できないから、Xの氏名等個人情報は一般の人に未だ知られていない事柄でもある。以上によれば、Xの氏名等個人情報は「法的に保護された利益としてのプライバシーに属するものというべき」であり、Yは、Xのプライバシーの利益を侵害したことでXが蒙った損害を賠償する責任がある。

解説　本判決の意義は、60事件で示されたプライバシー侵害要件（私事性、非公知性、非公開性）を用いつつ、氏名・電話番号・住所のような、それ自体私生活の詳細を表わすものではない単純な個人情報もプライバシーとして法的に保護されるとし、本人の意思に反する電話帳掲載につきプライバシー利益の侵害を認めた点にある。もっとも、本判決の判断には、Xが幼い子と二人暮らしをしている女性で、過去嫌がらせ電話などを受けていたなどの個別事情も影響している。この点で、より一般的に単純情報の要保護性を認めた67事件とは異なる。本判決は、電話帳掲載による実害の不在から慰謝料額を一〇万としたうえ、実効性が期待できないことなどを理由に、配布先に電話帳廃棄を要求する広告の配布請求を棄却したが、これは単純情報が公表等された場合の救済の難しさを示している。

講演会参加者名簿の第三者への開示……早稲田大学江沢民講演会名簿提出事件

67　最2判平成15・9・12民集五七巻八号九七三頁

関連条文　民法七〇九条・七一〇条

①氏名、住所等の単純個人情報は、法的保護の対象となるか。②大学が警察の求めに応じて学生の単純個人情報を同意なく開示（提供）した行為は不法行為を構成するか。

事　実　Y（早稲田大学）は、江沢民中華人民共和国国家主席（当時）の講演会を開催するのに先立ち、参加希望学生に学籍番号、氏名、住所、電話番号を記入させて名簿を作成し、講演会の警備を警察に委ねるべく、警視庁の求めに応じて、学生の同意を得ないまま、この名簿の写しを警視庁に提出した。Xらは、講演会参加中、立ち上がって「中国の核軍拡反対」と大声で叫ぶなどしたため、威力業務妨害等の嫌疑で現行犯逮捕され、その後Yからけん責処分を受けた。そこでXらは、Yに対し同処分の無効確認等とともに、本件名簿提出によるプライバシー侵害を理由に損害賠償を求めて出訴した。

裁判所の見解　①学籍番号、氏名、住所のような、個人識別等を行うための単純な個人情報でも、「本人が、自己が欲しない他者にはみだりにこれを開示されたくないと考えることは自然なことであり、そのことへの期待は保護されるべき」だから、「本件個人情報は、Xらのプライバシーに係る情報として法的保護の対象となる」。②「このようなプライバシーに係る情報は、取扱い方によっては、個人の人格的な権利利益を損なうおそれのあるものであるから、慎重に取り扱われる必要がある」。Yが、Xらの意思に基づかずにみだりにこれを他者に開示することは許されず、Yがその開示について承諾を求めることが「困難であった特別の事情がうかがわれない本件においては、Xらに無断で本件個人情報を警察に開示したYの行為は、Xらが任意に提供したプライバシーに係る情報の適切な管理についての合理的な期待を裏切るものであり、Xらのプライバシーを侵害する」。

解　説　本判決は、氏名等の単純個人情報もプライバシーに係る情報として法的保護の対象となると述べた点で、66事件と関連する。しかし、66事件が、不特定多数に対する単純情報の「公表」を問題にしていたのに対し、本判決は、自己が欲しない他者にみだりにこれを開示（提供）されたくないと考えるのは自然であるとの一般論を展開し、特定「他者」（警察）に対する単純情報の「開示」（第三者提供）もプライバシー侵害を構成しうるとした。この点、自らの情報を誰に対して「開く」のかを主体的に選択・コントロールできる権利（自己情報コントロール権）と親和的な面をもつ。もっとも、169事件が前科情報の取扱いに「格別の慎重さ」を要求したのに対して、本判決は単純情報の取扱いに「慎重［さ］」のみを求めており、情報の秘匿性が法的判断の基準になるとの考えは維持されている。

個人情報の適切管理義務と不法行為責任……Yahoo!BB 顧客情報流出事件

68 大阪地判平成18・5・19判時一九四八号一二二頁

関連条文　民法七〇九条・七一〇条

個人情報の適切管理に必要な措置を講じなかったため情報が不正に取得された場合、管理主体は不法行為責任を負うか。

事実　電気通信事業を営むY_1・Y_2は、共同してインターネット接続サービス等を提供している。Y_2は、社内サーバーに本件サービスに係る顧客情報を記録していたが、社外からのメンテナンス作業を可能にするため、リモートメンテナンスサーバーを設置した。Y_2の業務委託先から派遣され、顧客サーバーの管理業務に従事していたAは、退職後、リモートアクセスのために付与されていたユーザー名・パスワードを用いて顧客サーバーにアクセスし、顧客情報を不正に取得した。Yらとの間にインターネット接続サービスの提供に係る契約を締結していたXらは、Yらが個人情報の適切な管理を怠った過失等により自己情報コントロール権を侵害されたとして、Yらに対して共同不法行為に基づく損害賠償を請求した。

裁判所の見解　電気通信事業における個人情報保護に関するガイドラインや、個人情報保護法における個人情報の適切な管理に係る規定を踏まえると、Yは、電気通信事業者として、顧客個人情報への「不正なアクセスや当該情報の漏えいの防止その他の個人情報の適切な管理のために必要な措置を講ずべき注意義務を負っていた」。「Yにおけるリモートアクセスの管理体制は、ユーザー名とパスワードによる認証以外に外部からのアクセスを規制する措置がとられていない上、肝心のユーザー名及びパスワードの管理が極めて不十分であったといわざるを得ず、Yは、多数の顧客に関する個人情報を保管する電気通信事業者として、不正アクセスを防止するための前記注意義務に違反した」。Yには、「外部からの不正アクセスを防止するための相当な措置を講ずべき注意義務を怠った過失があり、同過失により本件不正取得を防ぐことができず、Xらの個人情報が第三者により不正に取得されるに至った」。Yは、「本件不正取得によりXらの被った損害を賠償すべき不法行為責任がある」。慰謝料としては一人あたり五〇〇〇円が相当。

解説　本判決は、ガイドラインや個情法の規定を参照しながら、管理主体は、不正アクセスの防止等、個人情報の適切な管理のために必要な措置を講ずべき注意義務を負っているとし、この注意義務を怠った場合には管理主体が不法行為責任を負う場合もありうるとした。また本判決は、管理主体が負う私法上の注意義務の内容確定にガイドラインが果たす役割を認めた点でも重要である。情報ネットワークシステムの管理者が個人情報の適切管理に必要な措置を講ずべきとする考え方は、173事件の構造審査（漏えい等の具体的危険の有無をシステム構造の観点から審査）にも見られるが、これを不法行為責任と結び付けた本判決の意義は非常に大きい。

職場内におけるＨＩＶ感染情報の共有と不法行為責任

69　福岡高判平成27・1・29判時二二五一号五七頁

関連条文　民法七一五条

診療目的で得たＨＩＶ感染情報を労務管理のために病院内で情報共有することは不法行為を構成するか。

事実　社会医療法人Yが経営するA病院に勤務する看護師Xは、体調不良のためYと診療契約を結び、自らの勤務先であるAにてB副院長及びC医師の診察を受けていたところ、Cの紹介でD大学病院にて血液検査を受ける運びとなり、この結果、ＨＩＶ陽性であることが判明した。Dの医師Eが、Cに対しXがＨＩＶ陽性であることを伝え（以下、「本件情報」と呼ぶ）、Cからこのことを聞いたBが、それをF院長、G看護師長に伝えた。さらに本件情報は、Gを通じて、H看護部長やI事務長の間でも共有された（以下、「本件情報共有」と呼ぶ）。その後、Xは、Bらとの面談中、Bから仕事を休んでほしいと伝えられた。Xは、自らの同意なく行われた本件情報共有が個人情報保護法二三条一項及び一六条一項に違反し、Xのプライバシーを侵害する不法行為に当たるなどと主張し、Yに対し民法七一五条に基づく損害賠償の支払いを求めた。

裁判所の見解　本件情報共有は、同一事業者内における情報提供であるから、第三者に対する情報提供には該当せず、法二三条一項には反しない。「本件情報は、本件病院を患者として受診したXから、本件診療契約に基づく診察を行い、その症状の原因を究明する過程において検査の結果によって取得された」患者等の情報であるから、診療目的に従って利用できても、「労務管理を目的として用いることは、目的外利用に当たり、事前の本人の同意がない限り、許されない」。目的外利用に当たり、事前の本人の同意がない限り、許されない」。C-B間の本件情報の共有は目的外利用には当たらないが、それ以降の本件情報共有は労務管理目的であり、法一六条一項が禁ずる目的外利用に当たる。本件当時、ＨＩＶ感染者への偏見・差別はなお存在しており、ＨＩＶ感染情報は、他人に知られたくない個人情報である。したがって、「本件情報を本人の同意を得ないまま法に違反して取り扱った場合には、特段の事情のない限り、プライバシー侵害の不法行為が成立する」。

解説　本判決の意義は、まず、個人情報保護法がプライバシー侵害による不法行為成立の基準として積極的に用いられた点にある。Yは、医療従事者から患者へと感染症が伝播するリスク等を踏まえ、本件情報共有の労務管理上の必要性や、法一六条三項二号の例外事由該当性（人の生命・身体等の保護のために必要な場合）などを主張したが、本判決は、そのような必要性があるとしても本人の同意を得る努力をなすことは可能であったとし、右主張を退けた。本件は、労務管理以外の目的で適正に取得した情報を安易に労務管理目的に転用することに厳格な法的制約を設けた点で、重要な意義を有する。

労働者に対する継続的監視と不法行為責任……関西電力事件

70 最3判平成7・9・5判時一五四六号一一五頁

関連条文　民法七〇九条・七一〇条、労働基準法三条、憲法一九条

使用者による労働者の継続的監視が不法行為を構成するのはどのような場合か。

事実　Xら（X_1～X_4）は電力会社Yの従業員で、A労働組合の組合員だが、共産党員またはその同調者で、A組合の主流派執行部のとる労使協調路線に反対していた。Yは、一九七〇年安保条約改定時に予想される騒乱から企業を防衛し、警備と保安体制の確立を期するため、「特殊対策」の名の下、Xらを「不健全分子」とみなして職場内外において徹底して監視・調査し、孤立させる方策をとった（Yの具体的な行為は「裁判所の見解」参照）。Xらは、これらの行為はXらの思想・信条の自由及びプライバシー侵害等に当たり不法行為を構成するとし、Yに対し損害賠償の支払い等を求めた。

裁判所の見解　「Yは、Xらにおいて現実には企業秩序を破壊し混乱させるなどのおそれがあるとは認められないにもかかわらず、Xらが共産党員又はその同調者であることのみを理由とし、その職制等を通じて、職場の内外でXらを継続的に監視する態勢を採った上、Xらが極左分子であるとか、Yの経営方針に非協力的な者であるなどとその思想を非難して、Xらとの接触、交際をしないよう他の従業員に働き掛け、種々の方法を用いてXらを職場で孤立させるなどしたというのであり、更にその過程の中で、X_2及びX_3については、退社後同人らを尾行したりし、特にX_3については、ロッカーを無断で開けて私物である「民青手帳」を写真に撮影したりしたというのである。そうであれば、これらの行為は、Xらの職場における自由な人間関係を形成する自由を不当に侵害するとともに、その名誉を毀損するものであり、また、X_3らに対する行為はそのプライバシーを侵害するものでもあって、同人らの人格的利益を侵害するものというべく、これら一連の行為がYの会社としての方針に基づいて行われたというのであるから、それらは、それぞれYのXらに対する不法行為を構成する」。

解説　本判決は、使用者が労働者を継続的に監視し、ロッカー等の私的領域に侵入して手帳を撮影等することは絶対的・全面的に禁止されるものではないが、少なくともそれには、対象となる特定労働者が企業秩序を破壊・混乱させる現実的なおそれを有している必要があるとした。継続的かつ侵入的な監視には、対象者が特定の政治的信条を有しているという理由では足りず、右監視を正当化しうるほどの現実的な危険が求められるということだろう。なお、一審、二審では労働者の思想・信条の自由の侵害に重きが置かれたが、本判決は、いかなる場合に思想・信条の自由が侵害されたと評価できるのかが不明確であるからか、この自由には触れなかった。

職場における電子メールの監視と不法行為責任……F社Z事業部（電子メール）事件

71 東京地判平成13・12・3労判八二六号七六頁

関連条文 七〇九条

職場における電子メールの私的使用の監視は法的にどこまで許容されるのか。

事　実　X_1とその夫X_2は、A社B事業部の従業員である。X_1は、Bの部長Yから、電子メール（以下、「メール」と呼ぶ）にて、職場環境について話が聞きたいとの理由で飲食の誘いを受けた。X_1はこのメールを受け、Yを批判するメールをX_2に送ろうとしたが、誤ってYに送信した。Yはそれ以降X_1のメールを監視し始め、その過程でX_2を含む数名がYをセクハラ行為で告発しようと考えていることを知った。Yは、その後も、A社IT部に、X_1宛てのメール等をY宛に自動送信するよう依頼し、監視を続けた。X_1・X_2は、Yに対し、Yによるセクハラ行為及びX_1の私的なメールをYが無断で閲読したことを理由に、不法行為に基づく損害賠償を請求した（Yも反訴）。

裁判所の見解　社員のメールの私的使用が「外部からの連絡に適宜即応するために必要かつ合理的な限度の範囲」に止まるものである限り、その使用につき社員に一切のプライバシー権がないとはいえない。しかし、通信内容等は社内システムに記録され、管理者が同システムを適宜監視して保守を行うのが通常であるから、従業員がメールを私的に使用する場合に期待し得るプライバシーの保護の範囲は、通常の電話装置における場合よりも相当程度低減される。よって、職務上監視するような責任ある立場にない者が監視した場合、あるいは、「責任ある立場にある者でも、これを監視する職務上の合理的必要性が全くないのに専ら個人的な好奇心等から監視した場合……など、監視の目的、手段及びその態様等を総合考慮し、監視される側に生じた不利益とを比較衡量の上、社会通念上相当な範囲を逸脱した監視がなされた場合に限り、プライバシー権の侵害となる」。YはBの最高責任者で、他に監視を行うにつき適当な者がいなかったこと、Yは、担当部署に依頼して監視を続けており、全く個人的に監視行為を続けたわけではないこと、他方で、Xらによるメールの私用の程度は前述した限度を超えていたことなどの事情を総合考慮すると、Yによる監視行為が社会通念上相当な範囲を逸脱したものであったとはいえない。

解　説　本判決によれば、職場におけるメールの私的使用には一定の限界があり（逆にいえば一切のプライバシー権がないわけではない）、管理者等はこの限界を超えていないかを調査・監視できるが、その目的・手段・態様等には注意が必要であり、当該監視行為と監視対象者に生ずる不利益とを比較衡量した結果、社会通念上相当な範囲を超えていると判断される場合には、プライバシー権を侵害するものとして不法行為責任の対象となる。

労使関係アンケート調査の合憲性……大阪市職員アンケート調査事件

72 大阪高判平成27・12・16判時二二九九号五四頁

関連条文　憲法一三条・一九条・二一条・二八条、国賠法一条一項

労使関係を尋ねるアンケート調査は、職員のプライバシー権や団結権等を違法に侵害することになるか。

事　実　Y_1市では、勤務時間中の労働組合活動など、かねてから労使関係の問題が表面化していたため、新市長Aは、労使関係適正化のための組合実態調査を行う方針を固め、市の特別顧問Y_2に記名式労使関係アンケートの作成を依頼した。そしてAは、職務命令により職員に回答を義務づけるかたちで、職員に対して本件アンケート調査を実施した。Y_1市職員であるXらは、本件アンケート調査の実施は職員の団結権、政治活動の自由、プライバシー権等を侵害するとして、Yらに対して損害賠償の支払いを求めた。

裁判所の見解　本件アンケートの違法性は、設問ごとに、その「目的や調査の必要性、調査方法の相当性を踏まえて判断する」。(A)「組合活動への参加について、勤務時間の内外や、職場の内外を問わず、一律に回答させ、また、同活動への参加が自発的か否かまで回答させる」設問は、「勤務時間内組合活動及びヤミ便宜供与等の実態確認調査という趣旨からして、合理的な必要性を超えた、過度に広範な設問」で、団結権を侵害する。(B)「勤務と無関係に、特定の政治家を応援したか否か、それが自発的な意思に基づくものか」を回答させる設問は、使用者への開示が予定されていない私生活上の個人の内心にわたる事項を、調査の必要性からみて過度に広範に尋ねるもので、プライバシー権を侵害する。また同設問は、職員が政治的行為等をすることにつき強い萎縮効果を与え、政治活動の自由及び団結権も侵害する。(C)特定の選挙候補者陣営に知人等を紹介するカードの配布と受領の有無等を回答させる設問は、プライバシー権を侵害する。また、「市長の方針と相反する候補者に係る同カードの授受をすることにつき、強い萎縮効果を与える」ため、政治活動の自由及び団結権を侵害する。(D)組合への加入の有無等を回答させる設問は、組合加入が判明することで具体的な不利益が及ぶという危惧感を職員に抱かせるため、団結権を侵害する。(E)組合費の使途等を回答させる設問は、「組合費の使途に不明朗な点があるとの印象を与え、組合活動への参加を萎縮させかね」ず、団結権を侵害する。

解　説　本判決は、使用者が、職務命令によって回答が強制されたアンケートにおいて、いずれの政治家を支持しているかを職員に尋ねることは、もともと使用者に開示することが予定されていない「私生活上の個人の内心にわたる」事項を強制的に開示させるもので、プライバシー権の侵害を構成しうるとした。また本判決は、単なるアンケート調査でも、職員の組合活動等に「強い萎縮効果」を与え、団結権等の侵害が首肯されることがありうるとした。

電話帳掲載情報を電子掲示板で公開する行為の不法行為責任……眼科医事件

73 神戸地判平成11・6・23判時一七〇〇号九九頁

関連条文　民法七〇九条・七一〇条

電話帳等で既に公開されていた個人情報をインターネット掲示板で公開する行為はプライバシーの侵害を構成するか。

事　実　眼科医として診療所を開業するXは、その個人情報を、Yによって、A社運営のパソコン通信ネットワーク上の掲示板システムに掲載されて自己のプライバシーを侵害され、その結果、数名の者から無言電話等の嫌がらせの電話を受けて、開業する眼科の診療を妨害され、信用を毀損されたと主張して、Yに対し不法行為に基づく損害賠償を請求した。本件掲示板システムに掲載されたXの個人情報とは、Xの氏名・職業、Xの開設する診療所の住所及び電話番号（以下、「本件個人情報」と呼ぶ）だが、それらは、職業別電話帳等に既に掲載されているものであった。

裁判所の見解　本件個人情報は、地域別の職業別電話帳に広告掲載されているもので、「Xの業務の内容からして当然に対外的に周知されることが予定されているものといえるから、必ずしも純粋な私生活上の事柄であるとはいい難い」。「しかし、人の正当な業務の目的のために、その目的に係るものであることが明白な媒体ないし方法によって当該個人の情報が公開されている場合には、その個人情報は、右業務と関係づけて限定的に利用され、右業務とは関係のない目的のために利用される危険性は少ないものと考えられ、右公開者においては、そのように期待して、右公開に係る個人情報の伝搬を右目的に関わる範囲に制限している」。そして、個人情報を一定の目的のために公開した者が、「それが右目的外に悪用されないために、右個人情報を右公開目的と関係のない範囲まで知られたくないと欲することは決して不合理なことではなく、それもやはり保護されるべき利益である」。「このように自己に関する情報をコントロールすることは、プライバシーの権利の基本的属性として、これに含まれる」。また、本件個人情報のネット掲示板上の公開は、「右電話帳に掲載される場合とは比較にならないほど大きな、悪戯電話や嫌がらせ被害発生の危険性をもたらすおそれがあ」り、その公開を一般に欲しないし、職業・住所等は、診療所を探す者以外の一般人には未だ知られていない事柄であるといえる。以上から、Yの本件掲示は、Xのプライバシーを侵害する。

解　説　業務（診療所の広告）を目的として電話帳に自ら掲載した職業・住所等の情報は、古典的プライバシー概念の下では法的保護の対象とはなりにくい。しかし本判決は、掲載の右目的からみて、Xは本件個人情報の伝播範囲を業務に係る範囲に制限していたとし、本件のネット掲示板での公開を、自己情報に対するXのコントロール（伝播範囲の制限）を奪うものと捉え、結果的にプライバシー侵害を認めた。

公道からのパノラマ撮影・画像提供とプライバシー……グーグルストリートビュー事件

74 福岡高判平成24・7・13判時二一三四号四四頁

関連条文 七〇九条

①公道から自動車屋根に搭載した全天球カメラで近隣の家並みを撮影することはプライバシー権の侵害を構成するか。②右撮影画像を公表することは同様の権利侵害を構成するか。

事実　Y社は、世界中の道路沿いの風景をパノラマ写真で提供する「ストリートビュー」と呼ばれるサービスを行っている。同サービスでは、自動車の屋根に搭載した全天球カメラで周囲の状況を撮影された写真が提供される。Xは、このサービスにより、居住するアパートのベランダに干していた洗濯物を撮影・公表されたため、強迫神経症等が悪化した上、転居を余儀なくされたとして、Y社に対し、プライバシー侵害等を理由に損害賠償を請求した。

裁判所の見解　①「容ぼう・姿態以外の私的事項に対する撮影も、プライバシーを侵害する行為として、法的な保護の対象となる。ただし、……撮影行為に対する制約にも制限があり、当該撮影行為が違法となるか否かの判断においては、被撮影者の私生活上の平穏の利益の侵害が、社会生活上受忍の限度を超えるものといえるかどうかが判断基準とされるべきである」。「本件画像は、本件居室やベランダの様子を特段に撮影対象としたものではなく、公道から周囲全体を撮影した際に画像に写り込んだものであるところ、本件居室のベランダは公道から奥にあり、画像全体に占めるベランダの画像の割合は小さく、そこに掛けられている物については判然としないのであるから、一般人を基準とした場合には、この画像を撮影されたことにより私生活の平穏が侵害されたとは認められない」。②本件画像の公表行為の違法性は、それを公表されない法的利益と公表する理由とを比較衡量して判断すべきだが、本件画像ではベランダに掛けられた物が何であるのか判然とせず、「本件画像に不当に注意を向けさせるような方法で公表されたものではなく、公表された本件画像からは、Xのプライバシーとしての権利又は法的に保護すべき利益の侵害があったとは認められない」。

解説　本判決は、①につき、私的生活空間たるベランダ（私事としての洗濯物）が画像全体に占める割合や不明瞭性をポイントにプライバシー侵害性を否定した。公道上の撮影一般にはこの考え方が妥当するとしても、画素数（解像度）の高いカメラで、事後の公表や解析を目的に撮影した場合でも同様の論理が導かれるのか、慎重な検討を必要としよう。また、②についても、写り込んだ私事の不明瞭性をポイントに侵害性を否定しているが、解析を行うことで不明瞭性が除去されるような場合に同様の考えを維持できるのか、検討を要する（この点、事後の解析を妨げる画像処理などが施されていたのかが問題となろう）。

検索事業者による検索結果提供行為の性格と検索結果の削除

75 最3決平成29・1・31民集七一巻一号六三頁

関連条文　憲法二一条、民法二条・一九八条・一九九条

①検索事業者による検索結果提供（表示）行為は表現行為に当たるか。②検索結果の削除はいかなる場合に認められるか。

事　実

Xは、児童買春をしたとの被疑事実に基づいて逮捕され、罰金刑に処せられた。この逮捕事実（以下、「本件事実」と呼ぶ）は逮捕当日に報道され、インターネット上のウェブサイトの電子掲示板に多数回書き込まれた。Xの居住する県の名称及びXの氏名を条件として、世界最大のシェアを占める検索事業者Yの提供する検索サービスを利用すると、本件事実等が書き込まれたウェブサイトのURL等情報（URL、ウェブサイトの表題、内容の抜粋。以下、「本件検索結果」と呼ぶ）が表示される。そこでXは、Yに対し、人格権に基づき、本件検索結果の削除を求める仮処分命令の申立てをした。

裁判所の見解

①検索事業者による情報の収集・整理・検索結果提供は自動的になされるが、同プログラムは自己の方針に沿った結果を得ることができるように作成されたものだから、「検索結果の提供は検索事業者自身による表現行為という側面を有する」。また検索事業者による検索結果の提供は、現代社会においてネット上の情報流通の基盤として大きな役割を果たしている。②そうすると、検索結果提供行為が違法となるか否かは、「当該事実の性質及び内容、当該URL等情報が提供されることによってその者のプライバシーに属する事実が伝達される範囲とその者が被る具体的被害の程度、その者の社会的地位や影響力、上記記事等の目的や意義、上記記事等が掲載された時の社会的状況とその後の変化、上記記事等において当該事実を記載する必要性など、当該事実を公表されない法的利益と当該URL等情報を検索結果として提供する理由に関する諸事情を比較衡量して判断すべきもので、その結果、当該事実を公表されない法的利益が優越することが明らかな場合には、検索事業者に対し、当該URL等情報を検索結果から削除することを求めることができる」。児童買春に係る本件事実は今なお公共の利害に関する事項であるなどの事情に照らすと、Xが妻子と共に生活し、……罰金刑に処せられた後は一定期間犯罪を犯すことなく民間企業で稼働していることがうかがわれることなどの事情を考慮しても、本件事実を公表されない法的利益が優越することが明らかであるとはいえない」。

解　説

本判決は、検索事業者による検索結果の提供（表示）行為を、事業者の表現行為と認めるとともに、現代社会において「大きな役割」を負っているものと位置付け、これが違法であるかは、プライバシー事実を公表されない法的利益と検索結果提供理由に係る諸事情を比較衡量して判断すべきとし、前記利益が優越することが「明らかな」場合に当該結果の削除が認められるとした。

裁判傍聴記の著作物性……ライブドア裁判傍聴記事件

76 知財高判平成20・7・17判時二〇一一号一三七頁

関連条文 著作権法二条一項一号

①著作権法二条一項一号所定の「著作物」性の判断基準。②ウェブ上に掲載された裁判傍聴記が著作物に当たるか。

事実 Xは、刑事訴訟事件における証人尋問を傍聴した結果をまとめた傍聴記を、インターネットを通じて公開した。Yの管理・運営する「Yahoo!ブログ」に、Xの傍聴記とほぼ同一の記載を含むブログ記事が掲載された。XはYに対して、本件ブログ記事がXの傍聴記に対する著作権を侵害すると主張して、プロバイダ責任制限法四条一項に基づき、本件ブログ記事の発信者の情報開示を求めるとともに、著作権法一一二条二項に基づき、本件ブログ記事の削除を求めた。

裁判所の見解 ①著作権法二条一項一号所定の「創作的に表現したもの」というには、厳密な意味での独創性の発揮は必要でないが記述者の何らかの個性が表現されていることが必要である。ごく短いものであったり表現形式に制約があるため他の表現が想定できない場合や、表現が平凡かつありふれたものである場合は、「創作的に表現したもの」であると認められない。②原告傍聴記における証言内容を記述した部分は、実際の証言内容を聴取したとおりか、ごくありふれた方法で要約したものであるから個性が表れている部分はない。X傍聴記は大項目・中項目に見出しが付加されているが、大項目は証言内容のまとめとしてごくありふれた方法であり、中項目は極めて短く表現方法に選択の余地が乏しいといえるから、原告の個性が発揮されている表現部分はない。

解説 著作権法による保護を受けるには、著作権法二条一項一号所定の「著作物」に該当する必要がある。著作物に当たるには「思想又は感情を創作的に表現したもの」でなければならなず、「創作的に」表現したものであるとの「創作性」要件を満たす必要があると解されている。本判決は、創作性要件につき、その充足には「個性の表現」が必要であり、「他の表現が想定できない場合」「平凡かつありふれたものである場合」には創作性は認められないと判断した。これは従来の裁判例の枠組みに則ったものである。学説には創作性要件につき、表現者の人格の発露に着目する見解と、後続表現者の自由確保に着目する見解とがあるが、いずれの立場からも「表現の選択の幅」の有無が重要な考慮要素となると指摘されている。本判決も選択の幅に着目した判断をしているといえる。あてはめとしては、X傍聴記は表現の選択の余地が乏しくありふれた表現に止まると評価し、およそ一八〇〇字にも及ぶ、証言内容の要約の著作物性を否定している。限界事例といえようが、事実をまとめるのに選択の幅が限られていた点が重視されたと評価できるだろう。

著作者の認定：企画案の作成者……智恵子抄事件

77 最3判平成5・3・30判時一四六一号三頁

関連条文 著作権法二条一項二号・一七条

詩集の第一次案を作成した者が著作者となる場合。

事実

「智恵子抄」は、高村光太郎の著作に係る詩等を収録した編集著作物である。光太郎の相続人であるXは、Yに対し、「智恵子抄」の著作権に基づき、Yが「智恵子抄」を著作した旨の著作年月日登録の抹消等を求めた。第一審・控訴審は請求を認容し、Yは上告した。

裁判所の見解

Yは、①収録候補とする詩等の案を光太郎に提示して「智恵子抄」の編集を進言したが、光太郎は、智恵子に関する全作品を取捨選択の対象として、収録する詩等の選択を綿密に検討した上、「智恵子抄」に収録する詩等を確定し、「智恵子抄」の題名を決定した。②詩の配列が、「智恵子抄」では「荒涼たる帰宅」を除いては制作年代順の原則に従っていた点で、Yの第一次案とは異なる。③Yは、詩等の追加収録を進言したことはあるが、光太郎が第一次案に対して行った修正、増減について、同人の意向に全面的に従っていた。上記の事実関係は、光太郎自ら「智恵子抄」の詩等の選択、配列を確定し、同人がその編集をしたことを裏付けるものである。Yが光太郎の著作の一部を集めたとしても、それは、編集著作の観点からすると、企画案ないし構想の域にとどまるにすぎない。

解説

本件の争点は、Yが本件編集著作物について著作権を有するかである。著作者は著作権を享有し（著作権法一七条一項）、著作者とは著作物を創作する者をいう（二条一項二号）ので、Yが本件編集著作物の創作者といえるかが争点となる。著作物とは、思想または感情の創作的表現であることから（二条一項一号）、創作者の認定は、誰が創作的表現を作成したかの客観的な認定により行われると解されている。すなわち、著作物性を基礎づけるのは創作性のある表現部分であるから、創作者の認定も誰が著作物を著作物たらしめる部分に関わったかによって判断されるのである。したがって、表現それ自体ではない部分の作成にのみ関わった者、たとえばアイデアを提供したに過ぎない者は創作者とはならない。編集著作物は、素材の選択または配列によって創作性を有するから（一二条一項）、本件詩集でいえば、素材たる詩等を選択し配列したのは誰なのかが問題となる。本判決では、詩等の選択・配列を決定したのはあくまで光太郎であると認定されたことが、光太郎のみが創作者であるとの結論につながっている。この点に関し、本判決は、Yが光太郎の意向に全面的に従っていたことを指摘し、決定権限が光太郎の方にあったことを考慮している。著作物作成に係る地位・権限を考慮して創作者を認定すべきことを指摘した近時の裁判例（知財高決平成28・11・11判時二三二三号二三頁）もあり、この点は注目に値すると思われる。

公表権における「未公表」の意義……中田英寿事件

78 東京地判平成12・2・29判時一七一五号七六頁

関連条文　著作権法一九条・三条・四条

三〇〇部以上頒布された中学校の学年文集に掲載されたことで、詩の著作物は公表されたこととなるか。

事実　X（中田英寿）は著名なプロサッカー選手である。Y_1（出版社）及びY_2（Y_1の代表者）は、Xの半生を描いた本件書籍を出版し、その中にXが中学時代に創作した本件詩を掲載した。Xは、Yらの行為がXの著作者人格権（公表権）を侵害するなどと主張し、本件書籍の発行の差止め及び損害賠償を求めた。

裁判所の見解　本件詩は、中学校の「学年文集」に掲載されたこと、この文集は中学校の教諭及び同年度の卒業生に合計三〇〇部以上配布されたことが認められる。この事実によれば、本件詩は、三〇〇名以上という多数の者の要求を満たすに足りる部数の複製物が作成されて頒布されたものといえるから、公表されたものと認められる。また、本件詩の著作者であるXは、本件詩が学年文集に掲載されることを承諾していたものであるから、これが上記のような形で公表されることに同意していたということができる。

解説　まだ公表されていない著作物または著作者の同意を得ないで公表された著作物を、著作者に無断で公衆に提供・提示することは公表権の侵害となる（著作権法一八条一項）。公表権は、そもそも自らの著作物を公表するか否か、公表するとしたときの時期・方法を決定する権利である。公表の有無・時期・方法は、著作者の評価に大きく関わり、著作者の人格的な利益に影響を及ぼすものである。

本件詩を本件書籍に掲載し本件書籍を発行したことで、Yらが本件詩を公衆に提供したことは明らかであるから、本件の争点は、本件詩が中学校の文章に掲載されていたことで、すでに「公表」されていたか否かである。著作物は発行された場合には公表されたものとされる（四条一項）ところ、「発行」とは「その性質に応じて公衆の要求を満たす程度の部数の複製物」が作成され頒布されたことをいう（三条一項）。また、「公衆」には、特定かつ多数の者が含まれる（二条五項）。

本判決は、三〇〇部以上という部数が「公衆の要求を満たす程度の部数」に当たるとし、本件詩が発行されたものと判断した。どの程度の部数であれば、「公衆の要求を満たす程度の部数」となるかは必ずしも明らかではないところ、本判決は、その判断を示した貴重な事例としての意義がある。もっとも、公衆の要求を満たす程度かどうかは、著作物の性質に応じて判断される。三〇〇という部数はあくまで中学校の教諭及び生徒に配布される卒業文集に掲載される詩という本件著作物の性質に応じて判断されたものであり、当然のことながら、数字自体に意味があるわけではない点には注意を要する。

同一性保持権：漫画の改変……脱ゴーマニズム宣言事件

79 東京高判平成12・4・25判時一七二四号一二四頁

関連条文　著作権法二〇条

批判・反論を目的とする書籍に、一部を改変して漫画カットを採録することが同一性保持権を侵害するか。

事　実　Xは「小林よしのり」のペンネームで活動する漫画家であり、「ゴーマニズム宣言」などと題する漫画の著者である。Yらは、Xの上記漫画中における意見主張を批評・批判・反論する内容の「脱ゴーマニズム宣言」なる書籍の著者、発行者、発行所である。Xは、Xの漫画カットを一部改変してY書籍に採録したことが、複製権及び同一性保持権を侵害するとして書籍の出版等の差止、損害賠償を求めた。採録に際しては、①カット中の人物に目隠しし、②コマの配置を変更する改変が加えられている。一審は、カットの採録はいずれも適法な引用にあたり、加えた改変もやむを得ない改変と認められるとして、いずれの請求も棄却した。Y控訴。

控訴審も複製権侵害については適法な引用にあたり非侵害としたが、同一性保持権侵害について一部肯定した。

裁判所の見解

①目隠しは、原カットの醜い描写による名誉感情侵害のおそれが低くなっているから、相当な方法である。②原カットでは、第三コマの人物像が第一、二コマの左側に書かれ、その視線と指さした指の方向が第二コマを向いているのに対し、Y書籍のカットでは、第三コマの人物像は第一、二コマの下にあり、その視線は第一、二コマの右の方に向いており、原カットにおける第一、第二コマと第三コマの位置関係を用いた表現が改変されている。Yらは、この改変は意味内容に変更を加えず、Yの批判を理解してもらうのに必要と主張するが、Y書籍のレイアウトの都合を不当に重視して原カットの表現を不当に軽視し、「やむを得ない改変」に当たるとはいえない。

解　説　著作者は著作物の同一性を保持する権利を有し、その意に反して著作物の改変を受けない（著作権法二〇条一項）。これを同一性保持権という。著作者の意に反して著作物を改変した場合であっても、著作物の性質並びにその利用の目的及び態様に照らしやむを得ないと認められる改変は、同一性保持権侵害とはならない（二〇条二項四号）。かつては同号の適用につき、「やむを得ない」という文言等に鑑み、厳格に解する見解が有力であった。しかし最近では、著作者の人格的利益と著作物を利用し改変することの利益との衡量をする場として四号を活用すべきとする見解が有力となってきている。本判決は、目隠しについては、Yがモデルの名誉感情の侵害を避けるためにやむを得ないものとして、四号の適用を認めた。一方、コマの配置変更については紙面の都合を優先させXの表現を軽視したとする。改変の必要性とXの不利益の程度を衡量して判断したと理解できるであろう。

著作者死後の人格的利益：手紙の公表……剣と寒紅事件

80　東京高判平成12・5・23判時一七二五号一六五頁

関連条文　著作権法六〇条・一一九条・一一六条

①本件各手紙の公表は著作権法六〇条但書の「著作者の意を害しないと認められる場合」に当たるか。②本件各手紙は、三島由紀夫の名誉や声望を低下させるようなものを一切含んでいないから、名誉回復措置の請求はできないか。

事　実　Xらは亡き三島由紀夫及びその妻の子である。Y_3は本件書籍を執筆し、三島由紀夫がY_3あてに書いた未公表の手紙及び葉書（本件各手紙）を本件書籍に掲載した。Y_1及びY_2は本件書籍を出版した。Xらは、Yらの行為が三島由紀夫が生存していたならばその公表権の侵害となるべき行為であると主張して謝罪広告などを請求した。

裁判所の見解　①本件各手紙はもともと私信であり公表を予期せず書かれたことに照らせば、その他の事情を考慮しても、本件各手紙の公表が三島由紀夫の意を害しないと認められない。②本件各手紙を公表すると、三島由紀夫が生前それを了解していたか、または、その遺族が公表を了解したという世人の誤解を招く。そうすると、これにより三島由紀夫の社会的名誉声望が低下することは明らかである。すなわち、文学的・内容的水準の低い本件各手紙について著作者が公表を了解したなどと誤解し、三島由紀夫の文学性や品性に対する評価を下げる者が出ることは避けられない。

解　説　①著作物を公衆に提供・提示する者は、著作者が存しなくなった後においても、著作者が存していたならばその著作者人格権の侵害となるべき行為をしてはならない（著作権法六〇条）。著作者人格権は、著作者の死後消滅するが、この限度でなお保護される。Yらの行為が、著作者が生存していれば公表権侵害に該当することを前提に、六〇条但書にいう「その行為の性質及び程度、社会的事情の変動その他によりその行為が当該著作者の意を害しないと認められる場合」に当たるかが争われた。本件では、本件各手紙がもともと私信であったことが重視され六〇条但書の適用が否定されている。②六〇条に違反する行為をする者に対して、著作者の遺族は、著作者の名誉声望回復措置を請求することができる（一一六条一項、一一五条）。本件で遺族らはこの適当な措置として、謝罪広告を請求している。謝罪広告請求には、その前提として、著作者の名誉声望が現に低下した事実が求められると解される。本判決もその前提に立ち、名誉声望低下の事実を認定した。公表権は公表の時期・方法等を決定できる権利であるから、この公表に著作者が同意を与えたとの誤解が広がることそのものがここでいう名誉声望の低下を意味すると考えられる。本判決の説示もそう理解できる限りにおいて正当だろう。謝罪広告が名誉回復措置たりうるのも、著作者やその遺族が同意を与えた事実がないことを周知させる意義があるからである。

名誉声望を害する利用：政治的サイトへの掲載……天皇の似顔絵事件

81 知財高判平成25・12・11 LEX/DB 25446104

関連条文　著作権法一一三条六項

XがYの依頼に応じて描いた似顔絵を、Yが無断でアップロードすることが、その名誉または声望を害する方法で著作物を利用することに該当する場合。

事　実

漫画家であるXは、ウェブサイトでXの漫画を購入した読者に対するサービスとして、Yの依頼に応じて昭和天皇及び今上天皇の似顔絵を描いた。Yはあたかも、Yがツイッター（本件サイト）上で立ち上げた「天皇陛下にみんなでありがとうを伝えたい。」「陛下プロジェクト」なる企画につき、Xがその趣旨に賛同して本件似顔絵を二回にわたり投稿してきたかのような外形を整えて、本件似顔絵の写真を画像投稿サイトにアップロードするなどした。Xは、YがXの著作者人格権を侵害した等として損害賠償請求等をした。

裁判所の見解

プロの漫画家が、このような企画に自己の筆名を明らかにして二回にわたり天皇の似顔絵を投稿することは、一般人からみて特定の政治的傾向ないし思想的立場に強く共鳴・賛同しているとの評価を受けうる行為である。しかも、Yは本件サイトにXの筆名とXの『特攻の島』という作品名も摘示して画像投稿サイトへのリンク先を掲示した。この行為は、Xやその作品がこのような政治的傾向ないし思想的立場からの一面的な評価を受けるおそれを生じさせるものであり、Xの名誉または声望を害する方法により本件似顔絵を利用したものである。

解　説

著作権法一一三条六項は、著作者の名誉または声望を害する方法によりその著作物を利用する行為は、著作者人格権侵害とみなす旨定める。これは、公表権などの個別の著作者人格権の侵害とは別に、著作者の創作意図の歪曲や著作物の芸術的価値の毀損から著作者の人格的利益を保護するためのものである。名誉・声望とは著作者の主観的名誉感情ではなく、著作者の社会的評価を指す。したがって、本規定の適用には、著作者の社会的評価を害することが必要である。どのような場合がそれに当たるかの裁判例は少なく、本件は貴重な一事例を提供している。この点、本件では、Xの「特攻の島」という作品についてX及び当該作品が「一面的な評価を受けるおそれ」があることをもって本規定の適用を認めた。本判決は、名誉声望が現に低下することまでは必要でなく、それに悪影響を与えるおそれさえ現に存在すれば「害する」との要件を満たすとの立場と解される。なお、本条で問題とされる社会的評価とは、Xが特定の政治的傾向・思想的立場に共鳴・賛同していると誤解されることそれ自体ではなく、それにより自己の著作物について一面的な評価を受けることと考えられる。本規定で問題となるのはあくまで、著作者としての社会的評価であり社会的評価一般ではないと解される。

既存の著作物への依拠性の要否……ワン・レイニー・ナイト・イン・トーキョー事件

82 最1判昭和53・9・7民集三二巻六号一一四五頁

関連条文　著作権法二一条

著作物の複製の成立に依拠は必要か。

事　実　Xは A楽曲の日本における著作権者である。Y_1は乙曲を作成し、それに伴奏及び前奏部分を加えた楽曲「ワン・レイニー・ナイト・イン・トーキョー」を自己の創作物として公表した。乙曲は、A楽曲のうちのリフレイン部分（甲曲）の改作物であり、Y_1がこれを作成することによりXのA楽曲に対する著作権を侵害したとして、XはY_1及びY_2（音楽出版社）に対し、損害賠償を求めた。

裁判所の見解　旧著作権法（明治三二年法律第三九号）の定めるところによれば、著作者は、その著作物を複製する権利を専有し、第三者が著作権者に無断でその著作物を複製するときは、偽作者として著作権侵害の責に任じなければならない。ここにいう著作物の複製とは、既存の著作物に依拠し、その内容及び形式を覚知させるに足りるものを再製することをいうと解すべきである。既存の著作物と同一性のある作品が作成されても、それが既存の著作物に依拠して再製されたものでないときは、その複製をしたことには当たらない。既存の著作物に接する機会がなく、その存在、内容を知らなかった者は、これを知らなかったことにつき過失があると否とにかかわらず、既存の著作物に依拠した作品を再製したとはいえない。

Y_1は、乙曲の作曲前現に甲曲に接していたことは勿論、甲曲に接する機会があったことも推認しがたい。乙曲が甲曲に依拠して作曲された甲曲の複製物であるとはいえない。

解　説　本判決は、著作権侵害の成立に依拠性が求められることを明らかにした。本判決は、旧著作権法下の複製権について判断するものであるが、現行法下でも著作権侵害の成立には依拠性が求められると解されている。現著作権法は、各支分権につき「その著作物を」〇〇する権利を専有すると定めるが、「その著作物を」との文言の解釈として依拠性が求められるのである。依拠性要件は、被疑侵害者の利用の対象物が、著作権者の著作物をもととして作成されたことを求めるものである。複製・翻案権侵害の場合には、基本的には被疑侵害者自身が元となった著作物の存在及び内容を知って、複製・翻案行為を行う必要がある。演奏権侵害の場合や、出版社の複製権侵害が問題となる場合には、対象物の作成者が元の著作物の存在及び内容を知っていたことが求められる。本件で、Y_2ではなく、Y_1が甲曲の存在、内容を知っていたかのみが問題とされたのはこのためである。依拠性の認定には作成者の内心の認定が必要だがこれは容易ではない。本件でも、甲曲の知名度、Y_1の社会的地位、甲曲と乙曲の類似の程度などを間接事実として、認定されている。

翻案権侵害の成立要件……江差追分事件

83 最1判平成13・6・28民集五五巻四号八三七頁

関連条文　著作権法二七条

①言語の著作物の翻案の意義、②表現それ自体でない部分または表現上の創作性がない部分において既存の言語の著作物との同一性を有する著作物を創作する行為は翻案に当たるか。

事実　Xは江差追分に関するノンフィクション書籍「北の波濤に唄う」（本件著作物）の著作者である。Y_1（NHK）は、江差追分のルーツを求めることをテーマとするテレビ番組（本件番組）を製作し放送した。本件番組のナレーションには、本件著作物中の短編の冒頭部分（本件プロローグ）に対応する語り（本件ナレーション）がある。XはYらに対し、本件ナレーションは本件プロローグの翻案にあたり、本件番組の製作及び放送により本件著作物の著作権（翻案権及び放送権）が侵害されたとして損害賠償等を求めた。

裁判所の見解　言語の著作物の翻案とは、既存の著作物に依拠し、その表現上の本質的な特徴の同一性を維持しつつ、具体的表現に修正、増減、変更等を加えて、新たに思想または感情を創作的に表現することにより、これに接する者が既存の著作物の表現上の本質的な特徴を直接感得することのできる別の著作物を創作する行為をいう。そして、著作権法は、思想または感情の創作的な表現を保護するものであるから、既存の著作物に依拠して創作された著作物が、思想、感情若しくはアイデア、事実若しくは事件など表現それ自体でない部分または表現上の創作性がない部分において、既存の著作物と同一性を有するにすぎない場合には、翻案には当たらない。

本件ナレーションは、本件プロローグ表現それ自体ではない部分または表現上の創作性がない部分でしか同一性を有しない。本件ナレーションの表現から本件プロローグの表現上の本質的な特徴を直接感得できないから、翻案とはいえない。

解説　本判決は、言語の著作物の翻案成立の要件として、①既存著作物への依拠、②具体的表現への修正・増減・変更等の付加、③新たな思想・感情を創作的に表現して別の著作物を創作、④そこから既存著作物の表現上の本質的な特徴が直接感得できることを求める。このうち、②、③は翻案権特有だが、依拠性（①）及び本質的特徴の直接感得性（②）は、あらゆる著作権侵害に共通と理解されている。すなわち、著作権侵害には、一般に利用の対象から当該著作物の表現上の本質的な特徴を直接感得できることが求められる。本判決は、「表現それ自体でない部分」または「表現上の創作性がない部分」においてしか共通性が認められない場合には、本質的特徴は感得できないとした。しかし、表現上の創作性のある部分に共通性が認められることが、表現上の本質的な特徴を直接感得できると認定するための必要十分条件か、必要条件にすぎないのかをめぐっては争いがある（86事件参照）。

自炊代行業と私的複製の意義……自炊代行事件

84 知財高判平成26・10・22判時二二四六号九二頁

①いわゆる自炊代行サービスにおける複製の主体。②著作権法三〇条一項にいう「その使用する者が複製する」の意義。

事実　Xらは、小説家・漫画家・漫画原作者である。Y_1は、顧客から電子ファイル化の依頼を受けて、スキャナーで書籍を読み取って電子ファイルを作成し、その電子ファイルを顧客（利用者）に納品している。本件は、XらがYらに対し、Xらの著作権（複製権）が侵害されるおそれがあるなどと主張し、利用者から委託を受けてX作品が印刷された書籍の電子的方法による複製の禁止等を求める事案である。

裁判所の見解　①複製行為の主体とは複製の意思をもって自ら複製行為を行う者をいう。裁断した書籍をYが管理するスキャナーで電子ファイル化する行為が「複製」行為に当たることは明らかであり、この行為はY_1のみが専ら行い利用者は全く関与していない。Y_1は、利用者と対等な契約主体であり、営利を目的とする独立した事業主体として複製行為を行っているから、複製の主体と認めるのが相当である。②利用者個人は、私的領域内で本件の複製行為を行うことができ、複製する著作物を決定していたとしても、Y_1が複製することは、私的複製の過程への外部の者の介入にほかならない。複製の量が増大して、私的複製の量を抑制するとの法三〇条一項の趣旨・目的が損なわれ、著作権者が実質的な不利益を被るおそれがあるから「その使用する者が複製する」との要件を充足しないと解すべきである。

解説　①本件の第一の争点は、誰が複製の主体かである。本判決は、複製主体の規範的な認定に係る93判決に特段言及することなく、Y_1が主体と認定した。利用者も複製主体といえるかはともかく、Y_1が物理的に複製行為を行っているのは明らかであったからと思われる。②Y_1が複製主体だとしても、利用者も複製主体であり、本件の複製は利用者が私的使用を目的として利用者が複製するものといえるのであれば、Y_1も著作権法三〇条一項を援用する余地がある。この点、本判決は、三〇条一項の趣旨に照らして「私的複製の過程に外部の者が介入する」場合には、同項にいう「その使用する者が複製する」には当たらないと判断した。すなわち、三〇条一項が適用されるには外部の介入は受けずに利用者自身が複製する必要があるというのである。三〇条一項の趣旨はあくまで少量の私的複製のみ例外的に認めるとの理解を前提にすれば、本判決のような判断もありえる。ただ、複製技術の進歩により私的複製が氾濫する現状からすると、外部介入の有無で判断を分けるのは実情を反映しないともいえる。立法時から余りに実情は変化しており、三〇条一項の趣旨について再定義が必要と考えられる。

関連条文　著作権法三〇条・二一条

中古ゲームソフトの販売と頒布権の消尽……中古ゲームソフト事件

85 最3判平成14・4・25民集五六巻四号八〇八頁

関連条文　著作権法二六条

ゲームソフトに係る映画の著作物の譲渡について頒布権は消尽するか。

事　実　Xらは、本件各ゲームソフトの各著作権者である。Yらは、Xらを発売元として適法に販売され、小売店を介して需要者に購入された本件各ゲームソフトを購入者から買い入れて、中古品として販売している。本件は、Xらが、Yらに対し、本件各ゲームソフトの中古品の頒布の差止め及び廃棄を請求する事案である。原審は、本件各ゲームソフトは「映画の著作物」に当たり、その著作権者は著作権法二六条一項の頒布権を専有するが、消尽の原則を適用して、侵害を否定した。X上告。

裁判所の見解　特許権者等が国内で特許製品を譲渡した場合には、当該特許製品については特許権は消尽し、もはや特許権の効力は当該特許製品を再譲渡する行為等には及ばない（最3判平成9・7・1民集五一巻六号二二九九頁）が、この理は、著作物またはその複製物を譲渡する場合にも原則として妥当する。著作権法二六条の規定の解釈として、配給制度という取引実態のある映画の著作物については消尽しないと解されていたが、消尽の有無は専ら解釈にゆだねられている。本件のように公衆に提示することを目的としない家庭用テレビゲーム機に用いられる映画の著作物の複製物の譲渡については、当該著作物の複製物を公衆に譲渡する権利は、いったん適法に譲渡されたことにより、その目的を達成したものとして消尽し、もはや著作権の効力は当該複製物を公衆に再譲渡する行為には及ばないものと解すべきである。

解　説　本件では、中古ゲームソフトの販売行為が、映画の著作物に係る頒布権を侵害するかどうかが争われた。本判決は、テレビゲームソフトは、「映画の効果に類似する視覚的又は視聴覚的効果を生じさせる方法で表現され、かつ、物に固定されている著作物」（著作二条三項）に該当し、映画の著作物に当たること、したがってその著作権者は頒布権（著作権法二六条一項、二条一項一九号）を有することを前提として、Xらによる第一譲渡により頒布権のうちの譲渡する権利が消尽したかを判断した。消尽法理は、市場における商品の円滑な流通を確保し、権利者に二重の利得を認める必要性は存在しないことから、明文の規定はなくとも、特許権については承認されてきた。同じく明文の規定はないが、頒布権は消尽しないとの理解が一般的であった。本判決は、あくまでそれは配給制度という取引実態のある映画の著作物について正当化できるのであり、それは取引実態に照らした解釈の結果であるとしている。そして、中古ゲームソフトの販売については、特許権と同様の取引実態が妥当することから消尽を認めたと解される。

ゲーム画面の類似性と翻案権侵害の判断……釣りゲーム事件

86 知財高判平成24・8・8判時二一六五号四二頁

関連条文 著作権法二七条

既存の著作物の表現上の本質的な特徴を直接感得することができるかの判断方法。

事 実 本件は、XがYらに対し、Yらが共同で製作し公衆に送信している携帯ゲーム「釣りゲータウン2」(Y作品)を製作し公衆に送信する行為は、Xが製作し公衆に送信している携帯ゲーム「釣り★スタ」(X作品)に係るXの著作権(翻案権等)などを侵害すると主張し、Y作品に係るゲームの影像の複製及び公衆送信の差止めなどを求めた事案である。原判決は、Y作品における「魚の引き寄せ画面」は、X作品における「魚の引き寄せ画面」に係るXの著作権を侵害するとしXの請求を一部認容した。X及びYが控訴。

裁判所の見解 X作品の魚の引き寄せ画面とY作品のそれとは、水中のみが真横から水平方向に描かれている点、水中の画像の中央に、三重の同心円と、黒色の魚影・釣り糸が描かれているなどの点、釣り針にかかった魚影は水中全体を動き回るが背景の画像は静止している点において共通するが、上記共通する部分は、表現それ自体ではない部分または表現上の創作性がない部分にすぎず、その具体的表現においても異なる。そして両作品の魚の引き寄せ画面の全体についてみても、細部における具体的表現において相違する。以上のようなX作品の魚の引き寄せ画面との共通部分と相違部分の内容や創作性の有無または程度に鑑みると、Y作品の魚の引き寄せ画面に接する者が、その全体から受ける印象を異にし、原告作品の表現上の本質的な特徴を直接感得できるとはいえない。

著作権者がまとまりのある著作物のうちから一部を捨象して特定の部分のみを対比の対象として主張した場合、相手方において、まとまりのある著作物のうち捨象された部分を含めて対比したときには表現上の本質的な特徴を直接感得することができないと主張立証することも許される。

解 説 江差追分事件(83事件)では、翻案権侵害成立には、既存の著作物の表現上の本質的な特徴が直接感得できることが必要なことが明らかにされたが、その意義をめぐっては争いがあった。すなわち、①表現上の創作性のある部分において共通性が認められることで必要十分であるとする見解と、②これに加え、被告著作物と原告著作物との全体的な比較を要するとの見解とに分かれている。本判決は、基本的に②の立場に立ちつつ、著作物に接する者の「全体から受ける印象」が同一か否かにより、表現上の本質的な特徴を直接感得できるかを決するという立場によったと解される。この点は、本判決が「まとまりのある著作物」という概念を用い、その一部だけの共通性を論じることを禁じ、その全体について比較する必要性を指摘していることからも読み取れる。

二次的著作物に関して原著作者の権利の及ぶ範囲……キャンディ・キャンディ事件

87 最1判平成13・10・25判時一七六七号一一五頁

関連条文　著作権法二八条・二条一項一一号

小説形式の原稿の二次的著作物である漫画に関して、原著作物の著作権が及ぶ範囲。

事　実　漫画「キャンディ・キャンディ」（本件連載漫画）は、Xが各回の具体的なストーリーを創作して小説形式の原稿にし、Yが漫画化にあたって使用できないと思われる部分を除き、概ねその原稿に依拠して漫画を作成するという手順を繰り返すことにより制作された。本件は、XがYに対し、「なかよし」に掲載された本件連載漫画の一コマ（本件コマ絵）、本件連載漫画の連載期間中にYが作成し雑誌の表紙に掲載された主人公キャンディを描いた絵（本件表紙絵）について、著作権を有することの確認を求めるとともに、Yがリトグラフ及び絵はがきの原画として書き下ろしたキャンディを描いた絵（本件原画）について、複製・配布等の禁止を求めた事案である。原審は、本件コマ絵・本件表紙絵についての著作権確認、及び本件原画についての差止を認容した。Y上告。

裁判所の見解　事実関係によれば、本件連載漫画はXの原稿を原著作物とする二次的著作物といえるから、X本件連載漫画について原著作者の権利を有する。そして、二次的著作物である本件連載漫画の利用に関し、原著作物の著作者であるXは本件連載漫画の著作者であるYが有するものと同一の種類の権利を専有し、Xの権利とYの権利とが併存することになる。したがって、YはXが本件連載漫画の主人公キャンディを描いた本件原画の差止めを求めることができる。

解　説　著作権法二八条は、二次的著作物の原著作物の著作権者は、当該二次的著作物の利用に関し、当該二次的著作物の著作権者が有するものと同一の種類の権利を専有する旨定める。この意義をめぐっては、原著作権者の権利は、二次的著作物の著作権者の有する権利とまったく同一であり、二次的著作物において新たに創作・付加された部分にも権利が及ぶかについて議論があった。本判決は、二八条の解釈につき、原著作権者の権利はその内容についても二次的著作権者のそれとまったく同じとの理解を示した。そのため、本件連載漫画の利用を、その一部でも、Xに無断で行うことはできないとの結論に至るのである。ただ、Yが新たに書き下ろした本件原画が、本件連載漫画を利用するものであるとの結論は、本判決の二八条の解釈を前提としても、なお異論がありうると思われる。ストーリーとは分離して利用可能な単独の絵として成立している本件原画は、本件連載漫画を複製ないし翻案したものではないと考えることは、理論的には可能だからである。本件連載漫画と、キャンディというキャラクターの絵とは別個独立の著作物という前提に立てば、本判決の法解釈を前提にしても、少なくとも本件原画にXの権利は及ばないこととなる。

引用の要件（旧法）……パロディ・モンタージュ事件（第一次上告審）

88 最3判昭和55・3・28民集三四巻三号二四四頁

関連条文　旧著作権法三〇条一項二号

旧著作権法においてどのような要件をみたす場合に引用と認められるか。

事　実　写真家Xは雪山からスキーヤーがシュプールを描きながら斜面を滑降する様子を撮影したカラー写真を写真集等に公表した。Yは、Xの写真をモノクロで複製し、その一部をトリミングするとともに、シュプールの起点に自動車タイヤの写真を合成したモンタージュ写真を製作し、自己の作品として雑誌に掲載した。Xは、著作者人格権及び著作権の侵害を理由とする損害賠償の支払及び謝罪広告の掲載を求めて訴訟を提起した。

裁判所の見解　（旧著作権法三〇条一項にいう）引用とは、紹介、参照、論評その他の目的で自己の著作物中に他人の著作物の原則として一部を採録することをいうと解するのが相当であるから、右引用に当たるというためには、引用を含む著作物の表現形式上、引用して利用する側の著作物と、引用されて利用される側の著作物とを明瞭に区別して認識することができ、かつ、右両著作物の間に前者が主、後者が従の関係があると認められる場合でなければならない。

解　説　新しい著作物を創作する際には、他者の著作物の利用が必要となる事態がしばしば生じる。著作権法において、そうした他者の著作物の利用は一定の場合には自由に認められてきた。本判決は、旧法下の事案であるが、同一性保持権侵害を肯定したうえで、傍論として、旧法の節録引用について判示したものである。ところが、本判決が示した①明瞭区別性、②主従関係の二つの要件で判断を行う立場（二要件説）は、現行法三二条一項の解釈にもあてはまるとの担当調査官の言及もあり、長年にわたり下級審裁判例において用いられ、学説上も支持を集めてきた。しかし、二要件説に対しては、現行法三二条の文言との関連が乏しく、また、二要件説に立つとされる裁判例でも、実際には多様な考慮要素が詰め込まれ、判断基準が不明確かつ不安定になっているという問題点が指摘されるようになっていた。近時では、引用の成否について三二条の文言に即した判断を行うことが必要であるとする考えが広く共有されるようになり、下級審裁判例においても、そのような判断を行うものが現れている（89事件参照）。他方で、引き続き二要件説に拠った判断を行う裁判例もあることには注意が必要である。本判決はパロディに関するものであったが、今日では、パロディは文化の成熟度や多様性を示すものであるという共通理解が増しており、憲法上の表現の自由の観点からも議論が提起されている。パロディを著作権法においてどのように扱うかは、それを引用の問題として処理するのが妥当かも含めて検討が必要な論点である。

引用の要件……美術品鑑定証書事件

89 知財高判平成22・10・13判時二〇九二号一三五頁

関連条文　著作権法三二条一項

引用の抗弁が認められるためにはどのような要件をみたす必要があるか。

事　実　Yは、画家Aの著作物である二点の絵画の鑑定証書を作製し、その鑑定証書の裏面に当該絵画を縮小カラーコピーして付し、パウチラミネート加工した。このカラーコピーのサイズはそれぞれ実物の四分の一及び六分の一の大きさであった。これに対し、Aの相続人であるXが複製権侵害を理由に損害賠償の支払いを求めた。原審では、複製権侵害が認められたため、Yはこれを不服として控訴し、その際に本件カラーコピーの作製・添付は引用にあたるとの主張を追加した。

裁判所の見解　他人の著作物を引用して利用することが許されるためには、その方法や態様が公正な慣行に合致したものであり、かつ、引用の目的との関係で正当な範囲内、すなわち、社会通念に照らして合理的な範囲内のものであることが必要であり、著作権法の目的も念頭に置くと、引用としての利用に当たるか否かの判断においては、他人の著作物を利用する側の利用の目的のほか、その方法や態様、利用される著作物の種類や性質、当該著作物の著作権者に及ぼす影響の有無・程度などが総合考慮されなければならない。これに基づいて検討を行うと、著作物の鑑定のために当該著作物の複製を利用することは、著作権法の規定する引用の目的に含まれる。また、本件カラーコピーの作製・添付は、鑑定に求められる公正な慣行に合致し、その引用の目的上でも正当な範囲内のものである。なお、法三二条一項における引用として適法とされるためには、利用者が自己の著作物中で個人の著作物を利用した場合であることは要件ではない。

解　説　引用の成否について、最高裁が示した①明瞭区別性、②主従関係の二つの要件により判断する立場（二要件説・88判決参照）をはなれ、法三二条一項の文言に即して引用の成否の判断を行う下級審裁判例が見られるようになった。本判決はその一つであるが、従来の二要件にはまったくふれず、法三二条の文言に従い、公正な慣行への合致、引用の目的上正当な範囲であるか（これを「社会的通念に照らして合理的な範囲内」と言い換えた）によって引用の成否を判断し、その際に四つの要素を示して総合考慮を行うとした点において、また、結論として引用の適法性を認めた事例として意義を有する。法三二条一項の文言に即して判断を行うとしても具体的にどのように判断するかについてはさまざまな見解があり、その一つの見方を示した。また、引用する側が著作物でなくてはならないかについても判例・学説上争いがあったところ、本判決は、旧法の条文の文言との対比、正当な範囲で行われる引用の社会的意義にかんがみ引用する側の著作物性を不要とした。

他人の著作物の要約による引用の可否……血液型と性格事件

90 東京地判平成10・10・30判時一六七四号一三二頁

関連条文 著作権法二〇条二項四号・三二条一項・四七条の六第一項三号

著作権法三二条の引用には要約による引用が含まれるか。

事 実 Xは血液型の研究に従事し執筆活動を行う者である。Y_1が血液型に関する書籍を執筆し、Y_2がこれを出版したが、この書籍にはXの著作を要約した上で引用したと認められる部分があったため、Xは、著作権及び著作者人格権の侵害があったとして、Yらに対し、当該書籍の出版の差止め、損害賠償等を求めて提訴した。

裁判所の見解 （翻案権の侵害について）法三二条一項の要件を満たすような形で他人の言語の著作物を新たな言語の著作物に引用して利用するような場合には、他人の著作物をその趣旨に忠実に要約して引用することも同項により許容されるものと解すべきである。Xの書籍の該当部分は、三二条一項により許容される引用による利用にあたり翻案権の侵害は認められない。なお、その他の請求も認められない。

解 説 法三二条は、一定の要件の下で他人の著作物を引用して利用することを認めている（88判決参照）。他方、平成三〇年改正前の旧四三条二号（現四七条の六第一項三号）によれば、引用の場合には翻訳によって利用することのみが認められていた。ところが、同条一号は、私的複製等の場合には、翻訳、編曲、変形または翻案による利用を認めていることから、それと比較して、引用の場合に翻案の一態様である要約により利用することが認められるかにつき学説上争いがあった。本判決は、まず、法三二条の問題として、引用が原著作物をそのまま使用する場合に限るとする根拠がないこと、全文を引用する必要はなく要約したものを利用すれば足りる場合もあること、切れ切れの引用を行うよりも原文の趣旨に忠実な要約による引用を認めるほうが妥当な場合もあることなどを述べる。また、旧四三条については、一号と二号の文言を比較すると、たしかに二号について引用について翻案は除外されているが、これは著作物に応じた通常の利用形態を想定したにとどまり、その立法趣旨からして要約による引用を一切排除するものではないとする。以上のように二つの規定の趣旨を検討した上で、要約による引用は著作権法上認められるとした。また、要約による引用がなされる場合には、被引用著作物の変更を必然的に伴う。これをすべて同一性保持権侵害にあたるとすると、要約による引用を認めた意義が損なわれるが、本判決は、引用にあたって要約することによる改変は法二〇条二項四号所定の「やむをえないと認められる改変」にあたるとし、同一性保持権の侵害も否定した。現実問題として、要約による引用は広く行われており、社会的要請が高いものであるにもかかわらず、それが適法か否かは明らかではなかった。本判決が要約による引用が著作権を侵害するものではないと認めた意義は小さくない。

公開の美術の著作物の利用……はたらくじどうしゃ事件

91 東京地判平成13・7・25判時一七五八号一三七頁

関連条文 著作権法二一条・四六条

バス車体に描かれた絵画は屋外に恒常的に設置されているといえるか。

事　実　Xは画家であり、横浜市中心部を走る市営バスの車体に絵画を描いた。Yは、その表紙及び本文中の一頁の一部に、X作品が描かれたバスの写真を掲載した本件書籍を出版・販売した。Yの行為がXの著作権及び著作者人格権を侵害するとしてXが損害賠償を請求したため、Yの行為が法四六条により利用が認められる場合であるか否かが問題となった。

裁判所の見解　法四六条所定の「一般公衆に開放されている屋外の場所」または「一般公衆の見やすい屋外の場所」とは、不特定多数の者が見ようとすれば自由に見ることができる広く解放された場所を指すとするのが相当である。本件バスは市営バスとして公道を運行するのであるから、X作品もまた「一般公衆に開放されている屋外の場所」または「一般公衆の見やすい屋外の場所」にある。また、同条所定の「恒常的に設置する」とは社会通念上、ある程度の長期にわたり継続して、不特定多数の者の観覧に供する状態に置くことを指すと解するのが相当である。本件バスは、夜間は駐車施設内に駐車されるものの、定期的に循環運行される状況によれば恒常的に設置したというべきである。さらに、同条四号に該当するかについては、著作物を利用した書籍等の体裁及び内容、著作物の利用態様、利用目的などを客観的に考慮して「専ら」美術の著作物の複製物の販売を目的として複製、または、その複製物を販売する例外的な場合にあたるかを検討すべきである。幼児教育という本件書籍の目的やバス写真の掲載方法などにかんがみると本件利用は同条四号には該当しない。

解　説　著作権法上、美術の著作物であれば、法四六条により一定の自由利用が認められる。本判決は、まず、四六条柱書の解釈にあたり「屋外の場所」及び「恒常的に設置」の二点を問題とした。その上で、著作権者への経済的打撃が大きい場合について自由利用が許されないとする同条四号について、「専ら」の要件を総合考慮により判断するとし、Yの行為は著作権法上認められるとした。従来、法四六条柱書及び四号の解釈について先例のなかったところ、意義のある判決である。しかし、その結論においては妥当であるとしても、本判決は、あてはめにおいて、公道上を運行するバスを「恒常的に設置」されているとするなど、一般的な感覚からすると無理のある認定をしていることも否めない。近年、我が国の著作権法の議論においては、権利制限に関する一般規定（いわゆるフェアユース規定）を求める声が強くあるが、フェアユース規定があれば、よりシンプルなかたちで解決が可能であった事例として今後の議論の参考になると思われる。

著作権侵害の主体：カラオケ法理……クラブ・キャッツアイ事件

92 最3判昭和63・3・15民集四二巻三号一九九頁

関連条文　著作権法二二条・三八条（改正前）、旧著作権法附則一四条

カラオケスナックの経営者は演奏権侵害の主体となるか。

事実　Yらは、共同で経営するスナックにカラオケ装置とX（日本音楽著作権協会・JASRAC）が著作権を管理する楽曲が録音されたカラオケテープを備え置き、Xに無断でこのテープの再生による伴奏を行い、客及びホステス等の従業員に歌唱させていた。Xは、Yらの行為が演奏権侵害に当たるとして差止め及び損害賠償を請求した。

裁判所の見解　本件事実関係の下では、ホステス等が歌唱する場合のみならず客が歌唱する場合も含め演奏（歌唱）の主体はYらであり、かつその演奏は営利を目的として公になされたものであるというべきである。なぜなら、客やホステス等の歌唱が公衆たる他の客に直接聞かせることを目的とすることは明らかであり、客のみが歌唱する場合でも、客はYらと無関係に歌唱しているわけではなく、Yらの従業員による歌唱の勧誘、Yらの備え置いたカラオケテープの範囲内での選曲、Yらの設置したカラオケ装置の従業員による操作を通じて、Yらの管理のもとに歌唱しているものと解され、他方、Yらは、客の歌唱をも店の営業政策の一環として取り入れ、これを利用していわゆるカラオケスナックとしての雰囲気を醸成し、かかる雰囲気を好む客の来集を図って営業上の利益を増大させることを意図していたというべきであって、客による歌唱も、著作権法上の規律の観点からはYらによる歌唱と同視しうるからである。なお、伊藤正己裁判官は、多数意見の結論には賛成するものの、客のみが歌唱する場合にまで歌唱の主体をYらであるとするのは擬制的に過ぎ、カラオケ装置によるカラオケテープの再生自体を演奏権の侵害ととらえるべきであるという意見を付している。

解説　本判決はカラオケ伴奏による客の歌唱についてカラオケ装置を設置したスナックの経営者が演奏権侵害の主体であり、スナック経営者は演奏権侵害による不法行為責任を免れないとした。適法録音物の再生については演奏権が基本的に及ばなかった時期の、また、担当調査官によればあくまで事例的な判決であるにもかかわらず、本判決の示した①管理性、②営業上の利益という二つの要素に着目して規範的に侵害主体を認定する考え方は「カラオケ法理」と呼ばれ、カラオケボックスに関する下級審裁判例にも適用され、ファイルローグ事件（東京高判平成17・3・31裁判所ウェブサイト）以降は、インターネットを利用する各種サービスのような事案にも適用されるようになった。その過程で考慮要素に若干の修正を加えながらもカラオケ法理は広く適用され続け定着したのである。しかし、このようにカラオケ法理が一人歩きする状態には、再検討が必要であると主張されるようになっていった。

著作権侵害の主体：複製の主体……ロクラクⅡ事件

93 最1判平成23・1・20民集六五巻一号三九九頁

関連条文　著作権法二一条・一一二条

利用者の指示により番組の録画・視聴が可能となるサービスを提供する者は複製の主体となるか。

事実　Xらはテレビ局である。YはロクラクⅡなるハードディスクレコーダーを用いたサービスを提供する事業者であるが、そのサービスは親機と子機とをインターネットを介して一対一で対応させ、親機を日本国内に設置してテレビアンテナに接続するとともに、子機を利用者に貸与または譲渡することによって、当該利用者が日本国内で放送されるテレビ番組の録画・視聴を可能にするものであった。Xらは、Yの行為がXらの有する著作権および著作隣接権を侵害するとして、放送番組等の複製の差止め、損害賠償等を求めた。原審は、仮に親機がYの管理・支配する場所に設置されていたとしても、Yは本件サービスの利用者が複製を容易にするための環境を提供しているに過ぎず、Yが複製を行っているとは言えないとしてXの請求を棄却した。

裁判所の見解　放送番組等の複製物を取得することを可能にするサービスにおいて、サービス提供者が、その管理、支配下において、テレビアンテナで受信した放送を複製機器に入力していて、当該複製機器に録画の指示がされると放送番組等の複製が自動的に行われる場合には、その録画の指示を当該サービスの利用者がするものであっても、サービス提供者がその複製の主体である。すなわち、複製の主体の判断に当たっては、複製の対象、方法、複製への関与の内容、程度等の諸要素を考慮して、誰が当該著作物の複製をしているといえるかを判断するのが相当である。サービス提供者は、単に複製を容易にするための環境等を整備しているにとどまらず、その管理、支配下において、放送を受信して複製機器に対して放送番組等に係る情報を入力するという、複製機器を用いた放送番組等の複製の実現における枢要な行為をしており、これらの行為がなければ、当該サービスの利用者が録画の指示をしても、放送番組等の複製をすることはおよそ不可能なのであり、サービス提供者を複製の主体というに十分であるからである。

解説　カラオケ法理（92判決参照）によって著作権の侵害主体を認定する手法は、下級審裁判例の中で定着しつつも学説上疑問が多く呈されていたところ、本判決、そして、本判決と同時期に最高裁で下されたまねきTV判決（最3判平成23・1・18民集六五巻一号一二一頁）を通じて、侵害主体の認定の問題は新たな局面を迎えた。すなわち、本判決は、侵害主体の判断にあたって、カラオケ法理が示した二つの要素を重視せず、諸要素の総合考慮に基づくことを示したのである。なお、差戻審では、Yが複製の主体であるとした上でXの請求が一部認容された。

著作権侵害の主体：ライブハウスにおける演奏主体……Live Bar X.Y.Z→A事件

94 知財高判平成28・10・19裁判所ウェブサイト

関連条文　著作権法二二条

ライブハウスにおける演奏について演奏権侵害の主体となるのは誰か。

事　実　X（日本音楽著作権協会・JASRAC）は楽曲に関する著作権を管理する団体である。Y_1とミュージシャンY_2は共同出資して本件店舗（ライブハウス）を開設し、飲食を提供するとともに、音楽のみならず落語等のライブを行っていた。XとYらの間に利用許諾契約の締結がなされていなかったことから、Xは、YらがX管理著作物の利用主体でありXの行為が著作権（演奏権）侵害にあたるとして、Yらに対して差止めや損害賠償等を求めた。これに対し、Yらは、本件における X管理著作物の演奏主体は各出演者であると主張した。

裁判所の見解　本件店舗において、X管理著作物を演奏（楽器を用いて行う演奏、歌唱）をしているのは、その多くの場合出演者であることから、このような場合誰が著作物の利用主体に当たるかを判断するに当たっては、利用される著作物の対象、方法、著作物の利用への関与の内容、程度等の諸要素を考慮し、仮に著作物を直接演奏する者でなくても、ライブハウスを経営するに際して、単に第三者の演奏を容易にするための環境等を整備しているにとどまらず、その管理、支配下において、演奏の実現における枢要な行為をしているか否かによって判断するのが相当である。Y_1は本件店舗の経営者であり、他方、Y_2は自らを本件店舗の経営者と認識しているものではないものの、自ら本件店舗のライブを主催する者として振る舞っていたことからすれば、Y_2においてもY_1とともに、本件店舗の共同経営者としてその経営に深く関わっていることが認められる。Yらは、いずれも本件店舗におけるX管理著作物の演奏を管理・支配し、演奏の実現における枢要な行為を行い、それによって利益を得ていると認められるから、X管理著作物の演奏主体（著作権侵害主体）に当たる。

解　説　本判決は、権利者の許諾なくライブハウスにおいて演奏が行われている場合に、92・93判決を参照したうえでライブハウス経営者を演奏主体と認定したものである。本判決が用いた主体の判断の基準では、挙げられた考慮要素、そして、「枢要な行為」という文言に93判決の影響が強く見られる。しかし、この「枢要な行為」について93判決を見直すと、枢要な行為を行ったため複製の主体としたものであり、複製主体となるためには枢要な行為を行っていなくてはならないとしたものではない。93判決と本判決の間に生じているこの齟齬について指摘したい。インターネットを介したサービスをはじめとして行為主体（侵害主体）は誰かという問題は一層重要なものとなっており、さらなる検討を要する。

著作者人格権……駒込大観音事件

95 知財高判平成22・3・25判時二〇八六号一一四頁

①著作者人格権（同一性保持権）の侵害と著作者死亡後の人格的利益。②著作者人格権侵害を理由とする名誉回復措置。

事実　Y_1（寺院）が依頼し、Rらが製作した観音像について、にらみつけるような表情に違和感があるため慈悲深い表情に変える等の理由でその仏頭部をY_1及びRの弟子Y_2がすげ替えた。このYらの行為がRの著作者人格権（同一性保持権・法二〇条）を侵害する行為ないし著作者人格権の侵害とみなされる行為（法一一三条六項）であるとして、Rの弟であるXが、仏頭部すげ替え後の観音像を公衆の閲覧に供することの停止や原状回復等を請求した。なお、取り外したすげ替え前の仏頭部は、原型のままの状態でY_1内に保管されている。

裁判所の見解　①Yらによる仏頭部のすげ替え行為は、Rが生存しているならば法二〇条一項の意に反する改変にあたる。Rの生前の発言・行動等を考慮しても著作者死後の人格的利益に関する法六〇条所定の意を害しない場合に該当するとは認められない。また、Yらの本件すげ替え行為にはそれに至る相応の事情があることは認められるが、その目的は代替行為によっても実現可能であり法二〇条二項四号のやむを得ない改変にはあたらない。さらに仏頭部のすげ替え行為は、Rが社会から受ける評価に影響を来す行為であり、法一一三条六項所定の名誉または声望を害する方法による著作物の利用行為であるといえる。②Yらによる仏頭部のすげ替え行為は、著作者たるRが生存していたならばその著作者人格権の侵害、また著作者人格権とみなされる行為となるべきものであるが、本件観音像の制作目的、仏頭交換の動機、仏頭の信仰対象たる性質等を考慮すれば、法一一五条に基づきRの名誉声望を維持するために観音像の原状回復措置を命ずることは適当ではなく、事実経緯を広告文の内容として摘示・告知すれば足りる。また、法一一二条に基づき侵害を停止するために公衆の観覧に供することの差止めや原状回復を求めることも同じ理由から適当でない。

関連条文　著作権法二〇条・六〇条・一一二条・一一三条・一一五条

解説　著作者人格権は一身専属的なものであり、著作者の死後は消滅する。しかし、死後であっても著作者が存しているとしたならばその著作者人格権の侵害となるべき行為は一般的に禁じられており、本判決にはその判断について先例の多くないところに一事例を追加した意義がある。また、名誉声望が害された場合、著作者人格権の侵害行為があった場合の救済に関して、必ず原状回復や差止めが認められるわけではなく、著作物の性質や侵害行為の目的・態様などを総合考慮し、原状回復や差止めによって得られる効果と侵害者の負担を比較衡量して適当な救済が何であるかを示した点においてこれまでに例のないものである。

差止請求権の制限の可能性……写真で見る首里城事件

96 那覇地判平成20・9・24判時二〇四二号九五頁

関連条文 著作権法一一二条、民法七〇九条

著作権侵害に対し差止請求権が制限される場合があるか。

事 実 Xは写真家であり、株式会社Y_1の元取締役である。Y_1および財団Y_2は、Xの撮影した写真一三点をXに無断で複製し「写真で見る首里城（第四版）」なる写真集に掲載し発行した。Xは、Yらの行為はXの複製権や氏名表示権を侵害するものであるとして、X撮影の写真を削除しない限りでの本件写真集の複製・販売の差止め、写真の使用料相当額の損害賠償、慰謝料の支払等を求めた。

裁判所の見解 本件写真集に掲載されたX撮影の写真のうち一点（本件写真18）を除いては職務著作が成立するが、本件写真18については複製権および氏名表示権の侵害が認められる。その侵害に対する損害賠償の額としては、写真に使用料相当額として二万五千円、氏名表示権の侵害によって受ける慰謝料として十万円が相当である。差止請求については、原告に生じる損害の金額は極小額である一方、同請求を認めるときは、Yらにおいて、既に多額の資本を投下して発行済みの本件写真集を販売等することができなくなるという重大な不利益が生じる。そして、本件写真18の大きさは、頁全体の大きさに比べて極小さく、また、掲載した写真延べ一一七点のうちの一点と極小さい割合を占めるにすぎない。さらに、X自身が訴訟提起前まで本件写真18も職務著作であると誤認しており、また、Xは改訂前の版に使われていた本件写真18が引き続き掲載されることを意欲していたとも推認される。本件写真集のこれまでの版がいずれも増刷されておらず、本件写真集がさらに出版される可能性が小さいことも併せ考えれば、XのYらに対する前記差止請求は、権利の濫用であり許されない。

解 説 著作権等を侵害する者に対し、権利者は、その侵害の停止または予防を請求することができる。本判決は、著作権侵害を肯定して損害賠償請求を認めつつも、差止請求権の行使は権利濫用にあたり認められないとした点において、それまでに例を見ないものである。本判決は、著作権者が被る損害の額と侵害者が写真集を販売できなくなることによる不利益を客観的に利益衡量し、差止めを否定している。とはいえ、本判決はただ客観的な利益衡量のみによって差止請求権の行使を否定したわけではなく、そもそもは本件写真18の掲載を欲していたというXの主観的な事情も考慮に入れている。本判決が差止請求権の行使を権利濫用と結論づけるにおいて、客観的な利益衡量と主観的な事情の考慮の双方がそれぞれどのような重みをもって判断されたかはかならずしも明らかではない。しかし、著作権の侵害がある場合にも、当然にいつも差止めが認められるわけではないことを示す一つの事例として本判決は意義のあるものであろう。

記事の見出しの著作物性と不法行為の成否……ヨミウリ・オンライン事件

97 知財高判平成17・10・6裁判所ウェブサイト

関連条文　著作権法二条一項一号・一〇条二項、民法七〇九条

著作物性が否定されたニュース記事の見出しの利用に対し不法行為が成立するか。

事　実　新聞社Xはその運営するウェブサイトでXのニュース記事本文及びその記事見出しを掲出していた。Xは、訴外Zに対しニュース記事を有償で使用許諾し、Zのウェブサイト上にはX記事見出しが表示され、同見出しがXのウェブサイトのニュース記事本文にリンクされていた。一方、Yは、その提供するサービスにおいて、Xの記事見出しを複製したものを表示し、それをクリックすれば、Zのウェブサイト上のX記事本文にリンクする機能をつけていた。Xは、Yの見出しを無断で表示する行為が著作権（複製権・公衆送信権）を侵害することを理由に、見出しの複製等の差止め等及び損害賠償を求めた。また、予備的に、記事見出しに著作物性が認められないとしても、Yの無断複製行為は、Xの営業活動の利益を不当に害するとして不法行為に該当すると主張した。

裁判所の見解　ニュース報道における記事見出しについて、一般論としては創作性が発揮される余地は少なく著作物性が肯定されることは必ずしも容易ではないが、直ちにすべてが法一〇条二項に該当して著作物性が否定されるものではない。また、著作権など法律に定められた厳密な意味での権利が侵害された場合に限らず、法的保護に値する利益が違法に侵害された場合であれば不法行為が成立する。具体的には、本件記事見出しはいずれも創作性を認めることができず、著作物性は否定される。しかし、Xによる記事見出し作成の状況や取引の実情などに鑑みると、本件見出しは、独立した価値を持ち、法的な保護に値する利益となり得るものである。Yの行為は、社会的に許容される限度を越えたものであり、Xの法的保護に値する利益を違法に侵害したものとして不法行為を構成するものというべきである。

解　説　著作物性の認められない情報の無断利用と不法行為の成否については、不法行為の成立を柔軟に認める立場と厳格に解する立場があり、裁判例の傾向も二分されている状況にあったところ、本判決は前者の立場をとるものである。著作権法はその目的の下で保護する情報と保護しない情報を区別しており、著作権法が保護しない情報は原則として自由利用を認めるべきではあるが、それでもなお何らかの保護の必要がある情報もまた存在する。そうした情報が保護される可能性を認めたものとして本判決は意義を有する。さらに、本判決は差止請求の可否についても言及しており、不法行為に基づく差止請求を一般論として否定し、また、特に差止請求を認めるべき事情もないとした。なお、著作権法による保護を受けない情報と不法行為の成否については98判決も参照されたい。

未承認国の著作物と不法行為の成否……北朝鮮映画事件

98 最1判平成23・12・8民集六五巻九号三二七五頁

関連条文　著作権法六条、民法七〇九条

①未承認国の著作物は我が国の著作権法で保護されるか。②著作権法により保護されない情報の利用について不法行為が成立するか。

事　実

X_1は北朝鮮の民法により権利能力が認められた行政機関であり、北朝鮮で製作された本件映画の日本国内における独占的な上映等についてX_2に利用許諾を与えていた。放送事業を行うYは、そのニュース番組において、本件映画の一部について、Xらの事前の許諾を得ることなく二分程度放送した。そこで、X_1は、Yの行為が同映画に関する公衆送信権を侵害しているなどとして、Yらに対して上記映画を含む本件各映画について放送の差止めを請求した。また、Xらは、Yの行為がX_1の著作権及びX_2の利用許諾権を侵害する不法行為に当たるとして、Yらに対して損害賠償を請求した。

裁判所の見解

①一般に、我が国につき既に効力を生じている条約に未承認国が事後的に加入した場合、我が国は、当該未承認国との間に当該条約に基づく権利義務関係を発生させるか否かを選択することができる。我が国に既に効力を生じているベルヌ条約に未承認国である北朝鮮が加入した場合、同条約が北朝鮮について効力を生じた旨の告示は行われておらず、また、政府見解に基づけば、我が国は、北朝鮮の国民の著作物を保護する義務を同条約により負うものではないなどの事情を考慮すると、本件各映画は、著作権法六条三号所定の著作物には当たらない。②著作権法六条三号所定の著作物に該当しない著作物の利用行為は、同法が規律の対象とする著作物の利用による利益とは異なる法的な利益を侵害するなどの特段の事情がないかぎり、不法行為を構成するものではない。X_2が主張する本件映画を利用することによる利益は、著作権法が規律の対象とする日本国内における独占的な利用の利益にほかならない。また、本件映画の放送の目的や利用の状況にかんがみると、当該放送が、自由競争の範囲を逸脱し、X_2の営業を妨害するものであるとはいえず、不法行為とはならない。

解　説

本判決は、①について、未承認国家である北朝鮮の著作物は我が国の著作権法により保護されないとした。また、②に関しては、著作物性が否定された情報について、不法行為が成立する余地があることが裁判例によって認められていた（97判決参照）が、我が国の著作権法が保護しない情報について不法行為の成立を厳格に解している。本判決が述べる「（著作権）法が規律の対象とする著作物の利用による利益とは異なる法的な利益が侵害されるなどの特段の事情のない限り」との説示は、従来の裁判例には見られないものである。「異なる法的な利益」そして「特段の事情」の想定するところはいかなるものであるか、今後の具体的な検討が必要となろう。

ビジネス方法の発明該当性……双方向歯科治療ネットワーク事件

99 知財高判平成20・6・24判時二〇二六号一二三頁

関連条文　特許法二九条一項柱書・二条一項

人の精神活動が含まれている、または精神活動に関連する発明の、「発明」（特許法二条一項）該当性。

事　実　米国法人Xが、名称を「双方向歯科治療ネットワーク」とする発明につき特許出願したところ、拒絶査定、拒絶審決を受けたことから、Xがその取消しを求めた。

裁判所の見解　特許の対象となる「発明」とは、一定の技術的課題の設定、その課題を解決するための技術的手段の採用及びその技術的手段により所期の目的を達成し得るという効果の確認という段階を経て完成されるものである。したがって、人の精神活動それ自体は、「発明」ではない。しかし、精神活動が含まれている、または精神活動に関連するという理由のみで、「発明」に当たらないということもできない。なぜなら、どのような技術的手段であっても、人により生み出され、精神活動を含む人の活動に役立ち、これを助け、またはこれに置き換わる手段を提供するものであり、人の活動と必ず何らかの関連性を有するからである。そうすると、請求項に何らかの技術的手段が提示されているとしても、請求項に記載された内容を全体として考察した結果、発明の本質が、精神活動それ自体に向けられている場合は「発明」にあたらないが、他方、人の精神活動による行為が含まれている、または精神活動に関連する場合であっても、発明の本質が、人の精神活動を支援する、またはこれに置き換わる技術的手段を提供するものである場合は、「発明」にあたりうる。

本願発明は、精神活動それ自体に向けられたものとはいい難く、全体としてみると、むしろ、「データベースを備えるネットワークサーバ」、「通信ネットワーク」、「歯科治療室に設置されたコンピュータ」及び「画像表示と処理ができる装置」とを備え、コンピュータに基づいて機能する、歯科治療を支援するための技術的手段を提供するものと理解することができるので、「発明」にあたる。

解　説　本判決は、ビジネス方法が情報通信技術（ＩＣＴ）を利用して実現された発明（いわゆるビジネス関連発明）について、特許庁の判断を覆し、特許法上の「発明」（特許法二条一項）該当性が肯定された例である。同条項が定める発明の要件のうち、ビジネス方法は人の精神活動にかかわることから、「自然法則の利用」性と「技術」性が特に問題となるが、本判決は発明の本質が人の精神活動それ自体ではなく、人の精神活動を支援する、またはこれに置き換わる技術的手段を提供することを条件に、その間口を広げた。ＩｏＴやＡＩ等の新技術が進展する中、今後増加が見込まれるビジネス関連発明の出願について先例となる。

生物関連発明と公序良俗……ヒト受精胚の滅失を含む発明の拒絶審決事例

100 平成22・2・9特許審決公報DB・不服2008-7386

関連条文 特許法三二条

人の生命の萌芽であるヒト受精胚の滅失を含む発明は、公序良俗に反するものとして特許性が否定されるべきか。

事実 インド法人Xが、名称を「ヒト胚性幹細胞（hESC）株の樹立のための内部細胞塊の単離」とする発明につき特許出願したところ、公序良俗に反するものとして拒絶査定を受けたので、Xが不服審判を請求した。

特許庁（審判部）の見解 ヒト受精胚は、母胎にあれば胎児となり人として誕生し得る存在であるため、通常のヒトの組織、細胞、または実験（非ヒト）動物等の道具や材料として取り扱われるものとは異なり、特に尊重されるべき存在である。したがって、人の尊厳という社会の基本的価値の維持のために特に尊重されるべき人の生命の萌芽であるヒト受精胚を損なう取扱いを商業的に行うことによって、結果としてヒト受精胚を内部細胞塊単離の単なる道具や材料とすることは、倫理上認められるべきでない。

もっとも、人の健康と福祉に関する幸福追求の要請も基本的人権に基づくものであるから、その要請に応えるためには、たとえヒト受精胚を滅失させる方法であるとしても、例外的に認めざるを得ないとの考え方がある。しかし、本願発明において損なわれる対象は、体外受精（IVF）処置から得たヒト余剰胚であるところ、このようなヒト余剰胚であっても、その提供により生殖補助医療を受けた人が妊娠・出産することで、人として誕生し得る可能性が依然として残されているから、医療現場においてひとたび余剰胚と扱われたからといって、その滅失が人の尊厳という社会の基本的価値を維持していくことに反するおそれがなくなるわけではない。

解説 本審決は、再生医療への応用が期待されているES細胞を作出するために、ヒト受精胚から内部細胞塊を単離する方法の発明について、たとえ余剰胚（体外受精による不妊治療において母体に戻されなかった胚）であっても人の生命の萌芽であるヒト受精胚を損なうことは倫理的に許されないとして、公序良俗適合性（特許法三二条）欠如を理由に特許性が否定されたものである。同条については、仮に特許を拒絶してもそれだけでは公序良俗に反する発明の実施を禁止できず、却って万人が実施可能となるに過ぎないとする特許積極説と、そもそも公序良俗に反する発明を国家が誘引することは正当化できないとする特許消極説がある。前者が特許法の役割を技術開発促進に限定するのに対して、後者は倫理面から特許法を含む国法体系の一貫性を重視する。両説の最も先鋭的な衝突点が生命倫理上の課題を孕む発明の特許性であり、本件は特許消極説の立場から貴重な拒絶例を付加するものである。

ゲームにおける競走馬の名称使用……ギャロップレーサー事件

101 最2判平成16・2・13民集五八巻二号三一一頁

関連条文　民法七〇九条

①競走馬の名称を使用したゲームソフトを、所有者（馬主）に無断で製作・販売することは許されるか。②いわゆる「物のパブリシティ権」は法的に保護されるか。

事実　ゲームソフト会社Yは、プレイヤーが騎手となり、登録されている競走馬の中から選択した馬に騎乗し、実在の競馬場を模した画面においてレースを展開する内容の本件各ゲームソフトを製造販売した。登録されている競走馬の名称は、ほとんどが実在の競走馬の名称であったが、それらの所有者（馬主）であるXらの承諾は得ていない。Xらは、Yが、本件各競走馬の名称等が有する顧客吸引力などの経済的価値を独占的に支配する財産的権利（いわゆる物のパブリシティ権）を侵害したと主張し、本件各ゲームソフトの製作、販売、貸渡し等の差止め及び不法行為による損害賠償を請求した。第一審、控訴審ともに損害賠償のみ認めたため、双方が上告。

裁判所の見解　競走馬等の物の所有権は、その物の有体物としての面に対する排他的支配権能であるにとどまり、その物の名称等の無体物としての面を直接排他的に支配する権能に及ぶものではないから、第三者が、競走馬の有体物としての面に対する所有者の排他的支配権能を侵すことなく、競走馬の名称等が有する顧客吸引力などの競走馬の無体物としての面における経済的価値を利用したとしても、その利用行為は、競走馬の所有権を侵害しない。

物の名称の使用など、物の無体物としての面の利用に関しては、知的財産権関係の各法律が一定の範囲の者に対し一定の要件の下に排他的な使用権を付与し、その権利の保護を図っているが、その反面として、その使用権の付与が国民の経済活動や文化的活動の自由を過度に制約することのないようにするため、各法律は、それぞれの知的財産権の発生原因、内容、範囲、消滅原因等を定め、その排他的な使用権の及ぶ範囲、限界を明確にしている。上記各法律の趣旨、目的にかんがみると、競走馬の名称等が顧客吸引力を有するとしても、物の無体物としての面の利用の一態様である競走馬の名称等の使用につき、法令等の根拠もなく競走馬の所有者に対し排他的な使用権等を認めることは相当でない。また、競走馬の名称等の無断利用行為に関する不法行為の成否については、違法とされる行為の範囲、態様等が法令等により明確になっているとはいえない現時点において、これを肯定することはできない。したがって、Xらは差止請求権、損害賠償請求権のいずれも有しない。

解説　本判決は、所有物（有体物）の名称等（無体的な側面）に関する商業的利用権、つまりいわゆる物のパブリシティ権について、法的保護の可能性を否定したものである。その理由として、最高裁は、法令上に明確な根拠がないことを挙げる。もっとも、本判決の後に、人のパブリシティ権については、法令上の明確な根拠がないにもかかわらず保護可能性が肯定された（102判決）。同じく顧客吸引力のある無体物であっても、氏名・肖像という人の人格の象徴（ペルソナ）とは異なり、所有物の名称・外観には人格的要素がないことから、両者は大きく区別されることになる。

パブリシティ権……ピンク・レディー事件

102 最1判平成24・2・2民集六六巻二号八九頁

関連条文　民法七〇九条

①人の氏名、肖像等を無断で使用する行為は、いわゆるパブリシティ権を侵害するものとして、不法行為法上違法となるか。②パブリシティ権の侵害はどのような場合に成立するか。

事　実　女性デュオ「ピンク・レディー」を構成していたXらが、Xらを被写体とする一四枚の写真を無断で週刊誌「女性自身」に掲載した出版社Yに対し、Xらの肖像が有する顧客吸引力を排他的に利用する権利が侵害されたと主張して、不法行為に基づく損害賠償を求めた。

裁判所の見解　人の氏名、肖像等は、個人の人格の象徴であるから、当該個人は、人格権に由来するものとして、これをみだりに利用されない権利を有する。そして、肖像等は、商品の販売等を促進する顧客吸引力を有する場合があり、このような顧客吸引力を排他的に利用する権利（「パブリシティ権」）は、肖像等それ自体の商業的価値に基づくものであるから、上記の人格権に由来する権利の一内容を構成する。他方、肖像等に顧客吸引力を有する者は、社会の耳目を集めるなどして、その肖像等を時事報道、論説、創作物等に使用されることもあるのであって、その使用を正当な表現行為等として受忍すべき場合もある。そうすると、肖像等を無断で使用する行為は、①肖像等それ自体を独立して鑑賞の対象となる商品等として使用し、②商品等の差別化を図る目的で肖像等を商品等に付し、③肖像等を商品等の広告として使用するなど、専ら肖像等の有する顧客吸引力の利用を目的とするといえる場合に、パブリシティ権を侵害するものとして、不法行為法上違法となると解するのが相当である。

本件記事に使用された各写真は、ピンク・レディーの振り付けを利用したダイエット法を解説し、記事内容を補足する目的で使用されたものというべきであるから、専らXらの肖像の有する顧客吸引力の利用を目的とするものとはいえず、不法行為法上違法であるということはできない。

解　説　本判決は、最高裁として始めて、人の氏名、肖像等の有する顧客吸引力を排他的に利用する権利、すなわちパブリシティ権の保護可能性を認めたものである（本件へのあてはめとしては侵害成立を否定）。その特徴は、同権利を人格権由来の権利として位置づけた点（101事件参照）、および、正当な表現行為等との調整から、同権利の侵害を顧客吸引力利用目的に限定した点にある。本判決は、パブリシティ権侵害について、①〜③の3類型を例示しているが、金築判事の補足意見によれば、①はブロマイドやグラビア写真が、②はキャラクター商品が該当する。これらや③広告でタレント、アイドル等の著名人の肖像を使用し、その顧客吸引力に「専ら」ただ乗りすると、パブリシティ権侵害となり得ることになる。

外国人氏名の日本語読みと人格権……NHK日本語読み訴訟

103　最3判昭63・2・16民集四二巻二号二七頁

関連条文　民法七〇九条・七一〇条

①氏名を正確に呼称される利益は不法行為法上の保護を受けるか。②テレビ放送のニュース番組で在日韓国人の氏名を日本語読みで呼称した行為は違法であるか。

事実　テレビ局Yはテレビのニュース番組の中で在日韓国人Xの氏名を朝鮮語読みではなく日本語読みで呼称した。Xは、そのことで人格権を侵害されたと主張し、Yに対して、謝罪、謝罪放送及び謝罪広告、すべての韓国人及び朝鮮人氏名の今後の朝鮮語読み、慰謝料一円の支払を請求した。

裁判所の見解　氏名は、社会的にみれば、個人を他人から識別する機能を有するが、個人にとっては、人が個人として尊重される基礎であり、個人の人格の象徴であって、人格権の一内容を構成するから、氏名を正確に呼称されることは、不法行為法上の保護を受ける人格的利益となる。しかしこの利益は、氏名を他人に冒用されない権利・利益とは異なり、その性質上必ずしも強固なものではないから、氏名を不正確に呼称する行為は、個人の明示的意思に反してことさらになしたか、または害意をもってなしたなどの特段の事情がない限り、違法な行為とはならない。さらに、社会的にある程度氏名の知れた外国人の氏名をテレビ放送などで呼称する場合、民族語音によらない慣用的方法が存在し、かつ、その慣用的方法が社会一般の認識として是認されているときは、慣用的方法によって呼称することは、たとえ個人の明示的意思に反したとしても、違法な行為ではない。在日韓国人氏名を日本語読みで呼称する慣用的方法は、本件放送当時は社会一般の認識として是認されていたから、YがXの氏名を日本語読みで呼称した行為は違法ではない。

解説　本判決は、氏名の正確な呼称は法的に保護される利益であるが、氏名の不正確な呼称が違法となるのは、個人の明示的意思に反してなした場合や害意をもってなした場合に限られるとした。この判断は氏名を正確に呼称される利益は強固なものではないという想定に立脚しているが、氏名が個人の人格にとって重要であることを重視し、氏名の不正確な呼称が違法となる場合をより広く解する余地もある。さらに本判決は、ニュースで在日韓国人氏名を日本語読みで呼称した行為は、放送当時は社会一般の認識として是認されていた慣用的方法であるから、違法ではないと判断した。個人に対する人格的不利益を社会一般の認識を基準に正当化することは適切ではないが、この基準を前提としても社会一般の認識の変化を理由に在日韓国人氏名の日本語読みを違法とすることはできるだろう。外務省は一九八三年以降韓国との相互主義の下で韓国人氏名を韓国語読みで呼称しているが、今日の社会では韓国人氏名の韓国語読みが慣用的方法として定着しているからである。

テレビ放送契約の成立と中途解除……「ドン・ドラキュラ」放映中止訴訟

104 東京地判昭和63・10・18判時一三一九号一二五頁

関連条文 民法五四〇条

①テレビ放送契約は電波料額及び支払条件について合意がなくとも成立するか。②テレビ放送契約は電波料の支払条件について合意に達しなかった場合に中途解除できるか。

事実

広告代理店Xは、テレビ局Yとの間で、Xが連続テレビ漫画映画を制作してYに納入し、Yから半年間にわたり全国ネットで放送する契約を締結した。しかしその後、電波料の支払条件について合意に達しなかったため、Yは放送開始の一か月後に本件放送を中止した。そこでXはYに対して債務不履行に基づく損害賠償を請求した。

裁判所の見解

電波料額及び支払条件は放送契約の本質的要素であるが、この点について最終的な合意がなされなくとも、テレビ局が広告代理店の提供する番組を特定の放送枠において放送し、広告代理店がテレビ局に対して一定額の電波料を支払うことが合意されていれば、放送契約は成立する。電波料額及び支払条件は、テレビ局が約定の放送をする以前に、全部または各月毎に確定すれば足りる。しかし継続的契約関係において、後日の協議に委ねていた事項をめぐって当事者間に協議の余地がなくなった場合に、契約の継続を期待し難い特段の事情がないにもかかわらず、一方当事者が協議に応じなかったのであれば、信義則上、当該当事者からする契約の解除は許されないが、一方当事者が真摯に協議成立に向け努力を重ねたにもかかわらず、協議が不成立となったのであれば、当該当事者は将来に向かって契約を解除することができる。Xの信用不安が原因で支払条件に関する協議が不調となったことは契約の継続を期待し難い特段の事情にあたり、Yは協議不成立について責めに帰すべき事由を負うわけでもないから、YはXとの契約を中途解除できる。

解説

本判決は、電波料額及び支払条件について合意がなくとも、テレビ放送契約は成立するが、後日の協議の結果、支払条件について合意に達しなかった場合に、放送契約は中途解除できるとした。契約の本質的な要素が未確定であっても、当事者間に契約締結の意思があれば、契約は成立するとすることは適切であるが、解除権の発生及び制約について判決の論旨には問題がある。判決は、期間の定めのある継続的契約であっても、契約を継続し難い特段の事情があれば、中途解除できるが、契約内容の一部事項を後日の協議に委ねていた場合に、当事者間に協議の余地がなくなったことは、特段の事情に該当するとした。ただし誠実に協議に応じない当事者は信義則上解除権を行使することは許されない。しかし当事者間の合意に基づいて成立した契約について、協議不成立を解除条件とする特約が存在しないにもかかわらず、単に協議の不調を根拠にして解除権の行使を容認するべきかには疑問が残る。

テレビコマーシャル放映契約の解除……「原発バイバイ」事件

105 高松高判平成5・12・10判タ八七五号一六四頁

関連条文　民法六五一条一項、民放連放送基準四六項（現四七項）・九八項（現一〇三項）

テレビコマーシャル放映契約は放映内容が民放連放送基準に抵触することを理由にして解除することはできるか。

事　実　Xは自然食品会社、Yはテレビ局、Aは広告代理店。XはAとの間で、YのテレビでXのCMを放映することを依頼する契約を締結し、AはYとの間で、XのCMを放映する契約を締結した。しかしその後XはCM内容を変更し、「原発バイバイ」との表示を挿入した。Yは新たな表示が入ったCMを数日間放送したが、後に不適当と判断してCM放映を中止した。そこでXはAのYに対するCM放映請求権を代位行使し、Yに対してCMの放映を請求した。

裁判所の見解　CM放映契約は放送事業者が特定の者から委託を受けて提供された特定の放送素材をCMとして放映する準委任契約ないし準委任契約類似の無名契約であるから、民法六五一条一項に則り、特段の事由がない限り、各当事者は何時でも契約を解除することができる。しかし憲法が保障する表現の自由や法の下の平等は私人間においても尊重すべきであるから、事情によっては、一定の私法行為が公序良俗に反するものとなる場合がある。原子力発電所の安全性や必要性について社会の意見は対立しているが、「原発バイバイ」との表示は、明らかに原子力発電所の必要性を断定的に否定した表現と認められるから、当該表示は全体として民放連放送基準四六項及び九八項に抵触すると解される。したがって、YがCM放映契約を解除したことは、公序良俗に違反しない。

解　説　本判決は、放送局はCM放映契約を何時でも解除できるが、解除権の行使は公序良俗に違反する場合があるとした上で、CM内容が民放連放送基準に抵触する場合には、たとえ放映契約を解除したとしても、公序良俗には違反しないとした。なお本判決が参照した民放連放送基準四六項（現四七項）は「社会・公共の問題で意見が対立しているものについては、できるだけ多くの角度から論じなければならない。」、九八項（現一〇三項）は「係争中の問題に関する一方的主張又は通信・通知のたぐいは取り扱わない。」と規定している。

民放連放送基準は民放共通の自主的な倫理基準として制定されたものであるから、民放局及び広告主をどれほど拘束するのかは必ずしも明らかではない。しかし判決の論旨によれば、放送局はCM放映契約を随意に解除できるのではなく、契約を適法に解除するためには、CM内容が民放連放送基準に適合するかの判断が必要となる。本件のように、CM内容が民放連放送基準に適合しない場合には、契約の解除は適法であるが、逆にCM内容が民放連放送基準に適合する場合には、契約の解除は違法とされる余地がある。放送局の判断は広告主との関係では民放連放送基準によって制約されるといえよう。

番組提供者の営業内容確認義務の存否と民放連の放送基準……投資ジャーナルグループ事件

106 東京地判平成元・12・25判タ七三一号二〇八頁

関連条文　放送法五一条の三（現一二条）、民放連放送基準一三一条（現一三九条）

テレビ局は番組提供者の営業内容を確認する義務を負うか。

事　実　テレビ局Yは昭和五八年六月から昭和五九年七月まで株式会社投資ジャーナル提供の株式解説番組を放送した。Xは、同番組で電話による無料株式相談に応じるとのテロップを見て電話相談に応じたが、投資ジャーナルグループによる詐欺被害にあった。そこでXはYに対して損害賠償を請求した。

裁判所の見解　放送事業者は、広告媒体としての重要性に鑑み、テレビ番組が番組提供者によって詐欺の手段として利用され視聴者に被害をもたらさないよう必要かつ相当と認められる範囲で調査・確認を行う注意義務を負う。しかし番組提供者については、積極的に営業内容について調査する一般的注意義務を負うわけではない。ただし、広告等の内容から番組提供者の事業によって視聴者に不利益を及ぼすおそれが強いと推測できる場合や、既に番組提供者の事業の問題性が相当周知のものとなっている場合には、番組提供を差し控えるべきである。なお民放連放送基準一三一条は「不特定かつ多数の者に対して、利殖を約束し、またはこれを暗示して出資を求める広告は取り扱わない。」と規定するが、当該基準は法律上の義務ではなく単に自粛を要請しているものと解される。投資ジャーナルグループの詐欺行為が本件番組の放送以前に相当周知なものであったとはいえず、本件番組は株価の動向を説明する教養番組であり、詐欺の手段として利用される内容を含むものでもなく、番組の放送を決定する前に、出資の勧誘となる内容を含んでいないかが審査されていたから、Yに番組内容に関する注意義務違反は認められない。

解　説　本判決は、放送局は、放送番組が番組提供者によって詐欺の手段として利用されないよう番組内容を調査確認する義務を負うが、番組提供者については積極的に営業内容を調査する義務を負うわけではないとした。民放連放送基準一三一条（現一三九条）は利殖を暗示して出資を勧誘する広告を禁止しているが、判決はこの基準は法律上の義務ではないとする。もっとも判決では、放送局が番組提供を自粛すべき場合として、広告等の内容から番組提供者の事業によって視聴者に不利益を及ぼすおそれが強いと推測できる場合や、既に番組提供者の事業の問題性が相当周知なものである場合が挙げられている。しかし放送法一二条（当時は五一条の三）が視聴者の利益を保護するために番組と広告を峻別することを要請していることを重視すれば、本件のように番組と広告が明確に分離されているとはいえない場合には、テレビ局に対して番組内容だけでなく番組提供者についても調査確認する義務を課すことも考えられよう。

放送会社に対する敵対的買収と防衛……ニッポン放送対ライブドア

107　東京高決平成17・3・23判時一八九九号五六頁

関連条文　商法二八〇条の一〇・二八〇条の三九第四項（平成一七年法八五号改正前）

放送会社は買収防衛策として新株予約権を発行できるか。

事　実　Xはライブドア、Yはニッポン放送、Aはフジテレビ。AはYの経営権獲得を目的に株式の公開買付けを開始したが、Xが立会外取引でY株式を大量に取得したため、YはAに対する大量の新株予約権発行を決議した。そこでXは、本件発行が不公正発行に該当すると主張し、差止の仮処分を申請した。

裁判所の見解　会社の経営支配権に現に争いが生じている場面において、株式の敵対的買収によって経営支配権を争う特定の株主の持株比率を低下させ、現経営者またはこれを支持し事実上の影響力を及ぼしている特定の株主の経営支配権を維持・確保することを主要目的として新株予約権発行がなされた場合には、原則として不公正発行に該当する。もっとも株主全体の利益保護という観点から新株予約権発行を正当化する特段の事情がある場合、具体的には、敵対的買収者が真摯に合理的な経営を目指すものではなく、敵対的買収者による支配権取得が会社に回復困難な損害をもたらす事情がある場合には、例外的に、経営支配権の維持・確保を主要目的とする発行も不公正発行には該当しない。本件新株予約権発行は、会社の経営支配権に現に争いが生じている場面において、株式の敵対的買収によって経営支配権を争うX等の持株比率を低下させ、現経営者を支持し事実上の影響力を及ぼすAによるYの経営支配権を確保することを主要目的とするが、Xが真摯に合理的な経営を目指すものではなく、Xが支配株主となった場合に、Yに回復困難な損害が生ずるとはいえないから、本件発行は不公正発行に該当し、差止の仮処分が認められる。

解　説　本決定は、放送会社が買収防衛策として新株予約権を発行することは、商法二八〇条の一〇（現会社二四七条二号）における「著しく不公正な方法」による発行に該当するので、株主は発行の差止を請求できるとした。従来の判例では、新株発行は、その主要目的が支配権の維持確保にあれば、不公正発行にあたるが、主要目的が資金調達にあれば、不公正発行にはあたらないとされてきた。本決定は、支配権の維持確保を主要目的とする新株予約権発行は不公正発行にあたるが、たとえ不公正発行であっても、株主全体の利益保護の観点から正当化される場合があるとした。もっとも本件には不公正発行を正当化する事情はないとされている。本件では新株予約権発行は認められなかったが、大株主が放送会社を支配することは適切かという問題や、Xは通信と放送の融合により放送事業を活性化することを意図していたが、既存の放送会社が充分な放送事業を展開してきたかという問題は残されたままである。

108 放送局の一本化調整のための行政指導……メトロポリタンテレビ一本化事件

東京高判平成10・5・28判時一六六六号三八頁

関連条文　電波法四条

放送局の一本化調整のための行政指導は適法か。

事実

Xは、東京都を放送対象区域とするテレビジョン放送局を開設する目的で、郵政大臣Yに対して無線局免許を申請した。Xを含め一五九社から申請がなされたが、割り当てチャンネルは一つしか存在しなかったので、Yは設立中の会社Aに申請者を一本化する調整を行った。X以外は調整に応じ申請を取り下げたが、Xだけは調整に応じなかった。その後YはAに予備免許を付与し、Xの申請を拒否する処分を行った。そこでXは、拒否処分に対して異議を申し立てたが、棄却されたので、異議申立棄却決定の取消しを求めて提訴した。

裁判所の見解

テレビ放送は、広く一般公衆に受信される番組の放送を目的とし、極めて強い公共性を有する。放送免許の付与に割り当てられる周波数が申請者の数に足りない場合には、多数の申請が殺到し、かつ、申請者間において過当な競争を招き、種々の弊害が生ずるおそれがある。この場合には、申請者の協力を得て、公共放送の目的に合致し、運営上も経営上も安定した基盤を持つ放送事業者が免許を受けられるように調整することは、それなりに合理的であり、少なくともYの裁量判断に属する。したがって、申請者の自由な意思が妨げられない限り、Yが申請者に対して、割り当てられる周波数に応じて申請を調整する、いわゆる一本化調整のための行政指導を行うことは、違法とはならない。Xが一本化調整に当初は従いながら結果的には応じなかった経緯に照らすと、Xは自由意思に基づき自ら選択をしてきたと推認されるから、Yの行政指導が違法であったとはいえない。

解説

本判決は、郵政省が放送局を一本化するために行政指導を行うことは、申請者の自由な意思を妨げない限り、違法にはならないとした。放送局の一本化調整のための行政指導は、従来から民間放送局の開設に際して多用されてきた手法である。一般に行政指導は特定の行為の強制に及んだ場合には違法となるが、本判決はこの一般原則を放送免許付与の局面に適用し、従来の放送行政の在り方を追認した。一本化調整は、多数の申請者を一本化することで、地域に密着し確固たる経営基盤を持つ放送局を設立する利点を有すると主張される。しかし現行法制では、放送免許は表現の自由と密接に関係するものでありながら、免許付与の基準は明確なものとはなっていないから、行政による判断過程は著しく不透明にならざるをえない。その点で一本化調整は申請者に対して重大な不利益を与える危険性が高いといえよう。したがって、そもそも一本化調整の適法性自体に疑問が提起されるが、たとえ一本化調整を容認するにしても、放送免許付与の局面に行政指導に関する一般的な判断基準を適用することには重大な問題が残る。

109 放送法四条に基づく訂正放送……「生活ほっとモーニング」事件

最1判平成16・11・25民集五八巻八号二三二六頁

関連条文　放送法四条一項（現九条一項）

真実でない放送により権利を侵害された者は、放送事業者に対して、訂正放送を求める私法上の権利を有するか。

事実　Xは、テレビ局Yがテレビ番組の中で真実でない事項を放送したことにより、名誉を毀損されプライバシーを侵害されたと主張し、Yに対して、損害賠償及び謝罪放送に加え、放送法四条一項に基づく訂正放送を請求した。

裁判所の見解　放送法四条一項は、真実でない放送について被害者から請求があった場合に、放送事業者に訂正放送を義務付けている。この請求や義務の性質は放送法全体の枠組と趣旨を踏まえて解釈すべきである。一条は「放送が国民に最大限に普及されて、その効用をもたらすことを保障すること」（一号）、「放送の不偏不党、真実及び自律を保障することによって、放送による表現の自由を確保すること」（二号）、「放送に携わる者の職責を明らかにすることによって、放送が健全な民主主義の発達に資するようにすること」（三号）を規定する。四条一項は、この三つの原則を受け、放送の自律性の保障の理念を踏まえ、真実性の保障の理念を具体化する規定である。さらに法四条一項自体をみても、放送した事項が真実でないことが放送事業者に判明したときに訂正放送を行うことを義務づけるのみで、訂正放送に関する裁判所の関与を規定しておらず、義務違反には罰則が定められている。以上を併せ考えると、同項は、真実でない事項が放送された場合に、放送内容の真実性の保障及び他からの干渉を排除することによる表現の自由の確保の観点から、放送事業者に対し、自律的に訂正放送を行うことを国民全体に対する公法上の義務として定めたものであって、被害者に訂正放送を求める私法上の請求権を付与するものではない。

解説　本判決は、放送法四条一項（現九条一項）は、真実でない放送により権利を侵害された者に対して、放送局に訂正放送を求める私法上の権利を付与するものではなく、放送局が自律的に訂正放送を行うことは、国民全体に対する公法上の義務であるとした。その論拠としては、放送法全体に照らせば、四条一項は、放送の自律性の理念を踏まえ、放送の真実性の理念を具体化したものであること、四条一項自体に関していえば、訂正放送には裁判所の関与が規定されていないこと、義務違反には五六条一項（現一八六条一項）に罰則が明記されていることが挙げられる。憲法二一条及び放送法一条は放送事業者の番組編集の自由を保障するが、被害者に訂正放送を求める私法上の権利を認めることは、番組編集の自由を過度に制約することになるから、本判決が訂正放送を求める私法上の権利を否定したことは、放送の自律性と真実性の理念を適切に調整したものと解される。

放送法五条に基づく放送内容閲覧請求権……東京放送事件

110　東京高判平成8・6・27高民集四九巻二号二一六頁

①放送内容確認の主体にはいかなる者が含まれるか。②放送内容確認の主体は、放送事業者に対して、放送内容の閲覧を請求する私法上の権利を有するか。

事実　テレビ局Yは番組でXの離婚問題を取り上げた。Xは本件放送を視聴しなかったが、知人から番組が真実でない事項を放送しXの名誉を毀損しているとの連絡を受けた。XはYに放送内容の確認を請求したが拒否されたので、請求拒否により精神的苦痛を被ったと主張し損害賠償を請求した。

裁判所の見解　放送法五条は、放送番組審議機関が放送番組に対する批判機関としての機能を果たすために放送番組の内容を検討できるようにするとともに、放送法四条一項所定の訂正または取消しの放送の関係者が資料を確認できるようにするための規定である。訂正または取消しの放送の関係者には、時事に関する放送については、訂正もしくは取消しの放送またはその請求が行われる前の段階において、放送事業者が行った放送について、一応の合理的な理由に基づいて、真実でない事項が放送され、自己の権利が侵害されたのではないかと危惧し、権利侵害の有無を確認する必要を有している者も含まれる。訂正または取消しの放送の関係者は、放送事業者に対し放送内容の閲覧請求権を有し、放送事業者は、関係者から請求があった場合には、請求に応じる義務がある。Yの本件申入れ拒否には、正当な事由（例えば、必要以上に放送内容の閲覧を要求したために放送事業者の業務に支障をきたすなど、閲覧請求権の行使が権利の濫用にあたる場合）がないから、Xの本件放送内容の閲覧請求権を侵害する不法行為となる。

関連条文　放送法五条（現一〇条）

解説　本判決は、放送法五条（現一〇条）は、放送内容を確認する必要がある主体に対して、放送事業者に放送内容の閲覧を請求する権利を保障しているとした。原審は、放送番組の確認制度は放送事業者に公法上の義務を課すにすぎないとしたが、本判決は、私人は放送事業者に放送内容の閲覧を請求する私法上の権利を有するとする。放送内容の閲覧請求権を認めることは、放送事業者が適正な番組を提供することを確保し、訂正放送制度が有効に機能することを保障するものであるから、妥当な構成といえよう。なお放送番組の確認制度は、109判決の訂正放送制度とは異なり、たとえ私法上の権利を認めたとしても、放送事業者の番組編集の自由を制約するものではない。さらに本判決は、放送内容を確認する主体には、放送によって何らかの権利が侵害されたと危惧する者も含まれるとした。放送内容を確認する主体は放送による権利侵害が明確な場合に限定されないが、閲覧請求権の行使と放送事業者の業務を調整するために、請求権行使が権利濫用に当たる場合も指摘されている。

111 受信料債権と消滅時効

最2判平成26・9・5判時二二四〇号六〇頁

受信料債権の消滅時効期間は何年か。

事　実　X（NHK）は、Xとの間で放送受信契約を締結していたYに対して、受信料の支払を請求した。

裁判所の見解　NHKの放送受信契約においては、受信料は、月額または六か月もしくは一二か月前払額で定められている。その支払方法は、一年を二か月ごとの期に区切り各期に当該期分の受信料を一括して支払う方法、または六か月分もしくは一二か月分の受信料を一括して前払する方法によるものとされている。そうすると、NHKの放送受信契約に基づく受信料債権は、年またはこれより短い時期によって定めた金銭の給付を目的とする債権にあたるから、その消滅時効期間は、民法一六九条により五年と解すべきである。

解　説　民法一六九条は、「年又はこれより短い時期によって定めた金銭その他の物の給付を目的とする債権」（定期給付債権）について、五年間の消滅時効期間を定めている。本件では受信料債権が民法一六九条の定期給付債権に該当するかが争点となった。本判決は、受信料債権は定期給付債権に該当するから、消滅時効期間は五年であるとした。

Xは、受信料債権は定期給付債権には該当しないから、五年間の消滅時効期間は適用されないと主張していた。その論拠は、民法一六九条の立法趣旨は、定期給付債権は、弁済されないと直ちに債権者に支障が生じる債権であるから、速やかに弁済されるのが通常であること、通常はそれほど多額ではないため、受領証の保存がなされず、後日の弁済の証明が困難であること、長年放置された後に突然請求されると弁済が多額となり債務者が困窮することにある。それに対して、受信料債権は、弁済されないと直ちに債権者に支障が生じる債権ではなく、支払は口座振替等でなされているから、後日の弁済の証明が困難とはいえず、長年放置されたとしても債務者を困窮させるほど多額にはならないというものである。

しかし一審は、Xは広告収入を得ることができないので、受信料の不払いによって業務に支障が生じる場合もあり、過去の訪問集金については、領収書の紛失により後日の弁済の証明が困難となり、長年放置後の請求によって債務者が困窮することもあるとした。さらに原審も、Xの主張は定期給付債権の一般的性質を述べたものであるが、ある債権の個別的特性が一般的性質に合致しないとしても、当該債権に民法一六九条の適用を排除する理由にはならないとする。受信料債権が定期給付債権に該当することは明らかであるから、本判決が受信料債権に五年間の消滅時効期間を適用したことは適切といえよう。なお最3判平成30・7・17は、定期金債権の消滅時効を定める民法一六八条一項は、受信料債権には適用されないとする。

関連条文　民法一六九条、放送法三二条（現六四条）

受信料制度の合憲性……NHK受信料訴訟

112　最大判平成29・12・6民集七一巻一〇号一八一七頁

関連条文　放送法六四条一項

①受信契約の締結は法的義務か。②受信料制度は憲法に適合するか。③受信契約はどの時点で成立するか。

事　実　Yは放送受信設備を設置しながらX（NHK）との間で放送受信契約を締結していなかった。そこでXはYに対して受信料の支払を請求した。

裁判所の見解　放送は、憲法二一条が規定する表現の自由の保障の下で、国民の知る権利を実質的に充足し、健全な民主主義の発達に寄与するものとして、国民に広く普及されるべきである。放送法はこの放送の意義を反映して、公共放送と民間放送の二本立て体制を採用し、公共放送事業者としてXを設立した。受信料制度は、特定の個人、団体または国家機関から財政面での支配や影響が及ばないよう、受信設備設置者に広く公平に負担を求めることで、Xが設置者全体に支えられるべきことを示すものである。放送法六四条一項は、Xの財政的基盤確保のために、法的に実効性のある手段として設けられたが、受信設備設置者はXと「その放送の受信についての契約をしなければならない」と規定しているから、受信契約の締結を強制するものである。受信設備設置者が受信契約の申込みを承諾しない場合には、承諾の意思表示を命じる判決が確定した時点で受信契約が成立する。受信料制度は、国民の知る権利を実質的に充足する上で合理的なものであるから、憲法上許容される立法裁量の範囲内にある。放送受信規約は、契約締結者は受信設備を設置した月から受信料の支払義務を負うと規定しているが、この規定は受信設備設置者間の公平を図る上で必要かつ合理的なものであるから、承諾の意思表示を命じる判決が確定することにより受信契約が成立した場合には、受信設備の設置月以降の分の受信料債権が発生すると解される。この受信料債権の消滅時効は受信契約成立時から進行する。

解　説　本判決は、放送法は受信設備設置者に受信契約の締結を強制しており、設置者が受信契約の申込みを承諾しない場合には、承諾の意思表示を命じる判決が確定した時点で受信契約が成立し、受信設備の設置月以降の分の受信料債権が発生するとした。さらに受信料制度は、国民の知る権利を実質的に充足する上で合理的なものであるとする。

本判決は公共放送の位置づけや受信料の合憲性について初めての判断を下した。そこでは、放送は国民の知る権利を実質的に充足し健全な民主主義の発達に寄与すること、Xは特定の個人、団体または国家機関から支配や影響を受けてはならないこと、受信契約の締結に際しては公共放送としての意義を説明し受信設備設置者の理解を得ていくことが強調されている。Xには、国家から自由な放送活動を通して、国民の知る権利を充足することで、受信契約締結の理解を得ることが要請される。

手紙の表面に印刷されている個人情報の秘匿性

113 大阪高判昭和41・2・26高刑集一九巻一号五八頁

関連条文　憲法二一条、郵便法九条・八〇条二項、国公法一〇〇条一項

開封のはがきに印刷されている個人情報は①郵便法九条や②国公法一〇〇条一項の秘密に当たるか。

事　実　郵便物の集配を行う郵便局の事務員である被告人X_1が、「電話架設のご案内」の開封のはがきに印刷されていた名宛人の住所、氏名、電話番号を紙片に書き写し、X_2に交付した。しかし郵便法八〇条二項は同九条（信書の秘密の不可侵）違反に対する罰則を規定しており、国公法一〇〇条一項は職務上知ることのできた秘密を漏らすことを国家公務員に禁じている。X_1は、郵便法八〇条二項・国公法一〇〇条一項違反を理由に起訴され、地裁では有罪とされたため控訴した。

裁判所の見解　①郵便法の右の諸規定は憲法二一条の目的に適うよう解釈しなければならない。開封の信書や葉書であっても委託者が秘密にすることを欲する場合のあること、委託者はその郵便物の内容を積極的に他人に公開する意思のないこと、郵便物の発送元や宛先が知られることによって思想表現の自由が抑圧されるおそれのあることを考えると同法上の秘密には、開封の書状や葉書の発信人・宛先の住所・氏名等も含まれると解すべきである。しかも、本件犯行当時は、誰に電話の新規架設を認めたかを洩らすことが禁じられていたことなどから、X_1の行為が郵便法八〇条二項に違反することは明白である。②国公法一〇〇条一項の秘密とは他の法令によって秘密とされている事項を含み、郵便法九条によって秘密とされている信書の秘密は国公法一〇〇条一項の秘密であるといわなければならない。よって、本件各控訴を棄却する。

解　説　①について、開封の書状や葉書に記載されている個人情報は、誰でも容易に見ることのできる情報であるため、それらが郵便法上の秘密に該当するのかが問題となる。この点について学説では、はがきも通信の秘密による保護の対象であることを認める説が有力であった。また、通信の秘密による保護が、通信の時や主体、相手の秘匿にも及ぶのかという論点もあるが、本件でははがきに記載されている内容そのものが漏洩されているため、いずれの見解に従っても通信の秘密による保護を受ける事例であったといえる。

②について、郵便法によって当時の郵便局員が漏洩してはならない信書の秘密を、国公法一〇〇条一項のいう「秘密」から区別する必要はとりたてないということは可能であろう。ただ、郵便法の罪の主体が主に国家公務員であることや、郵便法の罪の方が重いことを指摘して、郵便法の罰則を適用すれば足りるとの指摘もある。

郵便法の責任制限と国家賠償請求権

114　最大判平成14・9・11民集五六巻七号一四三九頁

関連条文　憲法一七条、郵便法六八条

①法律と憲法一七条との整合性を判断する基準は何か。②憲法一七条に違反しないか。

事実　債権者Xは、債務者Aが第三債務者（銀行Bと株式会社C）に対して有する預金の払戻しと給与の支払の請求権について差押えを申し立てた。裁判所はこれを命じ、命令の正本をBとCに特別送達したが、B宛の正本がBに送達される前日にC宛の正本がCに送達され、それを知ったAはその日のうちにBから預金を引き出してしまった。Xは、郵便局員が本来の送達先である「営業所」ではなく、局内にある第三債務者の私書箱に正本を投函したとし、この場合の賠償責任を否定する郵便法六八条は憲法一七条に反するとして、送達事務を行う国に賠償を求めた。一審・二審は請求を棄却した。

裁判所の見解　①憲法一七条は立法府に法律に対する白紙委任を認めてはいない。国家賠償責任を免除・制限する法律の合憲性は、当該規定の目的の正当性やその達成手段の必要性などを総合的に考慮して判断すべきである。②郵便法は郵便の役務をなるべく安い料金で、あまねく、公平に提供することを目的に制定されている。郵便物に生じうるすべての事故について賠償させると金銭負担が多額になるため、責任を免除・制限した目的は正当である。書留郵便物について、局員の故意または重過失による不法行為という例外的な場合にまで国の損害賠償責任を免除・制限しなければ郵便法の制定目的を達成できないとはいえない。この部分は違憲・無効である。書留郵便物全体のごく一部にとどまり、書留料金に加えた特別料金もかかる特別送達郵便物については、局員の軽過失による責任を免除・制限している部分も違憲・無効である。Xの請求の当否を判断するために、本件を原審に差し戻す（後に和解が成立）。

解説　①について、学説において憲法一七条が保障する国家賠償請求権は、立法者による具体化を要するとされてきた。しかしそれと同時に、その場合に立法者に白紙委任しているわけではないとされている。本判決は憲法一七条と立法者の裁量の点については学説の一般的な見解に従っていたといえる。

②について、郵便法上の免責の広範性はしばしば指摘されており、本判決が郵便法の目的は正当であるとしながらも、運送事業分野の責任制限とも比較しながら、郵便法における責任制限の一部はその目的を達成する上で必要ではないとしたことは説明がつかないわけではない。ただ、本判決に関しては、直接的な争点ではなかった書留郵便物に対する責任制限を違憲としたかったがために憲法判断に踏み込んだのではないかとの指摘もある。

二三条照会に対する、転居届の情報の秘匿性を理由とした拒否

115 最3判平成28・10・18民集七〇巻七号一七二五頁

①弁護士法二三条二項に基づく照会の目的は何か。②照会に対する報告の拒否は不法行為となるか。

事実　Xらは A に対する裁判上の和解に基づく強制執行を考えたが、A は住民票上の住所に居住していなかった。そこで X_1 の訴訟代理人（弁護士会 X_2 所属）の申出を受けた X_2 は Y_1（日本郵便株式会社）の支店 Y_2 に A の転居先等を照会した（弁護士法二三条の二第二項：「二三条照会」）。ところが Y_2 は、照会を受けた団体の報告義務や転居届の情報の「通信・信書の秘密」（憲法二一条二項後段、郵便法八条一項）非該当性、「郵便物に関して知り得た他人の秘密」（同条二項）の守秘義務の劣位を指摘した判例が示されても応じなかった。Xらは損害賠償等を請求したが一審は Y_2 の過失を認めなかった。Xらは控訴審で報告義務の確認も予備的に求め、二審は Y_2 の過失を認めたためYらが上告した。

裁判所の見解　①弁護士会が二三条照会の権限を付与されているのは照会制度の適正な運用を図るためにすぎないので、二三条照会に対する報告を受けることについて、弁護士会が法律上保護される利益を有するものとは解されない。②二三条照会に対する報告の拒絶は、二三条照会をしたた弁護士会に対する不法行為を構成しない。原判決中、Yら敗訴部分は破棄を免れない。Xらの予備的請求である報告義務確認請求については更に審理を尽くさせる必要があるので、本件を原審に差し戻す。

関連条文　憲法二一条、弁護士法二三条の二、郵便法八条

解説　弁護士法は同法に基づく照会に対して照会先が報告しない場合の罰則を規定していないため、報告を得るための手段をどのように確保するかが問題となる。本件では民法七〇九条に基づく損害賠償責任の有無と、報告義務の確認請求の当否が問題となった。

①について、照会制度が弁護士、弁護士会、依頼者のいずれの利益を保護しようとしているのかについての理解は様々であり得るが、本判決は弁護士会の権限を照会制度の適正な運営のためのものと位置づけ、弁護士会自身は法律上の利益を有しないとした。

②について、二三条照会に応じないことは不法行為を構成しないとした。本判決は転居届の情報の秘匿性には触れなかったが、岡部裁判官の補足意見は、仮に正当な理由のない報告拒絶であっても不法行為は成立しないとしている。

本件では弁護士会に対する不法行為は認められなかったが、報告義務の確認については判断を留保した。二三条照会に対して照会を受けた者は正当な理由がない限り照会を拒否してはならないと理解されており、差戻後の高裁判決では、一部の情報に関する報告義務が認められた。

警察による盗聴工作に対する損害賠償責任

116 東京高判平成9・6・26訟月四四巻五号六六〇頁

関連条文　国賠法一条一項・三条一項

県警による盗聴行為によって①県、②警察官個人に損害賠償責任が成立するか。

事　実　X_1の自宅近くのアパートの室内とその前にある電柱に工作が施され、日本共産党の事務を掌理していたX_1の自宅での通話が傍受されうる状態になっていた。盗聴されている可能性を知ったX_1は、氏名不詳者を偽計業務妨害、有線電気通信法違反及び電気通信事業法違反などを理由に告訴したが起訴猶予・不起訴処分がなされ、検察審査会が不起訴不当とした後も同じ処分が繰り返された。そこでXらは民法七〇九条に基づいてY_1（県）とY_2（国）、警察官（Y_3～Y_6）を被告として損害賠償を請求した。一審はY_1とY_2、そしてY_5以外の三名（「被告個人三名」）の警察官の賠償責任を認めたので双方が控訴した。

裁判所の見解　①本件盗聴の当時、被告個人三名は、日本共産党関係の情報収集を所掌事務に含むY_1警察本部の課の所属だったこと、情報収集活動を末端の警察官が職務と無関係に行うことは通常ありえないので、本件盗聴行為は被告個人三名がY_1の職務として行ったと推認できる。Y_1の公権力の行使に当たる公務員である被告個人三名がY_1の職務を行うについて故意により違法な本件盗聴行為を行ったのだから、Y_1はXらに対する損害賠償責任を負う（国賠法一条一項）。②国家賠償制度は損害の填補を目的としていて加害者個人に対する制裁等を目的としておらず、国家公務員法一条を公務員個人は責任を負わないと解しても被害者の救済に欠けることはない。他面、加害者個人に対する制裁等は刑事訴追等の方法に委ねられるべきである。被告個人三名に法的責任をとらせる必要があるとの主張は採用できない。原判決中、被告個人三名の各敗訴部分を取り消す。

解　説　①について、この事件において、警察官らの行為は電気通信事業法の禁じる「通信の秘密の侵害」に該当するものであった。その後に制定された通信傍受法に照らしても正当化できないものであり、国賠法上も違法であったといえる。

②について、右のような場合の警察官個人の賠償責任の成否について、最高裁の判例では「公権力の行使に当る」公務員個人の責任を否定していたが、公務員個人に故意または重過失がある場合にもそれが妥当するかは明らかでなかった。本件では警察官個人の故意による行為に対する損害賠償が民法七〇九条に基づいて請求されているが、本判決は国賠法における規定を参照してこれを認めなかった。また、刑事訴追等の方法に委ねられるべきだとしている点については、本件では告訴がなされたにもかかわらず起訴に至らなかったことを指摘できる。

特別な立法によらない電話傍受

117　最3決平成11・12・16刑集五三巻九号一三二七頁

①電話傍受は憲法上許されるのか。②通信傍受法制定前の電話傍受は法律上認められていたのか。

事　実　捜査官は被疑者不詳による覚せい剤取引を被疑事実として電話傍受の検証許可状を得た。そして、許可状で示されていた、この取引に関する電話内容への限定や対象外と思われる通話の録音中止などの条件にしたがって傍受を行った。弁護人らは現行法上、電話傍受などの権限を捜査機関に認めた規定はないから、本件検証は憲法二一条二項（通信の秘密）、憲法三一条・刑訴法一九七条一項但書（強制処分法定主義）などに違反し、電話傍受を通じて得た証拠は違法収集証拠であり証拠能力がないと主張した。一審と二審が検証許可状の発付と電話傍受を適法としてXらを有罪としたため、Xらが上告した。

裁判所の見解　①電話傍受は通信の秘密やプライバシーを侵害する強制処分であるが、傍受により侵害される利益の内容、程度を慎重に考慮した上で、なお犯罪の捜査上真にやむを得ないときには、法律の定める手続に従って行われることで憲法上許される。②本件当時、電話傍受を直接の目的とした令状はなかったが、電話傍受は通話内容を聴覚により認識するなどの点で五官の作用によって認識等をする検証としての性質をも有することなどから、対象の特定に資する適切な記載がある検証許可状により電話傍受を実施することは、本件当時においても法律上許されていたと言える。よって上告を棄却する。

関連条文　憲法二一条二項・三一条・三五条、刑訴法一九七条一項但書

解　説　①について、電話傍受（盗聴）については、対象の特定、犯罪とは無関係な会話の排除、事前の令状呈示などの点での困難さが指摘されてきた。憲法学においては違憲であるとする見解もあったが、一定の条件下で令状の発付を求めることで電話傍受は認められるとの見解が有力であった。

②について、刑事訴訟法では強制処分には刑事訴訟法における法律の定めと令状が必要であると規定されている。本件では検証許可状に基づいて電話傍受がなされていたため、電話傍受が強制処分であるとして、捜査が行われた時点で（本判決は通信傍受法が成立し、施行を前にした時期に下されている）刑事訴訟法に「法律の定」があったといえるのかが、電話傍受が既に規定のある「検証」に該当しうるかという形で問われた。

学説にも検証に該当するとする見解はみられたが、二〇一七年に最高裁は車両にGPS装置をとりつけて車両の所在場所を確認できる捜査手法には検証とは言い難い性質があるとして、いわゆるGPS捜査に立法的統制を求めている。そのため「検証」概念や強制処分法定主義の意義の再検討が求められている。

脅迫的な内容の慶弔電報

118 大阪地判平成16・7・7判タ一一六九号二五八頁

発信される電報の内容を確認し、場合によってはその配達を差し止める義務が電気通信事業者にはあるか。

関連条文　憲法二一条二項、電気通信事業法三条・四条、民法九〇条

事実　いわゆる多重債務者であったXらに、債権取立業者等から脅迫を内容とする慶弔電報等が配達された。Xらはこのような電報の配達を内容とする契約の公序良俗違反、電気通信事業者であるY（NTT）らの事業の遂行により他人の権利を侵害しないように注意すべき条理上の義務を指摘した。その上でXらは、強迫文言を含む慶弔電報等の受付・配達を差し止める義務がYらにはあり、本件各電報の文言も一見して明らかに脅迫的・犯罪的で、慶弔電報等の内容とはいえないなどとして、差止めを行わなかったYらに慰謝料等を請求した。

裁判所の見解　民法九〇条や条理からはXらの主張するような作為義務は生じない。Yらに条理上、何らかの作為義務が発生すると解する余地があるとしても、Xらが求める行為の内容は公共的通信事業者としてのYらの職務の性質からして許されない違法なものである。電気通信事業者の提供する役務では、発信者から発信された通話内容をそのまま受信者に伝達することが予定されている。電気通信事業者ないしその従業者が、通信の内容を把握・審査することも全く想定されていない。上述の「作為義務」が課されると、Yらは取り扱うすべての電報の内容を把握等しなければならなくなり、電報、はがきといった社会的に有用な通信手段の存立を危うくする。作為義務の対象を慶弔電報等に限っても、一定の範疇に属する全電報の内容を審査する点で、通信の秘密に対する重大な侵害となりうることに変わりはない。慶弔電報等は、現実にも電報の圧倒的多数を占めることが窺われる。よって、XらのYらに対する請求はいずれも理由がないから、これを棄却する。

解説　本件において、Xらの請求はYらの差止義務を前提としており、さらに差止義務が認められるためには、Yらに法的な作為義務がなければならない。本件ではYらの作為義務が認められなかったことで請求が棄却されているため、作為義務があるとして差止めを行わせる場合に生じる問題について述べられている部分は、本判決における傍論となる。本判決はYらを「公共通信事業者」と位置づけ、こうした事業者は伝達されている内容を知ってはならず、それを知ることまで求めると通信手段の存立に関わるとも指摘した。

なお、地裁はYらに通信の内容を把握させるべきではないとする一方で、Xらは配達された電報の受取りを拒否することも可能であることを指摘している。また学説では、脅迫的な内容の電報については電気通信事業者ではなく、その発信者の責任が問題となるとの指摘もある。

ＮＴＴ東西と通信事業者の間の接続約款の合法性

119 東京地判平成17・4・22裁判所ウェブサイト

関連条文　電気通信事業法三八条の二

①一部の意見聴取を経ていない約款の認可手続は合法か。②ＮＴＴ東西の均一接続料は独禁法に反しないか。

事　実　　XらはＮＴＴ東（A）西（B）の通信網と接続して通信サービスを提供している。接続料と接続条件を定めたAやBの約款は、郵政（総務）大臣（Y）に認可される必要がある。認可の条件は省令や各種規則の定める方法で算定される原価に照らして接続料が公正妥当であることである。二〇〇四年の省令の改正では原価の算定方法等が変更され、また、二〇〇三・二〇〇四年度におけるAとBの接続料が均一となった。これを受けてAとBが約款の変更を申請し、総務省からの諮問を受けた情報通信審議会の答申に基づきYは約款を認可した。これに対してXらは、本件処分にあたり意見が聴取されていないことの違法性やAとBが接続料を均一に設定する約款を作成したことの独占禁止法違反等を指摘し、Yに認可処分の取消しを求めた。

裁判所の見解　　①情報通信審議会の議事手続規則二条は、接続約款に関する認可については、軽微な案件を除き利害関係人の意見聴取を求めている。本件接続約款の認可は「軽微な案件」とは言い難く、意見聴取を行わなかったことが同条の規定に適合していたかは疑問の余地があるものの、二〇〇三年答申のための審理手続において意見聴取が行われており、その瑕疵は重大とはいえない。②接続料をＮＴＴ東西で均一に設定する本件接続約款は本件改正省令附則六項の規定に基づいている。事業者の行為の内容が法律や省令等で明確に規定されている場合、当該事業者は自由にその内容を決定できないので、独占禁止法三条、二条六項の適用の前提を欠く。少なくとも東西均一料金の設定については事業者が自主的に選択する余地はないので、独占禁止法違反を問う余地はない。よって、Xらの請求にはいずれも理由がないから、これを棄却する。

解　説　　本件は電話事業への後発参入事業者が、電話事業分野の許認可権限を有する管轄官庁を訴えたことで話題になった事例である。①について、本判決は一部の意見聴取がなかったことを疑問としているが、手続に不備があるにとどまらず、その不備が重大でなければ処分は違法とならないとした先例に従い、処分を違法とはしなかった。

②について、ＮＴＴ東西の均一接続料を、本判決は電話事業の「ユニバーサルサービス」性だけでは正当化できないことなどを指摘しながらも、独禁法に違反するものとはしなかった。判例においては事業者に選択の自由が残されていることを理由に独禁法違反を認めたものが散見されるが、本判決はそうした選択の自由がないとして独禁法違反を認めなかった点で特徴的である。

解約金条項の消費者契約法上の有効性……携帯電話解約金事件

120 大阪高判平成24・12・7判時二一七六号三三頁

関連条文　消費者契約法九条一号・一〇条

いわゆる〝二年縛り〟の携帯電話の利用契約は、消費者契約法に照らして無効となるか。寡占とされる電気通信事業に関わる本件では、異なる論点が生じるか。

事　実

被告事業者Yらは、不特定多数の消費者との間で携帯電話利用契約を結んでいる。適格消費者団体X（原告）は、同契約における解約金条項（二年の定期契約を選択すれば毎月の基本使用料金が半額となるが、期間満了前に解約をした場合には九九七五円の解約金を支払う（更新後も同様））は、消費者契約法九条一号または一〇条に該当して無効であるとして、Yらに対して当該条項の内容を含む契約締結の意思表示の差止めを請求した。また、解約金条項に基づき解約金をYに支払った消費者Zらが、同条項の無効を前提として、Yに対し不当利得返還請求を行った。

裁判所の見解

「平均的な損害」を超える損害賠償の予定または違約金を定める条項を無効とする法九条一号の適用について、中途解約する際の「平均的な損害」の額は、「消費者が通常の契約ではなく本件契約を選択したことによって得た基本使用料金の減額分、すなわち、契約期間開始日から中途解約時までの間の標準的基本的使用料金と割引後基本使用料金との差額の累計額であるものと解するのが相当」とした。結果、本件の「平均的な損害」は二万四七九九円となり、解約金条項にある九九七五円はこれを下回ることから、法九条一号に該当しない。また、消費者の利益を一方的に害することを禁じる法一〇条の適用に関しては、「消費者に対し、契約期間の末日の属する月の翌月を除く月に本件契約を解約する際に、常に一定の金額の支払義務を課しているもの」であり、「消費者の権利を制限し、消費者の義務を加重しているというべき」とした。ただし、「解約金の支払義務を負うとされることによって解約権の制限を受けるものの、そのことに見合った対価を受けており、制限の内容も不合理なものではない」として、法一〇条後段に該当するとはいえないとした。

解　説

消費者契約法は、事業者・消費者間の情報の非対称性・交渉力格差が存在すること等を踏まえ、消費者の利益を不当に侵害する条項の無効等を規定する。本件は、〝二年縛り問題〟について検討した基本判決の一つである。

裁判所は判断の補足として、電気通信事業が寡占であるために競争が阻害され、消費者が経済的な損失を被っているとの原告の主張にも言及し、「別途、競争政策ないし立法政策において解決される事柄」とした。競争促進・利用者保護の両点を掲げる電気通信事業法の下、総務省において、法改正・ガイドライン策定等の各種措置も行われている。競争と規制のバランスに留意しながら読むべき判決である。

令状によらない税関検査

121 最3判平成28・12・9刑集七〇巻八号八〇六頁

関連条文　憲法三五条・関税法一〇五条

裁判官の令状を得ずに税関検査を行っても憲法三五条に違反しないか。

事実　イランから我が国に到着した国際郵便物を税関職員が検査したところ、覚せい剤が発見された。この郵便物はコントロールドデリバリーに付され、名宛人に配達された。被告人はこの郵便物を名宛人から回収しようとして逮捕され、覚せい剤密輸の正犯者として起訴され、有罪とされた。

裁判所の見解　税関検査は①刑事責任の追及を目的とする手続でも刑事責任の追及に直接結びつく作用を一般的に有する手続でもなく、関税の公平な賦課徴収という強い公益性の認められる行政目的のための手続である。また、②国際郵便物の税関検査は国際社会で広く行われており、発送人・名宛人のプライバシー等に対する期待はもともと低い上、③郵便物を提出する義務を負うのは郵便事業者であるから、発送人・名宛人の権利を侵害する度合いは低い。そして、④本件検査は行政目的達成に必要かつ相当な限度で行われている。したがって、本件税関検査は憲法三五条の法意に反しない。

解説　本判決は167判決を踏襲して（①④）令状によらない税関検査の憲法三五条適合性を肯定したが、169判決にない説明②③を加えているところに新しさがある。

②令状不要という結論を導くために最高裁がプライバシーの期待の減少という理由づけを明示的に用いたのはこれが初めてである。そして、プライバシーの期待の有無・程度と令状の要否を結び付ける考え方自体は、広く受け入れられている。

ただし、本判決は、発送人・名宛人が税関検査を予期していたからプライバシーの期待が減少すると解するように読めるが、そうだとすれば適切ではない。その理に従えば、監視の実施を予告することによって、国家はプライバシーの期待を簡単に減少させてしまうことができるからである（197事件・198事件と異なる。それらの事案では、本人が自らの意思で容貌を晒していたり、そうでなくても周囲にいる人たちとの関係ではプライバシーの完全な保護をもともと期待し得ないのであった）。真に問われるべきなのは、発送人・名宛人が監視を予期していたかではなく、国家が監視をしてもよいか否かである。ところが、本判決はそのことを自覚的に論じていないうらみがある。

③の趣旨は判然としないが、憲法三五条はプライバシー侵害だけではなく、公権力による実力行使（に匹敵する心理的強制）からの保護をも与えるものである（が、本件では名宛人・発送人との関係ではそれは問題にならない）という意味か、間接強制による義務付けにとどまるため郵便事業者が（発送人・名宛人を代理して）検査を拒否すれば権利侵害を未然に阻止しうるから令状不要という意味に解するほかないであろう。

通信の秘密侵害罪

122 最2決平成16・4・19刑集五八巻四号二八一頁　関連条文　平成一一年法律第一三七号による改正前の電気通信事業法一〇四条一項（現行法一七九条一項）

「取扱中に係る通信」及び「通信の秘密を侵す」の意義。

事実　被告人は、当時の日本電信電話株式会社の加入電話による他人間の通話内容が盗聴録音されたカセットテープを他から入手した上、その一部を別のカセットテープに複製、編集し、二回にわたり、そのカセットテープをテープレコーダーで再生する方法により、上記通話内容を十数名の第三者に聞かせた。全審級で有罪。

裁判所の見解　たとえ自らは盗聴録音に関与していないとしても、電気通信事業者が現に取り扱っていた際に盗聴録音された通話内容の一部をそのまま再生して他に漏らすものであるから、平成一一年法律第一三七号による改正前の電気通信事業法一〇四条一項の「電気通信事業者の取扱中に係る通信（中略）の秘密を侵した」ことに当たる。

解説　電気通信の秘密侵害罪は、電気通信事業者の取扱中に係る通信につき電気通信事業法一七九条一項（旧一〇四条一項。有線または無線）に、そうでない通信につき有線電気通信法一四条一項（有線）及び電波法一〇九条一項（無線。単なる傍受は不可罰。ただし同条の二）に規定される。

まず、電波法以外の二つの規定で要件となる、通信の秘密を「侵す」の意義につき、取得に限る説と取得に加え漏らすや窃用をも含める説があるところ、判例は漏らすを含めて解した。取得も漏らすも通信を知りうる者を増やしてその秘密性を失わせ得る行為であること、通信の秘密の保障を目的とする電波法一〇九条一項が侵害態様として漏らす行為を含めていること等からすれば、この判断は合理的である。

次に、「取扱中に係る」とは管理支配下にあることだとされる。電気通信事業法上の通信の秘密侵害罪が通信の秘密に加えて電気通信事業者に対する利用者の信頼をも保護していると解すると、この要件を、通信当事者が通信を行うために電気通信事業者を信頼しこれに通信を委ねざるを得ず、結果として通信が自身の手を離れざるをえない事情を示したものとして位置づけることが可能になる。すると、本件のように問題となる行為（漏らす）に先行して別の侵害行為（盗聴）があっても、いずれかの侵害行為の時点で電気通信事業者が現に取り扱っていれば、右の事情が存在するとしてこの要件を充たす、といいうる。

さらに、最高裁は「そのまま再生」と述べる。これは内容の同一性及び通信の秘密の侵害により得られた情報であることが明らかなことを基礎づける事情と理解しうるが、「そのまま」の再生以外の場合を処罰しない、というわけではないだろう。ゆえに、秘密が転々開示される場合の無限定な処罰に対する懸念は残る。もっとも、現行法の文言（侵した）を限定して解釈するのは容易ではないだろう。

違法な書込みに対する「プロバイダ」の責任……ニフティ・サーブ事件

123 東京高判平成13・9・5判時一七八六号八〇頁

①掲示板上での当該書込みは違法か。②「シスオペ」やプロバイダはその書込みを削除する義務を負うか。

事実　XとY₃はニフティサーブ（Y_1）の会員であり、Y_1のフォーラム内の「フェミニズム会議室」に参加していた。Xに対するY_3による名誉毀損的な書込みを、フォーラムの運営・管理を委託されているシステム・オペレーター（Y_2）は関係者から知らされていたが削除しなかった。そこでXは、Y_3には各発言の書込み、Y_2にはそれらを削除しなかったこと、Y_1にはY_2の不法行為に対する使用者責任とY_3の住所氏名を開示しなかったことによるXの損害の拡大について損害賠償と謝罪広告の掲載を求めた。一審はY_3の住所氏名の開示以外についてXの勝訴としたためYらが控訴し、Xは謝罪広告の掲載に関して付帯控訴を行った。

裁判所の見解　①Xが嬰児殺し及び不法滞在の犯罪を犯したとの発言は名誉毀損に当たる。対立する意見の容易に予想されるフェミニズムを扱うフォーラムにおいても議論の節度は必要である。また、事実を摘示せずに品性に欠ける言葉を用いてXを罵ることは侮辱に当たる。②シスオペは発言を削除すべき条理上の義務を負う場合もあるが、削除が相当な発言も直ちには削除せずに本件フォーラムを運営すること自体は不当とはいえない。削除権限の行使が許容限度を超えて遅滞したとも認められない。発言の削除を認める会員規約第一八条に照らしても、Y_1が安全配慮義務等を負うとは認められない。よって、Y_1及びY_2の各控訴については、原判決を取り消す。

解説　①について、参加者が自由に意見を書き込める空間であるインターネット上のフォーラム・「掲示板」では、しばしば名誉毀損・侮辱的な内容の情報が発信されているが、「対抗言論」が成立する余地もあるため、この場合の法的責任については議論があった。学説では書込みがなされた空間の特殊性を考慮する必要があり、場合によっては名誉毀損等が成立しない場合があるとの見解もあった。そして本判決については、発言がなされたのが「双方向性」のある空間だったこともあり、名誉毀損にまでは至らない「誇張表現」と捉えるべきだったとの批判がある。

②について、本件のような事例には、右の点も含めて、現在ではプロバイダ責任制限法が適用される可能性がある。この法律では本件のようなプロバイダの責任は、当該書込みによって権利が侵害されている者と「送信を防止された情報の発信者」との関係で、それぞれ一定の場合にしか成立しないと規定されている。

関連条文　憲法二一条

違法な書込みの削除義務と免責事由の立証責任……2ちゃんねる動物病院事件

124 東京高判平成14・12・25判時一八一六号五二頁

関連条文　民法七一三条

掲示板の設置・管理者は①書込みを削除する義務や、②名誉毀損の免責事由の存在を立証する責任を負うか。

事　実　Yが設置・運営・管理する電子掲示板（2ちゃんねる）の「ペット大好き掲示板」内のスレッドに、動物病院を経営する有限会社X_1やその代表取締役である獣医X_2を誹謗中傷する内容が書き込まれた。XらがYに対してその発言の削除を求めたところ、X_2による削除依頼のやり方も揶揄・侮辱された。Yがこれらの削除依頼に応じなかったため、Xらは損害賠償の支払いと発言の削除を求めてYを訴えた。一審が削除依頼に関する書込以外についてXらの請求を認めたため、Yが控訴した。

裁判所の見解　①本件発言の一部はXらの名誉を毀損する。本件掲示板では匿名性のゆえに規範意識の鈍麻した者によって無責任な発言が書き込まれる危険性がある。そして、書き込まれた発言を削除し得るのは、Yのみである。匿名による発言を誘引しているYには、他人の権利を侵害する発言が書き込まれたときに被害者の被害を拡大させないために直ちに削除する義務がある。②発言の公共性、目的の公益性、内容の真実性等の存在は、違法性阻却事由、責任阻却事由として責任を追及される相手方が主張立証すべきである。Yは、現在に至るまで、本件各名誉毀損発言を削除するなどの措置を講じていないので、Xらに対する不法行為が成立する。よって、控訴を棄却する。

解　説　①について、「ニフティ・サーブ」事件（123事件）において大阪地裁は「シスオペ」とニフティの責任を否定していた。それに対して本判決は、掲示板には無責任な発言が書き込まれる危険性があることや、書込みを削除できるのがYしかいないことを指摘して、掲示板管理者の責任を肯定した。このような事例には、現在ではプロバイダ責任制限法が適用され、Yが書込みを知っていたか、送信を防止する措置を講ずることが技術的に可能かどうか等で責任の有無が決まる。

②について、判例において名誉毀損が免責される要件は本判決が示す通りである。問題は免責の成否をどちらが立証すべきかであり、この点についてはプロバイダ責任制限法にも規定がない。判例は一般的に免責を主張する者がそれを立証すべきとする傾向にある。本判決に従うと、掲示板の管理者も含めた広義の「プロバイダ」は免責事由の存在を立証しなければならないが、自身が発信したわけではない情報について事実の真実性や、それが真実でない場合にはそれを真実と信じた相当の理由等を証明するという、困難な義務を負うことになる。

裁判上の発信者情報開示請求……眼科医事件

125 東京地判平成15・3・31判時一八一七号八四頁

関連条文　プロバイダ責任制限法四条一項

①本件の書込みによって権利が侵害されたことは明らかか。
②開示を受けるべき正当な理由があるか。

事　実

Aは、「プロバイダ責任制限法」の規定する「特定電気通信役務提供者」であるYが運営する電子掲示板に、眼科を診療科目とする病院を運営する医療法人X運営の病院が過去に三名の患者を失明させたとの虚偽の情報を書き込んだ。XはAの住所・氏名を入手していたが、AがXと競業関係にある病院を運営する医療法人Bの正社員であったため、B等への損害賠償請求も検討していた。そこでAの書込みが発信されたパソコンがA個人のものか勤務先のものかを判別する必要があるとして、Xは同法四条一項一号に基づき発信者情報の開示を求めてYを訴えた。

裁判所の見解

①被害者は、摘示された事実をその行為者が真実と信じた相当の理由の不存在まで立証する必要はない。本件メッセージはXの社会的評価を低下させたものである。本件事実は真実ではなく、Aの書込みは専ら公益目的を図る目的で行われたものではないから、権利侵害要件を充足する。②「発信者」は、当該侵害情報を流通過程に置く意思を誰が有していたかという観点から判断されるべきである。被害者が既に発信者情報の一部を把握していても、その余の発信者情報の開示を受けることにより、当該侵害情報を流通過程に置く意思を有していた者、すなわち、当該送信行為自体を行った者以外の「発信者」の存在が明らかになる可能性がある。XはAの氏名及び住所等を把握しているが、Xの請求には理由がある。

解　説

本件はプロバイダ責任制限法に基づく発信者情報の開示が裁判によって認められた最初の事例である。

①について、発信者情報の開示は名誉毀損等を理由とした損害賠償請求訴訟で被告とすべき者を特定するために必要なものであるが、発信者の匿名性を制限するものでもあるため、権利侵害が明らかであり、開示を受ける正当な理由があることを要件としている。そのうち、医療法人であるXの医療に関係する虚偽である本件書込みがXの社会的名誉を低下させることは比較的明らかだったといえる。

②について、本件における請求の「正当な理由」については、Xは既にAの住所や氏名等を把握していたことが問題となる。本判決は発信者情報の開示に当該送信行為を行った本人だけでなく、「当該侵害情報を流通過程に置く意思を有していた者」（本件においては医療法人B）の存在も明らかにするという意義を認め、正当な理由の存在を認めた。

経由プロバイダに対する発信者情報開示請求

126 最1判平成22・4・8民集六四巻三号六七六頁

関連条文　プロバイダ責任制限法二条三号・四条一項

「経由プロバイダ」は「特定電気通信役務提供者」か。

事　実　ウェブサイトA内の電子掲示板のスレッドに、氏名等不詳の複数の発信者がXらに関するメッセージを投稿した。Xらはこれらの投稿が自分たちの社会的評価を低下させると考え、本件発信者らに対して損害賠償請求を起こそうとした。Aの管理を委託されているホスティング業者から投稿者のIPアドレス等の開示を受けたところ、それらの発信元が携帯電話会社Yの携帯電話であることがわかった。そこでXらは発信者らの氏名や住所といった発信者情報の開示を求めてYを訴えた。一審はYのような「経由プロバイダ」は「特定電気通信役務提供者（開示関係役務提供者）（以下、ともに「役務提供者」）」に該当しないとしてXらの請求を棄却したが、二審はYを役務提供者であるとして、書込みの一部についてXらの請求を認めた。それに対してYが上告した。

裁判所の見解　プロバイダ責任制限法四条の趣旨は、特定電気通信による情報の流通によって権利の侵害を受けた者が、一定の要件の下で役務提供者に対して発信者情報の開示を請求できるとすることで、加害者の特定を可能にして被害者の権利の救済に図ることにある。電子掲示板への書込みのように、最終的に不特定の者に受信されることを目的として特定電気通信設備の記録媒体に情報を記録するために発信者とコンテンツプロバイダとの間の通信を媒介する経由プロバイダが「役務提供者」に該当しないとすると、法四条の趣旨が没却されることになる。このような経由プロバイダは、法二条三号にいう「特定電気通信役務提供者」に該当する。原審の判断は正当として是認することができる。

解　説　一般的にプロバイダ責任制限法に基づいて発信者情報の開示請求を受けるのは本件Aのような電子掲示板の管理者であると考えられる。しかし本件では、電子掲示板までの情報発信を媒介する者（経由プロバイダ）に対して発信者情報の開示が請求された。

このような経由プロバイダが「役務提供者」に該当するかは明らかではなかったが、次第にこれを肯定する見解が判例実務では有力となっていった。その理由についての説明には相違も見られたが、本判決はプロバイダ責任制限法四条の趣旨を手がかりとして、役務提供者該当性を肯定した。その背景には、本件でもそうであったように、電子掲示板の管理者からIPアドレスの開示を受けても、損害賠償請求の被告とすべき者を特定できないことがあると考えられる。そこで、発信者の個人情報を知っている可能性の高い経由プロバイダも役務提供者に該当すると判断したのではないかと推測されている。

発信者情報の不開示に対する損害賠償請求

127 最3判平成22・4・13民集六四巻三号七五八頁

関連条文　プロバイダ責任制限法四条四項

①プロバイダ責任制限法四条四項にいう「重大な過失」とは何か。②Yには重大な過失があるか。

事　実　電子掲示板サイトのスレッド内で、学校法人の理事XやXが運営する学校に関する書込みがあった。このサイトから発信者のIPアドレスがXに開示され、そのアドレスから、この書込みは「特定電気通信役務提供者」Yが運営するインターネット接続サービスを経由したものであることが判明した。そこでXは、本件書込みによってXの権利が侵害されたことは明らかであり、発信者情報の開示を受けるべき正当な理由もあるとして、書き込んだ者の氏名や住所、メールアドレス等の開示と、それを行わなかったことに対する損害賠償をYに求めた。一審は本件書込みによる権利侵害の明白性を認めなかったが、二審はXの請求を認めたためYが上告した。

裁判所の見解　①プロバイダ責任制限法四条四項が、開示関係役務提供者（以下、「役務提供者」）が開示請求に応じないことで生じた損害の賠償責任を故意または重過失がある場合に限定しているのは、役務提供者が慎重な判断をした結果開示請求に応じなかった場合に、不法行為に関する一般原則に従って損害賠償を負わせられるのは適切ではないためである。役務提供者は、当該開示請求が同条一項各号所定の要件のいずれにも該当することを認識し、または上記要件のいずれにも該当することが一見明白であり、その旨認識できなかったことに重大な過失がある場合にのみ、損害賠償責任を負うと解するのが相当である。②本件書込みの文言それ自体から、これが社会通念上許される限度を超える侮辱行為であることが一見明白であるとはいえず、本件書込みがされた経緯等を考慮しなければ判断できない。そのような判断はYにとって必ずしも容易ではなく、Yに重大な過失があったとはいえない。原判決中、Yの損害賠償責任を認容した部分は破棄を免れない。

解　説　①について、プロバイダ責任制限法四条は、一項で一定の条件を満たす場合に発信者情報の開示を請求できるとすると同時に、四項では発信者情報を開示しない場合の賠償責任について「故意又は重大な過失がある場合」に限定している。しかし、この「重大な過失」の具体的な意味が問題となり、本判決はそれを、同法四条一項の規定する要件すべてに該当することが一見明白であるにもかかわらず、それを認識できなかったことに対する重大な過失と解釈した。

②について、本判決はYの重過失は認めなかった。Yのようなプロバイダについては、表現に至る経緯や、原告や被告の人間関係をふまえた、微妙な判断が迫られるとの指摘があり、本判決も、このような判断の難しさに一定の配慮をしたといえる。

パブリック・フォーラム論……吉祥寺駅事件

128 最3判昭和59・12・18刑集三八巻一二号三〇二六頁

私人の所有・管理する場が同時に表現のための場としても役立つ時には、その場での表現行為の規制が表現の自由の侵害に当たりうるのではないか。

事実　Xらは、私鉄の駅舎の階段付近で、係員の許可を受けずに乗降客や通行人にビラを配布し演説を行い、管理者や警察官からの退去要求を無視したため、鉄道係員の許可を受けずに鉄道地内で演説・勧誘を行うことを処罰する鉄道営業法三五条等（本件規定）に違反したとして起訴された。

裁判所の見解　憲法二一条一項は表現の自由を絶対無制限に保障したものではなく、公共の福祉のため必要かつ合理的な制限を是認するものであり、たとえ思想を外部に発表するための手段であってもその手段が他人の財産権、管理権を不当に害するものは許されないから、Xらの行為を本件規定により処罰しても憲法二一条一項に反しない。

〈伊藤正己裁判官の補足意見〉表現行為による他人の財産権、管理権の侵害が不当かどうかの判断に当たっては、表現の自由の価値を考慮すべきである。一般公衆が自由に出入りできる場所でのビラ配布の規制は少数者の意見にとって伝達される機会を実質上奪う結果にもなりうる。ビラ配布の規制の許容性は表現の自由の保障においてもつ価値と規制によって確保できる他の利益とを具体的状況の下で較量して判断すべきであり、配布の場所の状況、規制の方法や態様、配布の態様、その意見の有効な伝達のための他の手段の存否等を考慮すべきである。

意見等を伝達する自由の保障には、表現の場の確保が重要な意味をもつ。道路、公園、広場などの一般公衆が自由に出入りできる場所であって、本来の利用目的と同時に表現のための場として役立つことが少なくないもの（パブリック・フォーラム）が表現の場所として用いられるときには、表現の自由の保障に可能な限り配慮すべきである。道路のような公共用物と、一般公衆が自由に出入りできるが私的な所有権、管理権に服する場所の性質は異なるが、後者であってもパブリック・フォーラムたる性質を帯有するときには、具体的状況に応じた比較較量の結果、表現行為の規制が是認されない場合がありうる。

解説　判例は、表現行為と表現のための手段を区別して、表現のための手段が私人の財産権・管理権を不当に害する場合には規制できるとの立場を取ってきた。本判決は、駅舎の一部でのビラ配布行為が当然に鉄道営業会社の財産権を侵害すると捉えた。これに対して伊藤補足意見は、表現の自由にとっての表現の場の重要性を強調し、駅舎の階段付近が道路・公園等のパブリック・フォーラム的機能を有することを前提に、実質的な比較衡量の結果、表現の自由の利益が上回る場合には規制が適用違憲となりうることを説いている。

関連条文　憲法二一条一項、鉄道営業法三五条

集会の自由と市民会館の使用不許可……泉佐野市民会館事件

129　最3判平成7・3・7民集四九巻三号六八七頁

関連条文　憲法二一条一項、地方自治法二四四条

市民会館の使用不許可が集会の自由との関係で許されるのはどのような場合か。

事　実　Xらは一九八四年、関西新空港に反対する集会を開催するために、市民会館の使用許可を市長に申請した。市長が、本件集会の実質的主催者は過激派の一団体であり、対立する他の集団の介入が懸念されること等を考慮して、条例の「公の秩序を乱すおそれがある場合」等に当たるという理由で本件申請を不許可としたため、Xらが国家賠償を求めた。

裁判所の見解　本件会館は「公の施設」であり、市は正当な理由がない限り住民の利用を拒否してはならず、不当な差別的取扱いをしてはならない（地方自治法二四四条二項三項）。住民は設置目的に反しない限り公の施設の利用を原則的に認められるから、正当な理由のない利用拒否は集会の自由の不当な制限につながるおそれがある。当該公共施設の種類、規模、構造、設備等からみて利用を不相当とする事由が認められないにもかかわらず利用を拒否し得るのは、利用の希望が競合する場合のほか、施設の利用により他の基本的人権が侵害され公共の福祉が損なわれる危険がある場合に限られ、この場合には集会の開催が必要かつ合理的な範囲で制限を受ける。制限が必要かつ合理的かどうかは、集会の自由の重要性と、当該集会の開催によって侵害される他の基本的人権の内容や侵害の発生の危険性の程度等を較量して決めるべきだが、その較量は集会の自由の制約が精神的自由の制約であるから経済的自由の制約以上に厳格な基準の下でなされなければならない。

条例の「公の秩序をみだすおそれがある場合」とは、本件会館で集会の自由を保障することの重要性よりも集会開催によって人の生命、身体又は財産が侵害され、公共の安全が損なわれる危険を回避し防止することの必要性が優越する場合に限定して解すべきであり、危険性の程度としては明らかな差し迫った危険の発生が具体的に予見されることが必要である。

本件事情の下では、会館内や付近で過激派団体間の衝突が起きて住民等の生命等が侵害されるという事態が客観的事実によって具体的に予見された。集会を平穏に行おうとしているのに反対する他のグループ等が紛争を起こすおそれがあるとして公の施設の利用を拒むことは憲法二一条の趣旨に反するが、本件はそのような場合ではなく、不許可処分は適法である。

解　説　憲法による集会の自由の保障は、集会の場の提供を公権力に請求する権利を含まない。しかし本判決は、指定的パブリック・フォーラムである市民会館の利用拒否に対して明白かつ現在の危険を要求して、集会の自由の実質的保障を高めた。敵対的聴衆の存在が原則として表現の自由の行使を妨げる理由にならないとしている点も注目される。

県立美術館の収蔵作品の公開請求……天皇コラージュ事件

130　名古屋高金沢支判平成12・2・16判時一七二六号一一一頁

関連条文　憲法二一条一項、地方自治法二四四条

①芸術家が製作した作品を展示すること等を求める権利が芸術の自由として保障されるか。②公立美術館による芸術作品の観覧拒否等が許されるのはどのような場合か。

事　実

富山県立近代美術館が、Xの製作した連作版画（昭和天皇の肖像と過去の名画、裸婦等をコラージュの手法で組み合わせている）を購入・展示し、図録に掲載したところ、市議会で作品の選考意図が問題になる等したため、一九九三年に県教育委員会は本件作品や図録を非公開とした。Xは、特別観覧許可や図録閲覧を希望した県民とともに、表現の自由や知る権利の侵害を理由に損害賠償等を求めた。

裁判所の見解

芸術上の表現活動の自由について、芸術家が作品を製作して発表することを公権力が妨げることは許されないが、公権力に対し芸術家が自己の製作した作品を発表するための作為、例えば展覧会での展示、美術館による購入等を求める憲法上の権利を有するものではない。

特別観覧に係る条例等の規定は、美術館の開設趣旨やその規定の仕方、内容に照らしても、表現の自由あるいはそれを担保するための「知る権利」を具体化する趣旨の規定とまで解することは困難であるが、県立美術館が所蔵する美術品を住民が特別観覧することは公の施設を利用することであるから、県教育委員会は正当な理由がない限り、住民の特別観覧許可申請を不許可とすることは許されない（地方自治法二四四条）。

県立美術館としては、美術品や図録については観覧・閲覧を希望する者にできるだけ公開して住民への便宜を図るよう努めなければならないが、美術館という施設の特質からして、利用者が美術作品を鑑賞するにふさわしい平穏で静寂な館内環境を提供・保持することや、美術作品自体を良好な状態に保持すること（破損・汚損の防止を含む）も管理者に対して強く要請される。県立美術館の管理運営上の支障を生じる蓋然性が客観的に認められる場合には、管理者において、美術品の特別観覧許可申請を不許可とし、図録の閲覧を拒否しても、公の施設の利用の制限についての正当な理由があるものとして許される。

解　説

本件は天皇の肖像の芸術的利用が批判された結果、公立美術館が本件作品の観覧制限等を行った事例で、文化専門職の独立性・中立性に対する政治的介入の問題にも関係する。本判決はXとの関係では、芸術の自由は消極的な防御権であって積極的な作為請求権でないと述べた（論点①）。特別観覧等を求める県民との関係では、市立会館での集会が問題になった129判決とは区別して、美術館や芸術作品の特性から管理運営上の支障を生じる蓋然性が客観的に認められる場合には正当な理由がある、と判断した。本件でそのような支障があるといえるかどうかは議論の余地があるだろう。

公立図書館の蔵書と著作者人格権……作る会事件（船橋市西図書館事件）

131 最1判平成17・7・14民集五九巻六号一五六九頁

関連条文　憲法一九条・二一条一項、地方自治法二四四条

公立図書館の司書が、閲覧に供されていた図書を著作者の思想や信条を理由に廃棄した場合、著作者は自治体に損害賠償を求めることができるか。

事実　二〇〇一年、船橋市西図書館の司書は、X（新しい歴史・公民教科書等の作成を企画・提案して児童・生徒の手に渡すことを目的とする団体である）とその賛同者の著書に対する否定的評価と反感から、独断で、図書館の蔵書のうちXらの執筆・編集した書籍を含む一〇七冊を、市図書館資料除籍基準に該当しないにもかかわらず除籍・廃棄した。Xらは本件廃棄により著作者としての人格的利益等を侵害されたとして、船橋市に対して国家賠償を求めた。

裁判所の見解　図書館は国民の文化的教養を高め得るような環境を醸成するための施設であり、公立図書館は公の施設（地方自治法二四四条）である。このような役割、機能等に照らせば、公立図書館は住民に対して思想、意見その他の情報を含む図書館資料を提供して教養を高めること等を目的とする公的な場である。公立図書館の図書館職員は、図書館が右の役割を果たせるように、独断的な評価等にとらわれず公正に図書館資料を取り扱うべき職務上の義務を負い、閲覧に供されている図書を独断的な評価等によって廃棄することは図書館職員としての基本的な職務上の義務に反する。

公立図書館が住民に図書館資料を提供するための公的な場であるということは、そこで閲覧に供された図書の著作者にとって、その思想、意見等を公衆に伝達する公的な場でもあるといえる。公立図書館の図書館職員が閲覧に供されている図書を著作者の思想や信条を理由とするなど不公正な取扱いによって廃棄することは、当該著作者が著作物によってその思想、意見等を公衆に伝達する利益を不当に損なうことになる。著作者の思想の自由、表現の自由が憲法により保障された基本的人権であることにもかんがみると、公立図書館においてその著作物が閲覧に供されている著作者が有する利益は法的保護に値する人格的利益であると解すべきであり、公立図書館の職員が図書の廃棄について、基本的な職務上の義務に反し著作者又は著作物に対する独断的な評価等によって不公正な取扱いをしたときは、右人格的利益を侵害するものとして国家賠償法上違法である。

解説　本判決は、公立図書館で現に閲覧に供された著作物の著者が有する思想、意見を公衆に伝達する利益は法的な保護を受け、司書の不公正な取扱いによる廃棄の責任を市が負うことがあるとした。本判決は、公立図書館をその役割・機能から表現者と公衆が出会う「公的な場」として位置づけており、表現の場やパブリック・フォーラムに関する128〜130判決の系譜に位置づけることができる。

国立国会図書館の資料と利用制限……国立国会図書館事件

132 東京地判平成23・8・25判例集未登載

関連条文 憲法二一条一項、国立国会図書館法、情報公開法五条三号・四号

国立国会図書館による所蔵資料の利用制限が許されるのはどのような場合か。

事実 国会図書館は、合衆国軍隊構成員等に対する刑事裁判権の放棄に関わる法務省の内部資料を所蔵し、公衆の利用に供していた。二〇〇八年に法務省が非公開措置とするよう求めたことを受けて、国会図書館は、規則の定める「人権の侵害等により利用に供することが不適当と認められる資料」に当たるとして、本件資料の利用を制限した。ジャーナリストXは、本件資料の閲覧を求めたところ館長による閲覧禁止措置がなされたため、国家賠償を求めた。

裁判所の見解 国民の「知る権利」は表現の自由と表裏一体をなすものとして憲法二一条により保障されるが、それは法律による制度化を待って初めて具体的な権利になる。国立国会図書館は国民に対して思想、意見その他の種々の情報を含む図書館資料を提供してその教養を高めること等を目的とする公的な場としての側面を有する。館長は個別の利用者に対して公正に図書館資料を取り扱うべき職務上の義務を負い、人権侵害または公序良俗に反する資料、又は情報公開法の不開示事由に該当する等の公的機関等の関係で内容の公開を制限・非公開とすべき資料以外のものについて漫然と利用を制限することは、職務上の義務違反に当たる。知る自由が憲法で保障されることからすれば、図書館資料を利用する利益は人格的利益として保護され、館長が職務義務違反により利用を制限したときは、国家賠償法上違法となる。

国の安全や公共の安全等を害するおそれがあると行政機関の長が認めることについて相当の理由がある情報を不開示とする情報公開法五条三号・四号の趣旨は図書館長の公開・非公開の判断にも及び、事実の基礎又は評価の合理性を欠く等して著しく妥当でないことが明らかでない限り、行政機関の長の判断を図書館長が尊重して資料の利用を制限したとしても違法ではない。本件資料が不開示事由の対象となりうるものであり、法務省からの申出に明らかに不合理な点が見られなかったこと等から、本件禁止措置は違法ではない。

解説 国会図書館は国会議員の立法活動を補佐する機能も併有する特殊な図書館であり、国内で発行された全ての図書の納入が義務づけられている(納本制度)ほか、本件資料のような官公庁の資料を多数所蔵している。本判決は131判決を踏まえつつ、情報公開法の趣旨も考慮して、法務省の判断を尊重して利用制限を行うことも館長の裁量権の範囲内にあるとした。ただし法務省による非公開措置の求めが適切だったかどうかは国会でも問題になり、後に個人情報に関する部分を除いて本件資料の利用は認められた。

営利広告の制限……灸（きゅう）適応症広告事件（あん摩師等法広告事件判決）

133 最大判昭和36・2・15刑集一五巻二号三四七頁

関連条文　あん摩師等法七条（当時）、憲法二一条

営利広告の原則禁止等の大幅な制限は、憲法二一条に定める表現の自由を侵害するものか。同判決は、誘引効果の強化が進むインターネット広告等にも示唆をもたらすものか。

事実

あん摩師等法七条は、広告を行える事項を施術者の氏名・住所・免許種類等に限定し、施術者の技能・施術方法・経歴に関する事項にわたってはならないものとする。これに対し、きゅう業を営む被告人（上告人）は、きゅうの適応症の病名を挙げ、一般的な効能を説いた広告ビラを配布したところ、同条違反で起訴され、罰金刑に処された。被告人は、本件は適応症一般の広告にすぎず、公共の福祉に反するものではないから、同条がこのような広告をも禁止する趣旨であるとすれば、憲法二一条等に違反し無効であるとして争った。

裁判所の見解

「本法があん摩、はり、きゆう等の業務又は施術所に関し前記のような制限を設け、いわゆる適応症の広告をも許さないゆえんのものは、もしこれを無制限に許容するときは、患者を吸引しようとするためややもすれば虚偽誇大に流れ、一般大衆を惑わす虞があり、その結果適時適切な医療を受ける機会を失わせるような結果を招来することをおそれたためであつて、このような弊害を未然に防止するため一定事項以外の広告を禁止することは、国民の保健衛生上の見地から、公共の福祉を維持するためやむをえない措置として是認されなければならない」とし、憲法二一条違反はないとした。

解説

広告については、消費者との情報の非対称性等の配慮から、医療・金融分野等には一定の規律がある。本件では、真実で誤解を招くおそれがない広告をも禁止する厳しい規制についての合憲性が問われた。営利広告の憲法上の扱いは諸説あるが、表現の自由の保障が及ぶと捉えるのが一般的であり、近時の風俗案内所営業権確認等請求事件でも本件が引用され、同様の枠組みで判断が行われたとされる（最1判平成28・12・15判時二三二八号二四頁）。

本件は、営利広告の憲法上の扱いが正面から検討された重要判決である。奥野裁判官の著名な少数意見があり、「広告がその内容において虚偽、誇大にわたる場合又は形式、方法において公共の福祉に反する場合は禁止、制限を受けることは当然」とした上で、多数意見について、「これは恰も集団示威行進が時として公安を害する危険性を包蔵するからといつて、公安を害する直接、明白な危険もないのに、予め一切の集団行進を禁止するのと同様」と批判する。人々を誘引する効果の強いネット広告等をめぐる規制強化の動きが世界的に見られるなか、今なお、参照点となる判決である。

地下鉄車内の商業宣伝放送と「囚われの聴衆」

134　最3判昭和63・12・20判時一三〇二号九四頁

関連条文　憲法一三条、民法四一五条・七〇九条・七一〇条

地下鉄車内の商業宣伝放送は、これを聞きたくない者の人格権を侵害するか。

事実　Y（大阪市交通局）は、車内放送自動化に伴う放送設備費用等を捻出するため、市営地下鉄の車内で、案内放送に加えて商業宣伝放送を行った。通勤のため市営地下鉄を利用するXは、右放送が乗客に聞きたくない音の聴取を強制し、人格権を侵害するなどと主張して、Yに対して右放送の差止めと慰謝料の支払いを求めた。原審は、「我々は法律の規定をまつまでもなく、日常生活において見たくない物を見ない、聞きたくない音を聞かないといった類の自由を本来有している」が、右自由も、我々が社会の一員として生活する以上は絶対不可侵のものではないとした上、本件放送がなされるに至った事情（費用捻出のため）、その態様（控え目である）、もたらされる結果（一般乗客にそれ程の嫌悪感を与えていない）などを考慮して、本件放送の違法性を否定した。

裁判所の見解　原審の判断は正当として是認できる。

伊藤正己補足意見：個人は「他者から自己の欲しない刺戟によって心の静穏を乱されない利益を有しており、これを広い意味でのプライバシーと呼ぶことができる」。右利益は幸福追求権（憲法一三条）に含まれると解することもできるが、「精神的自由権の一つとして憲法上優越的地位を有するものとすることは適当ではない」。「それは、社会に存在する他の利益との調整が図られなければなら」ない。「プライバシーの利益の側からみるときには、対立する利益との較量にたって、その侵害を受忍しなければならないこともありうる」。「本来、プライバシーは公共の場所においてはその保護が希薄とならざるをえず、受忍すべき範囲が広くなる」が、聞き手がある公共的空間に「とらわれた」状況にある場合、その事実は、表現の自由とプライバシーの利益との調整を考える場合に考慮される一要素となるべきである。本件で、確かにXは「とらわれの聞き手」の立場にあるが、放送の内容が控え目であること、駅周辺の企業を広告主としていることなどを踏まえれば、受忍の範囲をこえたプライバシー侵害とはいえない。

解説　原審も伊藤補足意見も、「聞きたくない音を聞かない自由」を、他の社会的利益との調整が必要な一般的な自由と捉え、優越的地位を有する精神的自由権とまでは捉えなかった。ただし伊藤意見は、公共的な場所であっても、聞き手がそこに「囚われている」場合には、その状況を右調整の際に積極的に考慮すべきとした。こうした「囚われ」の状況下では、メッセージの内容（政治性の有無など）、メッセージ伝達の態様・方法（サブリミナル的か否かなど）、効果（誘導性の強弱など）を具体的に検討することが必要となろう。

135 新聞広告の媒体責任……新聞広告掲載に伴う損害賠償請求事件

最3判平成元・9・19集民一五七号六〇一頁

関連条文　民法七〇九条

新聞広告がもたらした損害について、掲載元の新聞社はどのような責任を負うか。プラットフォームの責任等、今日的なテーマに何らかの示唆はあるか。

事実

被上告人X新聞社らは、発行する同紙上に、Aが横浜市に建築する鉄筋六階建マンションB（昭和四五年五月完成予定）を販売する旨の広告を掲載した（四四年六月二一日・八月一五日）。原告（上告人）Yらは、これら広告を見て一戸を購入する契約をしたが、Bが建設されないまま、Aは出資法違反等で摘発を受け、四六年一月に倒産するに至った。東京都はAの営業内容について疑惑を持っていたが、取付け騒ぎや倒産、代金回収困難化を危惧して公表はせず、広告掲載当時には、Xらの記者・広告担当者も情報を有していない状況にあった。Yらは、一流紙に広告が出されたから購入を決めたのであり、Xらが適切な広告審査を行わなかったために損害を被ったとして、支払額の一部を請求する訴えを提起した。

裁判所の見解

裁判所は、「右掲載等をした当時、Aが広告商品である前記建物を竣工する意思・能力を欠く等、広告内容の真実性について社会通念上疑念を抱くべき特別の事情があって読者らに不測の損害を及ぼすおそれがあることを予見し、又は予見しえたのに、真実性の調査確認をせずにその掲載等をしたものとは認められない」と判示し、「広告掲載に当たり広告内容の真実性を予め十分に調査確認した上でなければ新聞紙上にその掲載をしてはならないとする一般的な法的義務が新聞社等にあるということはできない」とした。

一方、「新聞広告は、新聞紙上への掲載行為によってはじめて実現され」「広告に対する読者らの信頼は、高い情報収集能力を有する当該新聞社の報道記事に対する信頼と全く無関係に存在するものではなく」「新聞広告のもつ影響力の大きさに照らし、広告内容の真実性に疑念を抱くべき特別の事情があって読者らに不測の損害を及ぼすおそれがあることを予見し、又は予見しえた場合には、真実性の調査確認をして虚偽広告を読者らに提供してはならない義務があり、その限りにおいて新聞広告に対する読者らの信頼を保護する必要がある」とした。

解説

本件は、「信頼」を軸に媒体の「場」の責任を判断した重要判決である。本件は新聞の事案だが、掲載内容についての媒体側の責任、その分担は、Facebook・Google 等のプラットフォーム企業をめぐって世界でも大きな問題となっている（「場」にすぎないとして内容提供者の責任が主張されることも多いが、各種法規によって一定の責任を認める判断も出ている）。日本でも、新聞記事のネット掲載時の責任を問う事件が生まれている（東京地判平成23・6・15判時二一二三号四七頁）。

迷惑メールの送信と差止め……ニフティダイレクト・メール事件

136 浦和地決平成11・3・9判タ一〇二三号二七二頁

関連条文　民事保全法二三条・二四条

電子メール送受信サービスの提供者は、迷惑メールを送信する者に対し、差止めを請求することができるか。

事　実　X会社は、プロバイダーとしてパソコン通信サービス（α）を運営し、電子メールの送受信サービスを提供していたところ、他のプロバイダーの利用者であるYが、αの不特定多数の会員に対し、わいせつビデオ販売を内容とするわいせつ極まりないダイレクト・メールを送信し続けたため、Xは、Yに対し、電子メール送信禁止の仮処分を求めた。

裁判所の見解　第一回審尋期日においてYが出頭しなかったため、金五万円の担保を立てさせてXの申立ての趣旨の通り「Yは、Xがプロバイダーとして運営しているαの会員に対し、わいせつビデオ販売を内容とする電子メールによるダイレクト・メールを送信する一切の行為をしてはならない」旨が決定された。

解　説　受信者の意向を無視して送信されるメール（迷惑メール）のうち、無差別・大量・一括に送信されるものを特に「スパムメール」というが、本決定は、その送信禁止（差止め）の可否が問われたものである。受信者自身ではなく、電子メールの送受信サービスを提供する者が自己のサービス利用者に対する送信禁止を求めている点に注意が必要である。Xは、①会員に対する電子メールの送受信サービスの提供により社会的信用を維持する権利及び②自己の営業資産を電子メールの送受信サービスの提供のために常に良好な状態に保つ権利を被保全権利として主張したところ、こうした営業権・営業利益の侵害に基づく差止めの可否は、侵害者による営業の自由等の要保護性との比較衡量のもとで判断されるものと思われるが、債務者Yが反論をしていないため、本決定ではこの点については判断されていない。また、電気通信設備等に機能障害が生じるなどの場合には、所有権侵害に基づく差止めを求めることも考えられる（横浜地決平成13・10・29判時一七六五号一八頁）。

なお、平成一四年に「特定電子メールの送信の適正化等に関する法律」（以下「法」）が制定・施行され、数度の改正を経て現在に至っている。営利団体・個人営業者により営業の広告・宣伝の手段として送信される電子メール（法二条二号）につき、送信の制限（法三条）、送信者情報等の表示義務（法四条）、送信者情報を偽った送信の禁止（法五条）、架空電子メールアドレスによる送信の禁止（法六条）といった規制を課す法律であり、規制に違反した場合には、行政処分（法七条。総務大臣等による措置命令）や罰則（法三四条・三五条一号・三七条）が課されるとともに、正当な理由がある場合には、電気通信事業者は送信者に対し電子メール通信役務の提供を拒むことができる旨（法一一条）も定められている。

迷惑メールの送信と損害賠償……ドコモ宛先不明メール事件

137 東京地判平成15・3・25判時一八三二号一三二頁

関連条文　民法四一五条

電子メール送受信サービスの提供者は、迷惑メールを送信する者に対し、損害賠償を請求することができるか。

事実　携帯電話事業等を営み、携帯電話を使用して電子メールの送受信等をすることができるパケット通信サービスを提供していたX会社は、迷惑メールの大量発信による配信遅延の問題に対処するため、新たに特定接続サービス（以下「本件サービス」）の提供を開始した。これは、契約者が、迷惑メール防止のための措置をとること（その中には、契約者は「Xが大量と認める宛先不明の電子メールの送信を行わない」ことが含まれていた）を条件に、一定の利用料を支払う代わりに専用接続口から円滑・確実に電子メール送信のサービスを受けることができるというものであった。Xとの間で本件サービスの利用契約を締結したYが、本件サービスを悪用し、約四〇五万件に及ぶ宛先不明の電子メールを送信したため、Xは、Yに対し、債務不履行による損害賠償を請求した。

裁判所の見解　本件サービスは電子メールの受信者に通信料を課金する仕組みをとっていたところ、Xは、正常なメールが送信されたならば受信者に課金することができるのに、宛先不明のメールが送信されると自己の設備の利用に応じた料金を徴収できなくなることから、大量の宛先不明の電子メールが送信された場合には、これらが正常なメールだったとしたときに課金しうる金額をXの受けた損害として認めるのが相当であるとして、メール一通あたりの平均的な通信料にYが送信した宛先不明のメール数を乗じた額の支払をYに命じた。

解説　本判決は、電子メールの送受信サービスを提供する携帯電話事業者が迷惑メール（大量の宛先不明メール）の送信により被った損害の賠償を求めた事案に係るものである。送信者との間のサービス利用契約の規約の中に、利用者は大量の宛先不明の電子メールを送ってはならない旨の条項が存在したことを前提に、債務不履行責任が認められたが、利用条件が限定されたXの通信設備をそれに反する形で使用していることから、端的に所有権侵害に基づく不法行為責任の追及も可能な事案であったといえる（本判決自体、「Yの行為は不法行為をも構成しうるものであ」るとしている）。

問題は、損害額の算定であり、右に述べたことからすれば、通信設備の機能障害により生じた費用（本判決では認定されていない）のほか、通信設備の使用料相当額が賠償対象となるが、Yによる使用態様が通常予定されるものではないために、基礎となる「使用料」を観念しにくい。本判決は、Xの主張に対応して、正常なメールが送信されたならば得られたであろう利益の賠償を認めたが、こうした判断には異論もありうる。

消費者契約法一二条一項・二項にいう「勧誘」の意義……クロレラチラシ事件

138　最3判平成29・1・24民集七一巻一号一頁　　関連条文　消費者契約法一二条一項・二項

不特定多数の消費者に向けられた事業者等による働きかけ（チラシ配布）は、消費者契約法一二条一項・二項にいう「勧誘」に当たるか。

事実　クロレラを原料にした健康食品を販売するY会社は、クロレラには免疫力を整え細胞の働きを活発にするなどの効用がある旨の記載や、クロレラを摂取することにより様々な疾病が快復した旨の体験談などの記載がある本件チラシ（以下「本件チラシ」）を新聞に折り込んで配布した。適格消費者団体であるXは、本件チラシの配布が消費者契約法（以下「法」）四条一項に規定する行為を行うことに当たるとして、法一二条一項及び二項に基づき、新聞折込チラシに上記の記載をすることの差止めを請求した。原審は請求棄却。

裁判所の見解　「事業者等による働きかけが不特定多数の消費者に向けられたものであったとしても、そのことから直ちにその働きかけが法一二条一項及び二項にいう『勧誘』に当たるとは認められないということはできない」。「しかしながら、前記事実関係等〔Yが本件チラシの配布をやめ、今後も本件チラシの配布を一切行わないことを明言している〕によれば、本件チラシの配布について上記各項にいう『現に行い又は行うおそれがある』ということはできないから、……原審の判断は、結論において是認することができる」。

解説　消費者契約法は、消費者と事業者の間には情報の質・量や交渉力の格差が定型的に存在するとの認識（法一条）の下、消費者契約（法二条三項）の締結過程に関する規律として不当勧誘行為（不実告知、断定的判断の提供等）による意思表示の取消し（法四条）を定めるとともに、事業者等が、消費者契約の締結について「勧誘」をするに際し法四条に規定する行為を現に行いまたは行うおそれがある場合に、内閣総理大臣の認定を受けた適格消費者団体（法二条四項）が当該事業者等に対し差止請求（法一二条一項・二項）をすることを認めている。本件で問題となったのは、事業者によるチラシ配布である（チラシ配布の「勧誘」該当性が争われ、かつYが配布を既に止めていることを理由に請求が棄却されたため、法四条のどの不当勧誘行為に当たるかは認定されていない）。

本件原審は、個別の消費者の契約締結意思形成に影響を与える程度の働きかけであることが必要であるため、不特定多数の消費者に向けられた行為は「勧誘」に当たらないとしたが、本判決は、不特定多数の消費者に向けられた行為でも個別の消費者の意思形成に影響を与えうるとして、新聞広告等を一律に排除しかねない上記解釈を否定した。実質的に見ても、広告には特定の消費者層をターゲットとするなどの様々なものが存在し、対象消費者の特定・不特定による区別は難しいだろう。

共同取引拒絶の公正競争阻害性……関西国際空港新聞販売事件

139 大阪高判平成17・7・5審決集五二巻八五六頁

関連条文　独占禁止法一九条・二条九項・二四条

①即売業者五社の共同取引拒絶には、公正競争阻害性があったか。②即売業者五社の共同取引拒絶によって、空港島における全国紙販売市場に控訴人が参入できなくなったなどといえるか。

事実　新聞の流通経路には、戸別配達によって販売されるルートと、駅及び空港の売店並びにコンビニ等を通じて販売される即売ルートとがある。航空会社等に販売される航空機搭載用の新聞は、即売に分類される。

京阪神地区において即売ルートで流通する全国紙（朝日新聞、毎日新聞、読売新聞、産経新聞及び日本経済新聞）のほとんどすべては、全国紙と系列関係等にある即売業者五社を経由していた。

控訴人は、関西空港島（以下、空港島）において新聞を販売しようとして、即売業者五社に取引を申し込んだ。しかし、即売業者五社は、空港島における航空機搭載の新聞・雑誌の販売、空港島内における売店での新聞・雑誌の販売等を目的とする関西国際空港販売会社（関空販社）を前年に設立しており、同社を一本化窓口としていることを理由として、控訴人との取引を拒絶した。

裁判所の見解　①控訴人は、即売業者五社に取引申込みを拒絶されたとしても、他の即売業者などから全国紙を容易に仕入れることができ、実際にも取引していたから、即売業者五社の取引拒絶には公正競争阻害性があったとはいえない。②控訴人は、即売業者五社以外の即売業者から、定価の七五％の価格で仕入れ、空港島において定価の八〇％で販売しているから、控訴人は、空港島における全国紙販売市場に参入できなくなったなどといえない。

解説　競争関係にある事業者が、共通のプラットフォームをつくり、それを利用して需要者と取引をすることは、新聞に限らず様々な業界で行われているところである。競争者間で立ち上げられたプラットフォームは、価格協定などの舞台として利用されるのではないかという不安を生じさせるものでもあり、相談事例においてその取扱いがしばしば問題となる。

本件では、そのような側面ではなく、競合するプラットフォームを立ち上げようとした事業者に対する取引拒絶が問題となった。論争点①は、不公正な取引方法の「公正競争阻害性」についてのものであり、論争点②は、独占禁止法二四条の「著しい損害」についてのものである。しかし、裁判所は、どちらの論争点についても、即売業者五社に直接取引を拒絶された控訴人に代替的な仕入先があり、実際に仕入れていることをポイントとして判断している。

ネット産業の垂直統合……ヤフーによる一休の株式取得

140　平成27年度における主要な企業結合事例・事例8

関連条文　独占禁止法一〇条

企業結合の一方当事者がインターネット広告事業等の事業活動を通じて消費者の購買行動等に関する情報を得ている場合、企業結合後に、この情報の取扱い方によって競争を歪めることはないか。

事　実　ヤフーは、主にインターネット広告事業等を営んでいる。一休は、主にインターネット上の旅行や飲食店の予約サービス事業を営んでいる。ヤフーは、一休の全株式を取得することとした。

公取委の見解　本件株式取得後、一休のオンライン旅行予約サービス業・オンライン飲食店予約サービス業において、ヤフーがインターネット広告業等の事業活動を通じて得た消費者の購買行動等に関する情報を利用することが可能となる。それにより、当事会社の事業能力が向上する可能性がある。

　しかし、ヤフーはこれまでも自身が行ってきたオンライン旅行予約サービス業やオンライン飲食店予約サービス業を行うに当たり、当該情報を用いることは可能であった。それにもかかわらず、これらの取引分野には、当事会社よりもシェアの高い事業者がそれぞれ複数存在している。さらに、当事会社以外の事業者も、様々な方法により、消費者の購買行動等に関する情報を得られる。したがって、本件行為によりオンライン旅行予約サービス業・オンライン飲食店予約サービス業における競争が実質的に制限されることとはならない。

解　説　Google, Apple, Facebook 及び Amazon などがインターネットを席巻している。彼らの力の源泉は、利用者について収集したデータに基づいているといわれる。昨今では、彼らの力の所在をより的確に捉えるために商品やサービスの市場ではなくデータ市場を画定するべきである、といわれることもある。

　本件企業結合について公取委が主に検討したのは、データについてではなかったが、本稿で紹介したように、一方当事者であるヤフーが、消費者の購買行動等に関するデータを保有していることに着目した検討もしている。この検討に際してはデータ市場を画定することなく、データの取扱いが、データをインプットして提供されるサービスの市場にどのような影響を及ぼすか、について検討している。公取委は、ヤフーの保有しているデータが他の事業者にとって容易に代替できるものであるから企業結合後も問題は生じないだろう、と判断した。このような判断枠組みは、目新しいものではない。データが関わる場合に従来とは異なる議論が必要なのかを冷静に考える素材となる事例である。

プラットフォーム・双方向市場の認識……KADOKAWA及びドワンゴによる共同株式移転

141 平成26年度における主要な企業結合事例・事例8

関連条文　独占禁止法一五条の三

①KADOKAWAグループは、当事会社（KADOKAWAグループとドワンゴグループを併せてこう呼ぶ）の競争事業者に対して有料動画の提供を拒否したりするのではないか。②ドワンゴグループは、当事会社の競争事業者から各種コンテンツの調達を拒否したりするのではないか。

事　実　KADOKAWAグループはKADOKAWAを最終親会社とする企業結合集団であり、KADOKAWAは主に出版業を営んでいる。ドワンゴを最終親会社とするドワンゴグループは、インターネット上のポータルサイト「niconico」を通じて、動画などのコンテンツを視聴者に配信している。KADOKAWAグループとドワンゴグループは、共同株式移転により新設持株会社を設立することにした。

裁判所の見解　①について。有料動画を含むコンテンツ提供事業においては、同一の素材を複数のプラットフォームで転用することができ、コンテンツを提供するプラットフォームを増やせば増やすほど、より多くの視聴者にしてもらう機会が増え、更なる収益拡大につながる。また、有料動画配信事業における当事会社の市場シェアは約五％にすぎず、KADOKAWAグループの有料動画の売上高のうちドワンゴグループを通じた販売による売上高の割合はわずかであるから、提供拒否等をし売上機会を喪失する結果生じる不利益は極めて大きい。KADOKAWAグループには、提供拒否等をするインセンティブがない。

②について。ドワンゴグループが当事会社の競争事業者から各種コンテンツの調達を拒否したりすると、ドワンゴグループが取り扱う有料動画の数及び種類が減少し、視聴者に対して提供する有料動画配信サービスの質の低下をもたらす。ひいては視聴者数が減少し、有料動画の課金や月額会員登録料等によるドワンゴグループの収入等が減少することが見込まれる。ドワンゴグループは調達拒否等をするインセンティブがない。

解　説　視聴者向けプラットフォームの魅力は、提供するコンテンツに依存するから、プラットフォーマーとしては、コンテンツの獲得努力を怠ることはできない。本件では、企業結合後もコンテンツをグループ内で囲い込むことはないだろうと判断された。

しかし、本件とは異なり、コンテンツ事業者が、あるプラットフォーマーと独占配信契約を結び、そのプラットフォーマー以外にはコンテンツ等の提供拒否等をし、プラットフォーマーの競争に悪影響を及ぼすような場合に独占禁止法違反としてよいだろうか。コンテンツ事業者は、コンテンツ制作のインセンティブをそぐと主張し、当局はインセンティブ確保と弊害との比較考量という難問を突きつけられる場合も出てくるだろう。

142　平成24年度における主要な企業結合事例・事例8

複数分野にまたがるメディア企業の統合……ＫＤＤＩによるＪ：ＣＯＭの株式追加取得

関連条文　独占禁止法一〇条

電気通信・放送・コンテンツ制作等、複数分野にまたがるメディア企業の企業結合事案において、検討対象市場はどのように考えるべきか。メディア産業特有の留意点は何か。

事　実

電気通信事業を営むＫＤＤＩは、自身がＩＰＴＶによる有料多チャンネル放送事業を営むとともに、傘下の子会社ＪＣＮ（ジャパンケーブルネット）は、ケーブルテレビによる有料多チャンネル放送事業を実施している。ＫＤＤＩが、ケーブルテレビによる有料多チャンネル放送事業を営むＪ：ＣＯＭ（ジュピターテレコム）の株式を追加取得することを計画し、公正取引委員会に届出を行った。

公取委の見解

〈検討対象市場〉伝送方法は異なるが、提供される放送コンテンツは、映画・スポーツ・音楽・バラエティ等といった内容で、有料で個別に又はパッケージとして提供されている点で共通し、「視聴を希望するユーザーは、その内容・料金等を勘案して契約する事業者を選択している」ことから、「有料多チャンネル放送事業」を役務範囲として画定した。ケーブルテレビ放送事業者は、地域単位で、基本は事実上独占の役務提供を行っていることから、「ケーブルテレビ放送事業者の営業地域」を地理的範囲として画定した。

〈本件行為が競争に与える影響〉ＪＣＮとＪ：ＣＯＭは競合しておらず、競合するＫＤＤＩのＩＰＴＶとＪ：ＣＯＭのケーブルテレビについては、前者のユーザー数が少ない（ＫＤＤＩグループの契約の多くはＪＣＮの契約）。いずれの営業地域でも、衛星放送等に「有力な競争事業者が存在」しているほか、放送外の各種ビデオ・オン・デマンドサービスの進展により、「隣接市場からの競争圧力が一定程度働いていると考えられる」。よって本件行為により、「一定の取引分野における競争を実質的に制限することとはならない」。

解　説

本件では、「同一営業地域」内の競合関係の存在を中心に検討・評価が行われ、判断に至っている。

欧米では、AOL/Time Warner の統合ほか、かねて複数分野にまたがる事案が多く、様々な嗜好・環境にある需要者に着目した検討が積み重ねられている。「垂直型」「混合型」など呼ばれるメディア企業の企業結合の競争上の論点については、総合的なブランド力等により競争力が著しく高まる、顧客がロックインされる等の懸念があるほか、強い参入規制を伴う「放送事業」と形態は似ているが規律の異なるインターネット事業とをどう比較評価すべきかという問題もある（Ｊ：ＣＯＭは傘下にコンテンツ事業を持ち、ＫＤＤＩとは「垂直」の関係となる。両社はコンテンツ伝送・配信では「水平」の関係である）。本件での検討の詳細は不明だが、目配りすべき論点を再認識させる事例である。

競合事業者からの検索エンジン等の技術提供……ヤフー・米グーグル提携

143　公取委プレスリリース平成22・12・2「ヤフー株式会社がグーグル・インクから検索エンジン等の技術提供を受けることについて」

競争関係に立つ事業者の基礎となる技術が共通化される場合の論点は何か。また、いわゆるビッグデータとそのAI解析が競争力の鍵とされる時代にあって、特有の留意点は何か。

事　実

ヤフーが米グーグルから検索エンジン及び検索連動型広告システム（「検索エンジン等」）の提供を受けることについて、インターネット検索サービス及び検索連動型広告（「検索サービス等」）に関する独自性、検索連動型広告に関する情報分離の確保等を通じた競争関係の維持を前提に公取委に相談を行ったところ、問題となるものではないとの回答を得た（事前相談）。

その後、本件提供により、国内での検索エンジン等の技術の約九割が米グーグルのものとなること等から、検索サービス等の分野に大きな影響を与える可能性があり、かつ、多方面から様々な意見・情報が寄せられたため、公取委は、本件提供の実施に向けた進捗状況等について調査を行い、結果を公表した（本件調査）。

公取委の見解

〈事前相談〉本件は、ヤフーがユーザーとして、米グーグルの検索エンジン等を「自社に最適なものとして選択するもの」であり、検索サービス等の「運営をそれぞれ独自に行い、広告主、広告主の入札価格等の情報を完全に分離して保持することで、引き続き競争関係を維持するとされており、直ちに独占禁止法上問題とはならない」。

〈本件調査〉①ヤフーは、米ヤフーがマイクロソフトから検索エンジン等の提供を受けることを決定したため、比較検討の上、米グーグルの検索エンジン等を最適なものとして選択したと認められる。②実際に表示される検索結果等が異なる仕組みとなっていること、契約において担保する規定の存在、商業上センシティブな情報の共有等による協調的な行為の事実が認められないこと等から、競争関係が「確保される手段が講じられているものと認められる」。③相互不参入のような協調的な行為や、広告の恣意的な優先表示等により、他の事業者の事業活動を困難にする行為の「具体的な事実は認められな」い。

解　説

本件は、抵触可能性のある規定の明示がないまま、取引先選択の自由の存否、また、検討対象市場を検索サービス等と想定した上で、牽制力の存否を確認している。

近時、グーグル等プラットフォーム事業者をめぐっては、ネットワーク効果による他者排除、技術共通化による効率性向上の評価が争点となっている。検索履歴等のビックデータの共有及びそのAIによる解析は、検索の精度向上等通じて競争・市場構造にどのような影響をもたらすのか。本件での検討の詳細は不明だが、あえて舶来事案に頼らずとも、このような論点を想起できる、また想起すべき事案である。

共同取引拒絶の共同性……着うた事件

144 審判審決平成20・7・24平成一七年（判）第一一号

関連条文　独占禁止法一九条・二条九項一号

競争関係にある事業者の間で、他の事業者との取引を拒絶しようという意思の連絡があったか。

事実

着うた提供事業とは、音楽用CDの原盤に録音された演奏者の歌声等の一部を携帯電話の着信音として設定できるよう配信する事業である（以下、録音された歌声等の一部を「着うた」という）。

勧告の名宛人となった五社（SME、エイベックス・マーケティング、ビクターエンタテインメント、ユニバーサルミュージック、東芝EMI）は、平成一六年一〇月末の時点で、着うたの主たるユーザー層に人気のある楽曲の原盤権の多くを保有していた。

五社は、レーベルモバイルが管理するサーバーに音源を蓄積し、五社各社が定める販売価格で利用者へ販売することなどをレーベルモバイルに委託する形で、平成一四年一二月に着うた提供事業を開始した。

レーベルモバイルは、五社が出資して設立された会社であり、その代表取締役社長、監査役及び執行役員は、五社の役員または従業員が兼務した（なお、レーベルモバイルは、現在ではレコチョクという商号で、音楽配信事業を営んでいる）。

公取委は、五社が意思を連絡して、レーベルモバイル以外の着うた提供事業者に原盤権の利用許諾を行なわないことは独占禁止法に違反するとした。

裁判所の見解

五社が共同して設立し、運営するレーベルモバイルに対し着うた配信業務を委託する一方で、他の着うた提供業者あるいは着うた提供事業を開始しようとする者からの楽曲の提供の申入れに対し、五社が利用許諾をしたことはほとんど皆無であった事実、その申入れに対する五社の対応状況、レーベルモバイルにおいて着うた提供事業を始めた際の背景や動機及びレーベルモバイルにおいてアフィリエート戦略を検討していた状況等の間接事実を総合して判断すれば、五社間において利用許諾を共同して拒絶することについて、意思の連絡があったと認められる。

解説

本件で問題となった行為は、国際空港販売新聞販売事件と同じようなものである。つまり、競争関係にある事業者が、自らの立ち上げたプラットフォームと競争関係に立つ事業者との取引を拒絶したことが問題となった。

本件については、拒絶が共同で行われたのかどうかが争点となり、公正競争阻害性については争点となっていない。国際空港販売新聞販売事件では、被拒絶者に代替的な取引先があったが、本件の名宛人五社は、着うたの主たるユーザー層に人気のある楽曲の原盤権の多くを保有していたため、五社に代替する取引先を見出しがたかった事案である。

排除型私的独占の排除効果が争われた事案……JASRAC事件

145 最3判平成27・4・28民集六九巻三号五一八頁

関連条文　独占禁止法二条五項

ある行為が「他の事業者の事業活動を排除する効果（以下「排除効果」という）を有する」といえるのはどのような場合か。

事実　JASRACは、音楽著作権管理事業者（以下「管理事業者」という）である。管理事業者は、音楽出版社等から音楽著作権の管理の委託を受けるとともに、管理する音楽著作物の利用希望者との間で利用許諾契約を締結して、使用料を徴収し著作権者等に分配している。JASRACは、この事件の当時、大部分の音楽著作権について管理を委託されていた。

テレビやラジオの放送では膨大な数の楽曲が使用されるため、放送事業者とJASRACの間では、JASRACの全管理楽曲を包括的に許諾する利用許諾契約が締結されている。この場合の使用料徴収方法は、一曲一回ごとの料金として定められる金額に利用数を乗じて得られる金額を徴収する個別徴収と、包括的に定められる金額（年間の定額または定率による金額等）の徴収する包括徴収とがある。

放送事業者の利用状況を考えると、個別徴収の総額は包括徴収による場合に比べて著しく多額になる。したがって、ほぼすべての放送事業者は、JASRACとの間で、包括許諾・包括徴収による利用許諾契約を締結している。

公取委は、JASRACの行為が独占禁止法二条五項の排除型私的独占に該当し同法三条に違反するとして、JASRACに対し排除措置命令をした。しかし、審判審決は、本件行為が排除効果を有しないとして、取り消した。東京高裁は、審判審決を取り消した。最高裁は、公取委の上告受理申立てのうち、排除型私的独占の解釈に関する部分だけを受理した。

裁判所の見解　JASRACとの間で包括許諾による利用許諾契約を締結しないことは、放送事業者にとって想定しづらい。JASRACと包括徴収を締結している放送事業者が他の管理事業者に放送使用料を支払うと、負担する放送使用料の総額が増加する。楽曲は基本的に代替的な性格をもつから、放送事業者による他の管理事業者の管理楽曲の利用を抑制する。その抑制の範囲がほぼすべての放送事業者に及び、その継続期間も相当の長期間にわたる。本件行為は排除効果を有する。

解説　包括許諾・包括徴収は、いわゆるセット割引に類似したものといえる。セット割引は、セットに含まれる一部の商品役務だけを供給する事業者を排除する可能性がある。

他方で、セットでの供給は費用削減効果などをもつ場合もある。本件では排除効果の有無が一大争点となり、包括許諾・包括徴収の効率性にまでは判断が及ばなかった。

ソフトバンク対ＮＴＴ東日本

146　東京地判平成26・6・19判時二二三二号一〇二頁

関連条文　電気通信事業法三三条、独占禁止法二四条

電気通信事業法に基づき認可された接続約款とは異なる条件での接続を、独占禁止法を根拠に求められるか。

事　実　電気通信事業者が戸建て向けＦＴＴＨサービスを提供するためには、自らが構築したネットワークと利用者の戸建て住宅との間に、加入者光回線設備が必要である。

被告らは、既に全国各地に加入者光回線設備を設置している。総務大臣は被告らの加入者光回線設備を電気通信事業法の第一種指定電気通信設備に指定し、その接続約款を認可している（電気通信事業法三三条）。

加入者光回線設備のうち、利用者宅に引き込まれている光ファイバを分岐端末回線と呼ぶ。他の電気通信事業者が被告らの加入者光回線設備に接続する場合には、分岐端末回線八回線を収容する主端末回線一回線ごとに設定されている接続料を支払わなければならない。接続約款は、主端末回線一回線を複数の事業者で共用することを前提とした接続料を定めていない。

原告は、被告らが分岐端末回線八回線での接続を強要し一回線での接続申込みを拒否したことは独占禁止法違反であると主張し、差止請求訴訟を起こした。

裁判所の見解　被告らの現行の接続約款には、原告らが求めるような接続に係る接続料及び接続条件の定めはない。また、本件請求に係る接続について、本件接続約款により難い特別な事情があるといえるときであっても、被告らは、原告らとの間で本件請求に係る接続に関する協定を締結するためには、総務大臣の認可を受けなければならず、このような認可はされていない。必要な認可を受けない接続料及び接続条件で接続をさせることは、刑罰法規の要件にも該当する。

被告らは電気通信事業法上、このような接続に応じてはならない義務を課されているのであって、独占禁止法により、このような接続をしなければならない義務を課すことは、被告らに相互に矛盾する法的義務を課すことにほかならないことを考えると、独占禁止法二四条に基づき、被告らに対してこのような接続を請求することはできない。

解　説　独占禁止法は、競争政策の代表者であるが、独占者ではない。昨今では、いわゆる事業法の中に、競争政策を担う規定が存在することも珍しくない。本件では、電気通信事業法のそうした規定と独占禁止法との関係が問題となった。

本判決は、独占禁止法に基づいて原告らの求める内容での接続を義務づけると、被告らが電気通信事業法との板挟みとなることを理由として、原告らの請求を棄却した。

プラットフォーム事業における排他的行為……DeNA事件

147 公取委命令平成23・6・9審決集五八巻第一分冊一八九頁

関連条文　独占禁止法一九条（不公正な取引方法一般指定一四項）

排除効果必要型規制として用いられる場合の一般指定一四項の適用要件は。プラットフォーム事業者の行為について、独占禁止法でどのように規律できるか。

事　実

ディー・エヌ・エー（「DeNA」）とグリーは、自ら、そして「モバゲータウン」「GREE」というプラットフォームを通じて、ソーシャルゲームを登録ユーザーに提供していた。DeNAは関連する売上額において平成二二年一月以降第一位であり、オープン化についてグリーに先行したこと等から、多くのソーシャルゲーム提供事業者にとって重要な取引先となっていた（グリーは第二位）。モバゲータウンのトップページ等に掲載されるリンクは、登録ユーザーを当該ウェブサイトに誘引する重要な経路であった。

DeNAは、モバゲータウンにおける売上額が多いなど、有力な事業者であると判断して選定したソーシャルゲーム提供事業者（「特定事業者」）に対し、GREEを通じて新たにソーシャルゲームを提供しないことを要請し、従った際には開発または提供について支援を行うとともに、提供した場合には、モバゲータウンを通じて提供するソーシャルゲームのリンクを同サイトに掲載しないようにしていた。

公取委の見解

DeNAの要請等により、特定事業者の「少なくとも過半」は、GREEを通じて新たにソーシャルゲームを提供しなかった。また、当該ウェブサイトに掲載されなくなることを避けるため、開発中にもかかわらず、提供することを断念した（特定事業者）もいた。グリーは、「（特定事業者）の少なくとも過半について、GREEを通じて新たにソーシャルゲームを提供させることが困難となっていた」。DeNAは「自社と国内において競争関係にあるグリーと（特定事業者）とのソーシャルゲームに係る取引を不当に妨害していた」として、特定事業者との適正な取引に関する行動指針の策定・定期的な監査等を含む排除措置命令を行った。

解　説

一般指定一四項は、取引先選択の自由を侵害する不正手段型行為が念頭に置かれていたが、通説は、排除効果必要型規制として認識すべきとする。排除効果がなければ違反となしえないはずの行為を違反とするための「道具」となっているとの批判があり、本件でも、排除効果の適否について、識者の意見は分かれている。

技術革新が著しく、明確な規律をかけにくいプラットフォーム事業の規制の露払いとして独占禁止法を位置づける向きが内外にある。捕捉範囲が広く、遵守確保の力の強い同法の活用は一考に値するが、競争の機能の確保という根幹からの乖離は常に留意すべきものであろう。

商標の類否……氷山印事件

148 最3判昭和43・2・27民集二二巻二号三九九頁

商標の登録要件としての既登録商標との非類似性（商標法四条一項一一号）はどのような基準で判断されるか。

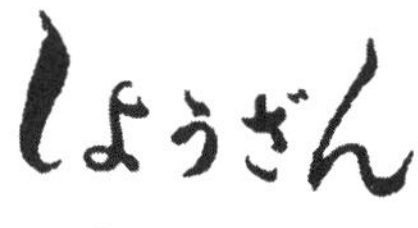

【引用登録商標】

【本願商標】

事実　Xが、指定商品を「硝子繊維糸」として、黒色の円形輪郭に空、海面、氷山の図形を描き、「硝子繊維」、「氷山印」、「日東紡績」の各文字を配した商標（本願商標）の登録出願をした。Y（特許庁）は、同商標が指定商品を「糸」として平仮名で「しょうざん」と記された商標（引用登録商標）と称呼が類似するとして出願を拒絶。これに対してXが審決取消訴訟を提起したところ、両商標の類似性が否定されて審決が取り消されたため、Yが上告した。

裁判所の見解　商標の類否は、対比される両商標が同一または類似の商品に使用された場合に、商品の出所につき誤認混同を生ずるおそれがあるか否かによって決すべきであるが、それには、そのような商品に使用された商標がその外観、観念、称呼等によって取引者に与える印象、記憶、連想等を総合して全体的に考察すべく、しかもその商品の取引の実情を明らかにしうるかぎり、その具体的な取引状況に基づいて判断するのを相当とする。商標の外観、観念または称呼の類似は、その商標を使用した商品につき出所の誤認混同のおそれを推測させる一応の基準にすぎず、従って、右三点のうちその一において類似するものでも、他の二点において著しく相違することその他取引の実情等によって、なんら商品の出所に誤認混同をきたすおそれの認めがたいものについては、これを類似商標と解すべきではない。本願商標は、引用登録商標と外観、観念を異にする。両商標の称呼は近似するとはいえ、なお称呼上の差異は容易に認識しえられるのであるから、硝子繊維糸の特殊な取引の事情のもとにおいては、両商標をとりちがえて商品の出所の誤認混同を生ずるおそれは考えられず、両者は非類似である。

解説　本判決は、登録場面における商標の類否判断（商標法四条一項一一号）の基準を示したものであり、まず、①いわゆる全体的観察手法を採った上で、具体的な取引実情を積極的に参酌している。また、②外観、観念、称呼の類似が間接事実にすぎず、同じく間接事実である取引の実情によって主要事実である出所の誤認混同のおそれが認められない場合があることを示している。その後最高裁は、同様の基準を侵害成立場面における商標の類似性（商標法三七条一号）にも適用するに至った（最判平成4・9・22判時一四三七号一三九頁（大森林事件））。

関連条文　商標法四条一項一一号

商標的使用……テレビまんが事件

149 東京地判昭和55・7・11判時九七七号九二頁

関連条文　商標法二条三項・二六条六号

商標本来の自他商品識別機能を果たす態様ではなく、単に説明的、記述的に標章が記載されている場合に、商標権侵害は成立するか。

事実

Xは、娯楽用具等を指定商品とした登録商標「テレビマンガ」の商標権者である。Yは、アニメ『一休さん』のキャラクターを用いたカルタを販売する際に、その容器と各札に「テレビまんが」（Y標章）と記載していた。そこで、Xが、商標権侵害を理由に、右カルタの販売の差止めと損害賠償を請求した。

裁判所の見解

商標の本質は、自己の営業に係る商品を他人の営業に係る商品と識別するための標識として機能することにあり、この自他商品の識別標識としての機能から出所表示機能、品質保証機能、広告宣伝機能が生ずる。商標法一条の同法の目的、三条の商標登録の要件についての各規定及び前記商標の本質に鑑みれば、同法における商標の保護は、商標が自他商品の識別標識としての機能を果たすのを妨げる行為を排除し、その本来の機能を発揮できるよう確保することにある。そうすると、商標登録と同一または類似の商標を商品について使用する第三者に対し、商標権者がその使用の差止等を請求しうるためには、右第三者の使用する商標が単に形式的に商品等に表されているだけでは足らず、それが、自他商品の識別標識としての機能を果たす態様で用いられていることを要する。

Y標章は、Y販売に係るカルタが、周知の昔話「一休さん」のうち現にテレビ放送により放映されているテレビ漫画映画「一休さん」を基にして作られたものであり、絵札に表される登場人物のキャラクター等が右テレビ漫画映画に由来するものであることを表示するにすぎないものといわなければならず、自他商品の識別標識としての機能を果たす態様で使用されているとはいえないから、結局、XはYに対しY標章の使用を禁止することはできない。

解説

本件のように標章が説明的、記述的に記載されている場合のほか、登録商標に係る商品・役務とは別の商品・役務を示している場合（福岡地飯塚支判昭和46・9・17無体集三巻二号三一七号（巨峰事件））、標章がデザイン的に使用されている場合（東京地判平成10・7・16判タ九八三号二六四頁（十二支箸事件））に、「商標としての使用（商標的使用）」でないとして商標権侵害の成立を否定する解釈は長らく判例・通説とされてきた。その後、平成二六年商標法改正で同趣旨の明文規定（二六条六号）が置かれるに至っている。

インターネットショッピングモールの運営と商標権……チュッパチャップス事件

150 知財高判平成24・2・14判時二一六一号八六頁

関連条文　商標法三六条、民法七一九条二項

インターネットショッピングモールの運営者は、モール出店者による商標権侵害物品の販売行為について、いかなる場合に商標権侵害責任を負うか。

事実　Xは、登録商標「Chupa Chups」等の商標権者である。Yは、「楽天市場」という名称で、インターネットショッピングモールを運営している。楽天市場では、出店者の各々がウェブページ（出店ページ）を公開し、当該出店ページ上の「店舗」（仮想店舗）で商品を展示・販売しているが、ある出店者により、Xの登録商標を無断で付した帽子やマグカップ等の商品が販売されていた。そこで、Xが、商標権侵害及び不競法（二条一項一号・二号）違反を理由に、Yに対して右商品販売の差し止めと損害賠償を請求。

裁判所の見解　いわゆるインターネットショッピングモールにおいて、ウェブページに展示された商品が第三者の商標権を侵害しているときは、モール運営者が、単に出店者によるウェブページの開設のための環境等を整備するにとどまらず、①運営システムの提供・出店者からの出店申込みの許否・出店者へのサービスの一時停止や出店停止等の管理・支配を行い、②出店者からの基本出店料やシステム利用料の受領等の利益を受けている者であって、③その者が出店者による商標権侵害があることを知ったとき又は知ることができたと認めるに足りる相当の理由があるに至ったときは、④その後の合理的期間内に侵害内容のウェブページからの削除がなされない限り、上記期間経過後から商標権者はモール運営者に対し、商標権侵害を理由に、出店者に対するのと同様の差止請求と損害賠償請求をすることができる。商標権侵害の行為主体は、社会的・経済的な観点から検討することも可能なので、商標の「使用」以外について商標権侵害とみなす旨の間接侵害規定（同法三七条）があるからといって、商標権侵害となるのはこの明文規定に該当する場合に限られるとまで解する必要はない。Yは、商標権侵害の事実を知ったときから八日以内という合理的期間内にこれを是正しているので、Yによる楽天市場の運営がXの本件商標権を違法に侵害したとまでいうことはできない。

解説　本判決は、インターネットショッピングモールの運営者が、出店者の商標権侵害行為について責任を負う要件として、①管理支配、②受益、③認識可能性、④侵害非対応の四点を示した。幇助行為について、商標権侵害主体を拡張的・規範的に捉えたものであり、利用主体を拡張する著作権法（92・93・94判決）での処理とは対照的である。

151 営業秘密における秘密管理性……投資用マンション事件

知財高判平成24・7・4 LEX/DB25444731

投資用マンションを購入した顧客の情報が、営業部社員で共有されていた場合に、不競法で保護される営業秘密（二条六項）の「秘密管理性」要件を充たすか。

関連条文 不競法二条六項・二条一項七号・八号

事 実

投資用マンションの販売等を業とするX社の営業社員であったY_1が、X社の顧客情報を取得し、Y_1がXを退社した後に設立したY_2社で、上記顧客情報を使用してXの顧客に連絡し、Xが倒産のおそれがあるなど、Xの営業上の信用を害する虚偽の事実を告知するなどしたとして、XがY_1、Y_2に対して、図利加害目的での営業秘密の不正使用（不競法二条一項七号、八号）等を理由に損害の賠償を求めた。

裁判所の見解

Xから投資用マンションを購入した顧客の氏名、年齢、住所、電話番号、勤務先名・所在地、年収、所有物件、借入状況、賃貸状況等から構成される情報（本件顧客情報）は、Xの営業本部により、電子データとして一元管理されており、顧客ファイルや顧客管理システムは、いずれも入室が制限された施錠付きの部屋に保管されている上、その利用も、営業本部所属の従業員に限定されている。

本件顧客情報は、営業部所属の従業員によって契約内容報告書の写しとして保管されてはいるものの、これは、顧客からの問い合わせに迅速に対応したり買増し営業が見込める顧客を絞り込んだりするという営業上の必要性に基づくものである上、Xは、各部内に常備された本件就業規則で秘密保持義務を規定するとともに退職時に秘密保持に関する誓約書を提出させたり、各種の情報セキュリティを実施してISMS認証やISO/IEC27001認証を取得し、毎年行われる審査に合格したり、従業員に対する「ISO27001ハンドブック」の配布やこれに基づく研修・試験といった周知・教育のための措置を実施したりしていたのであるから、Xは、従業員に対して、本件顧客情報が秘密であると容易に認識し得るようにしていたものといえる。

以上のとおり、Xは、本件顧客情報について厳格に管理を行い、かつ、従業員に対して、本件顧客情報が秘密であると容易に認識し得るようにしていたから、本件顧客情報の個別の情報について秘密であることを明示するまでもなく、優に秘密管理性を認めることができる。

解 説

不競法によって保護される営業秘密（二条六項）は、秘密管理性、有用性、非公知性の三要件を充たす必要がある。このうち最も争われることが多いのが秘密管理性要件であるが、本判決では、社内の営業部員によって一定の範囲で共有された顧客情報について、個別には秘密であることが必ずしも明示されていなかったにもかかわらず、なお秘密管理性が肯定された。情報の保管、アクセス制限、社員教育等の体制構築にあたり参考となる一事例である。

商品等表示としてのドメイン名保護……J-PHONE事件

152 東京地判平成13・4・24判時一七五五号四三頁

関連条文　不競法二条一項一号・二号

ドメイン名の「商品等表示」（不競争二条一項一号、二号）該当性。

事実

X社は、「J-PHONE」等の表示を用いて携帯電話による通信サービスの提供などを行っている。Y社は、食品等の輸入販売を行っているが、インターネット上で、「j-phone.co.jp」のドメイン名を使用し、そのウェブサイトにおいて「J-PHONE」等の表示を用いて商品の宣伝などをした。そこでXが、Yに対して、不競法二条一項一号（周知表示の冒用）、二号（著名表示の冒用）を理由に、同ドメイン名及び「J-PHONE」等の表示の使用差止め等及び損害賠償を求めた。

裁判所の見解

本来ドメイン名は、登録者の名称やその有する商標等、登録者と結びつく何らかの意味のある文字列であることは予定されていない。しかし、ドメイン名の登録者がその開設するウェブサイト上で商品の販売や役務の提供について需要者たる閲覧者に対して広告等による情報を提供し、あるいは注文を受け付けているような場合には、ドメイン名が当該ウェブサイトにおいて表示されている商品や役務の出所を識別する機能をも有することもある。そのような場合には、ドメイン名が、不競法二条一項一号、二号にいう「商品等表示」に該当する。そして、個別の具体的事案においてドメイン名の使用が商品等表示の「使用」に該当するかどうかは、当該ドメイン名が使用されている状況やウェブサイトに表示されたページの内容等から、総合的に判断するのが相当である。

本件ドメイン名は、本件ウェブサイト中の「J-PHONE」の表示とあいまって、本件ウェブサイト中に表示された商品の出所を識別する機能を有しており、不競法二条一項一号、二号にいう「商品等表示」に該当する。

解説

本判決は、ウェブサイト中の表示等も総合考慮した上で、ドメイン名が出所表示機能を有する場合には、不競法上の「商品等表示」（二条一項一号、二号）に該当するとした。商品等表示は、氏名、商号、商標、商品の容器・包装などを広く包含するが（同一号括弧書き）、その該当性について出所表示機能に着目する本判決は、従来の一般的な考え方に沿うものである。

なお、不競法上の周知・著名表示規制は、商品等表示の「使用」のみを対象としているため、ドメイン名の登録のみを得てウェブサイトを開設せず、それを商標権者に高値で買い取らせるような行為については射程が及ばなかった。そこで、本判決の後、同法平成一三年改正により、ドメイン名の図利加害目的での取得等そのものが不正競争行為類型に追加されるに至っている（二条一項一二号（現行法一三号））。

品質誤認表示……ピーターラビット著作権表示事件

153 大阪高判平成19・10・2判タ一二五八号三一〇頁

関連条文　不競法二条一項一三号

すでに著作権存続期間を満了した絵本原画のライセンス商品に付された「C」の記号等が、著作権が未だ存続しているかのように誤認させるものとして、品質等誤認表示（不競法二条一項一三号）に該当するか。

事　実　Xは、絵本『ピーターラビットのおはなし』中の絵柄の原画について、同絵柄の一部を使用したバスタオル、フェイスタオルの販売を企画した。日本における著作権管理業務（商品化許諾業務）を行っているYは、同絵本の著作権が消滅した後も、そのライセンス商品について「C」など本件絵本中の絵柄の原画について未だ著作権が存続しているかのような表示をライセンシーに使用させている。そこで、Xが、同表示は需要者ないし取引者をして同絵柄の原画の著作権が日本において未だ存続しているかのように誤認させるため、ライセンス商品の品質、内容等、及び商品化許諾業務に係る役務の質、内容等を誤認させる不正競争行為（不競法二条一項一三号）に該当すると主張し、Yに対して同表示の使用の差止めと損害賠償の支払等を求めた。

裁判所の見解　Cの記号は、一定の方式の履践を著作権の保護の条件とする万国著作権条約の締約国において、著作権の保護を受けるための方式として要求されるものを満たしたと認めるための要件として、表示することを要求されたものである（同条約三条一項）。そして、Cの記号に、著作者名と最初の発行年の記載を加えたC表示には、当該著作物につき当該著作者を著作権者とする著作権が存続している旨を積極的に表明するとの側面も有するものであり、その著作物を無断で使用する場合には著作権侵害になることを需要者または取引者に対し警告するという機能を有する。しかし、単なるCの記号のみには法的にかかる機能はないものであり、取引の実際上もかかる機能があるとまで認めるに足りない。したがって、Yによる表示が本件絵本の原画について日本においては著作権存続期間が満了しているのに未だこれが存続しているかのように誤認させるような表示とまではいえない。

解　説　本判決は、近時紛争が増えている品質等誤認表示規制（不競法二条一項一三号）の適用について、消極的一事例を付加するものである。Yによる表示は、万国著作権条約が求めるいわゆるマルシー（©）表示と紛らわしいものであるが、それが著作権の切れた作品に付されても、権利存続を表明する機能は法的にはないので誤認表示にあたらないとされた。もっとも、紛らわしい表示を敢えて付す必然性や、本判決も認める事実上の作品利用抑止効果に鑑みると、著作権の存続期間が有限とされた趣旨に照らして異論も残るだろう。

権利侵害警告と営業誹謗行為……雄ねじ事件

154 知財高判平成23・2・24判時二一三八号一〇七頁

関連条文 不競法二条一項一四号

取引先に対する特許権侵害である旨の告知（警告）が、不正競争（信用毀損行為）にあたるか。

事実　X社はねじ等の開発・販売等を目的とする会社であり、訴外A社にX製品を製造・販売させていた。名称を「雄ねじ部品」とする発明の特許権者であるY社は、Aに対して、X製品が本件特許権を侵害する旨を告知した。そこでXが、同告知が不競法二条一項一四号（現一五号）所定の不正競争（信用毀損行為）に該当すると主張し、Yに対して同法四条および民法七〇九条に基づき損害の賠償を求めた。

裁判所の見解　本件特許は特許無効審判により無効にされるべきものであるから、結論としてX製品の製造販売行為が特許権侵害に当たるとはいえず、本件告知の内容は結果的にみて虚偽であったことになる。しかし、Yが有する本件特許権は、無効審決がされたわけでもなく、本件告知行為の内容は、X製品の製造販売元であって直接侵害者の立場にあるAに対する登録された権利の行使として、内容及び態様において社会的に不相当とまではいえない。

以上のように、特許権者Yが、特許発明を実施するAに対し、本件特許権の侵害である旨の告知をしたことについては、特許権者の権利行使というべきものであるところ、Xの営業上の信用を害する結果となる場合であっても、このような場合におけるYのXに対する損害賠償責任の有無を検討するに当たっては、特許権者の権利行使を不必要に萎縮させるおそれの有無や、営業上の信用を害される競業者の利益を総合的に考慮した上で、違法性や故意過失の有無を判断すべきものと解される。そして、本件特許の無効理由（進歩性欠如）については、本件告知行為の時点において明らかなものではなく、新規性欠如といった明確なものではなかったことに照らすと、無効理由についてYが十分な検討をしなかったという注意義務違反を認めることはできない。

以上によれば、YのAに対する告知は、少なくとも故意過失がないというべきであるから、Xの本訴請求のうち、不競法に基づく請求は理由がない。

解説　本判決は、無効理由を孕むものの、未だ無効審決を経ていない特許権の侵害告知について、無過失を理由に不正競争（信用毀損行為）に基づく損害賠償請求を否定した。結果として虚偽告知にあたるかではなく、違法性や過失といった規範的要件の充足性を総合判断することを通じて、特許権行使の萎縮を防いだものであり、不当訴訟の不法行為該当性に関する最高裁判決（最3判昭和63・1・26民集四二巻一号一頁）と同じ枠組みで判断したものといえる。

インターネット・オークション⑴：売主の責任……中古アルファロメオ事件

155 東京地判平成16・4・15判時一九〇九号五五頁

関連条文 民法五六四条・四一五条

インターネット・オークションでの落札品につき、売主は買主に対し契約不適合による責任（損害賠償責任）を負うか。

事実　Xは、インターネット・オークションにより、売主Yが出品する中古の普通乗用自動車（以下「本件車両」）を落札した（開始価格は八〇〇〇〇円、落札価格は六万四〇〇〇円）。Yが本件車両を出品した本件サイトには、本件車両の写真が掲示され、その仕様についてYの説明があるほか、本件車両の損傷が指摘され、「低年式、中古車だという事にご理解頂ける方のみ入札してください」との断り書きも掲載されていた。本件車両の引渡しを受けたXは、本件車両には指摘箇所以外にも損傷があるとして、Yに対し、損害賠償を請求した。

裁判所の見解　本件のような中古自動車をそれまでの使用に伴う損傷等を修復しないで売却する場合には、その修理費用を買主が負担することを見込んで売買代金が決定されるのが一般的であるから、買主が修理代金を負担することが見込まれる範囲の損傷は「瑕疵」とはいえない。本件サイトの記載、落札価格の低廉性、落札後のYとのメールのやり取りからすると、Xは本件サイトで指摘された損傷以外の損傷箇所が存在することも予想し、当該損傷はXが自ら修理することを予定して落札したものといえるが、他方において、本件サイトには走行自体が不可能であるとか危険を伴うという記載はなく、かえって走行時自体には問題がないかのような記載がされていたところ、本件車両にはガソリンタンクのガソリン漏れが生じており、そのような状態は、予想ないし予定を超える損傷であったといえる。本件車両には「隠れた瑕疵」（改正前民法五七〇条）があり、YはXに対し損害賠償責任を負う。

解説　インターネット・オークションにより成立する売買契約であっても、その効力に特殊性があるわけではなく、引き渡された目的物が契約の内容に適合しない場合には、売主は買主に対し契約不適合による責任（民法五六二条以下）を負う。本件で問題となったのは、品質面での契約不適合（改正前民法五七〇条の瑕疵担保責任）であり、Xは、その救済方法の一つとしての損害賠償（民法五六四条・四一五条）を請求した。品質面での契約不適合（改正前民法五七〇条にいう「瑕疵」）の有無を判断するには、当事者が契約で定めた目的物の品質がどのようなものであったかを契約の解釈により確定する必要があり、その手法についてもインターネット・オークションゆえの特殊性はない。「Xが修理代金の負担を予想・予定していた範囲の損傷か否か」という本判決の問いの立て方は、上記の意味での契約の解釈の作業にほかならないところ、本判決は、本件サイトの記載を中心に据えた契約解釈を行っており、オーソドックスな契約解釈手法に依拠するものといえる。

インターネット・オークション(2)：運営者の責任……ヤフオク集団訴訟事件

156 名古屋高判平成20・11・11 LEX/DB 25440062

関連条文 民法四一五条

インターネット・オークションの運営者は、詐欺被害に遭った利用者に対し、損害賠償責任を負うか。

事実 Yは、その運営するウェブサイトを通じインターネット・オークションのシステムを提供しているところ、Yと当該システムの利用契約を締結していたXらは、当該ウェブサイトを利用して商品を落札し、出品者に対し代金を支払ったにも関わらず、商品の提供を受けられなかった。Xは、Yに対し、詐欺被害を生じさせないシステムを構築する義務の違反を理由として、債務不履行による損害賠償を請求した。

裁判所の見解 Yは、本件利用契約における信義則上、Xらを含む利用者に対し、「欠陥のないシステムを構築して本件サービスを提供すべき義務」を負っており、その具体的内容は、「サービス提供当時におけるインターネットオークションを巡る社会情勢、関連法規、システムの技術水準、システムの構築及び維持管理に関する費用、システム導入による効果、システム利用者の利便性等を総合考慮して判断される」。Yには、「本件サービスを用いた詐欺等犯罪的行為が発生していた状況の下では、利用者が詐欺等の被害に遭わないように、……利用者に対して、時宜に即して、相応の注意喚起の措置をとるべき義務」があったが、第三者機関による信頼性評価システムの導入義務、利用者に対する出品者情報の提供・開示義務、エスクロー（第三者預託）サービスの利用を義務付ける義務等があったとまではいえない。Yは、利用者間のトラブル事例等を紹介するページを設けるなどの時宜に即した相応の注意喚起措置をとっており、義務違反は認められない（原判決〔名古屋地判平成20・3・28判時二〇二九号八九頁〕を是認）。

解説 インターネット・オークションの運営者は、利用者どうしの売買契約締結機会を提供するところ、当該売買は基本的には利用者の自己責任により行われることが予定されている（運営者は利用者間トラブルについて責任を負わない旨が利用規約等に書かれているのが通常である）。しかし、このような「場の提供」という事業は利用者の詐欺被害や第三者の権利侵害等の危険を含むものであるゆえ、運営者は自己が提供するサービスの安全性を確保する義務を負い、その違反について責任を問われうる。本判決は、利用者との関係（債務不履行責任が問題となる）で運営者が「欠陥のないシステムを構築する義務」を負うと明言した点が注目される。もっとも、いかなる具体的義務が課されるかの判断にあたっては、当該サービスの趣旨・社会的有用性等を考慮して運営者の負担が過大なものとならないようにする必要がある。本判決と同様、運営者に注意喚起義務を課すにとどまる下級審裁判例が見られる（神戸地姫路支判平成17・8・9判時一九二九号八一頁）。

インターネット・ショッピング……ヤフーショッピング事件

157 東京地判平成17・9・2判時一九二二号一〇五頁

関連条文　民法五二二条一項

インターネット・ショッピングにおいて、売買契約はどの時点で成立するか。

事　実　Xは、A会社が運営するインターネット上のショッピングサイトを通じ、パソコンを出品していたYに対しパソコン三台を購入する旨を送信し、Aから受注確認メールを受信したが、Yからは、価格の表示が誤っていたため注文に応じかねるとのメールを受信した。Xは、受注確認メールの受信により売買契約が成立したとして、Yに対し、債務不履行または不法行為に基づき、損害賠償を請求した。

裁判所の見解　「インターネットのショッピングサイト上に商品及びその価格等を表示する行為は……申込みの誘引に当たる」ところ、「買い手の注文は申込みに当たり、売り手が買い手の注文に対する承諾をしたときに契約が成立するとみるべきである」。XはYから注文に応じないとする旨のメールを受信しており、Yによる承諾がされていないため、売買契約は成立しない。受注確認メールはAが送信したものであり、売り手であるYが送信したものではないから、権限者による承諾ということはできない。

解　説　契約は申込みに対応する承諾がなされることにより成立するところ（民法五二二条一項）、インターネット・ショッピングでは、いかなる行為（意思表示）が申込み・承諾に該当するのか。本判決は、まず、①売り手（Y）がサイト上に商品・価格等を表示する行為は申込みではなく申込みの誘引にすぎないとして、買い手（X）の注文による売買契約の成立を否定する。申込みは承諾があれば契約を成立させるという意思表示である以上、契約上の拘束を受け入れる意思を伴うものでなければならないところ、不特定多数の者に対して商品・価格等を表示する時点では、売り手は契約をするかどうかの決定を留保しているのが通常であると考えられる（本判決は、「店頭で販売する場合に商品を陳列するのと同様の行為である」とする）。この点は、本件のXも争わなかった。

本判決は、その上で、②買い手の注文に対するサイト運営者（A）からの受注確認メールは承諾に当たらず、したがって受注確認メールの受信（電子消費者契約法旧四条、改正民法九七条一項参照）の時点では売買契約は成立しないとする。Aは第三者であって承諾権限がないことが理由とされているが、売り手自身による受注確認メールならばよいわけではなく、それが注文（買い手による申込み）の内容確認にとどまり契約締結の意思を表示するものでない場合には承諾に当たらないことに注意する必要がある。在庫確認等の必要性ゆえに、利用規約において、（買い手の注文をもって申込みとする旨とともに）商品の発送通知をもって承諾とする旨が定められることも多い。

インターネットによるFX取引……外為どっとコム誤ティック事件

158 東京高判平成26・1・30金判一四四〇号一〇頁

関連条文 民法五二一条一項・九五条

コンピューター・システムによる自動化された意思表示による契約の成立及び錯誤の判断は、どのように行われるか。

事実　Xらは、Y銀行との間で預金口座を開設し、インターネットを利用した外国為替保証金取引（FX取引）を行い、一ユーロ一〇八円での指値注文をしていたところ、Yが誤って市場レート（一ユーロ一一一円台半ば）と著しく乖離したレート（一ユーロ五五円八二銭）を提示したことにより決済取引が行われ、Xらに売却益が生じた。Xらは、これらを含めたFX口座の預金をY銀行の各人名義の普通預金口座に振り替えた。誤表示に気付いたYは決済を取り消し、益金の引出しにより保証金残高が僅少となっていたXらについてロスカット（強制決済）を行い、それにより追加証拠金支払義務が生じたとして、Xらの普通預金債権と相殺処理を行った。Xはこの相殺の効力を争い、Yに対し、預金の払戻しを求めた。

裁判所の見解　①YがFX取引画面上に一ユーロ当たり五五円八二銭とのレートを表示する行為は、それよりも円安のレートであればユーロを売るという無数の交叉申込みの意思表示であり、Xらの一ユーロ当たり一〇八円でユーロを買うとの意思表示と合致することにより、XY間で一ユーロ当たり一〇八円のユーロの売買が成立した。それゆえ②Yは、一ユーロ一一一円台半ばよりも円安のレートであればユーロを売るという内心的効果意思を有していたにもかかわらず錯誤により右の意思表示をしたことになるところ、Yと委託関係にあるA社が備えていた誤ティック防止機能は当時の業界レベルに照らし標準的なものであり、Xに重過失は認められない。しかし、③YがXらに行った一連の措置は原状回復の範囲を超えるものであり、YとしてはXらに対し十分に説明し納得を得られるよう努力する信義則上の義務があったにもかかわらずそれを怠ったため、Yによる相殺は権利の濫用として許されない。

解説　本判決は、FX取引における為替レート誤表示の事案を扱うものである。①は、Yの意思表示は自動的になされXの意思表示を認識した上でなされるのではないゆえに交叉申込みであるとし、内容の合致する二つの申込みによる契約成立を認める。②は、コンピューター・システムによる自動化された意思表示ゆえに錯誤は観念できないようにも思われるところ、それが正常に作動すれば示されたであろう値を内心的効果意思とし、誤作動により示された値（表示）との食い違いをもって表示錯誤を肯定している点が特徴的だが、システムの過誤のリスクを利用者に帰せしめるべきでないとの異論もありうる。本判決は、（②では重過失をも否定しつつ）③でYの事後的対応を問題とすることにより、この種の取引の過誤に際しての業者と顧客の妥当な利益調整を模索するようである。

省令による医薬品のネット販売規制

159　最2判平成25・1・11民集六七巻一号一頁

医薬品の郵便等販売を禁止する省令の規定は、法律の委任の範囲を逸脱するか。

事実　二〇〇六年に改正された薬事法（新法）は、店舗販売業者に対して、厚生労働省令で定めるところにより、第一類医薬品については薬剤師、第二類・第三類医薬品については薬剤師または登録販売者に販売させる義務、販売等に当たって薬剤師または登録販売者に適正な使用のための必要な情報を提供させる義務を定めた。新法施行に伴い改正された薬事法施行規則（新規則）は、店舗販売業者に対し、第一類・第二類医薬品について、当該店舗において対面で販売させる義務、当該店舗内で対面により情報提供を行わせる義務を課し、郵便等販売を禁止した。新法以前からインターネットを通じた医薬品の郵便等販売を行っていたXは、郵便等販売をすることができる権利・地位を有することの確認を求めた。

裁判所の見解　新法成立前後を通じてインターネットを通じた郵便等販売に対する需要が想定程度存在しており、一般消費者、専門家・有識者及び政府部内にも広汎な制限に反対する意見が見られた。新法以前には違法でなかった郵便等販売を新たに規制することは、それを事業の柱としてきた者の職業活動の自由（憲法二二条一項）を相当程度制約するる。これらの事情の下で、新規則の規定が新法の趣旨に適合しその委任の範囲を逸脱したものではないというためには、立法過程における議論をもしんしゃくした上で、新法中の諸規定から、郵便等販売の規制を委任する授権の趣旨が、上記規制の範囲や程度等に応じて明確に読み取れることを要する。新規則は第一類・第二類医薬品の郵便等販売を一律に禁止するが、販売・情報提供等を店舗における対面に限るべきとか郵便等販売を規制すべきであるとの趣旨を明確に示す規定は、新法中に存在しない。立法過程を見ても、国会が郵便等販売を禁止すべきであるとの意思を有していたとはいえない。新法の授権の趣旨が、郵便等販売の一律禁止をも委任するものとして明確であるとはいえず、その限度で新施行規則は違法無効である。

関連条文　憲法二二条一項・四一条・七三条六号、医薬品医療機器等法

解説　電子商取引は商品流通の過程に大きな変化をもたらしている。消費者にとってはECサイトで好きな商品をいつでもどこでも購入できて便利である反面、既存の店舗販売業者の経営を直撃する。また、事業者に説明義務を課す等の消費者保護目的の規制が機能しないおそれもある。本判決は、医薬品販売について店舗での対面を義務づけてネット販売を禁止する省令が、法律の委任の限界を超えると判断した。その際、立法者意思が不明確であることに加え、医薬品のネット販売に既に相当の需要があり、規制により既存ネット事業者の営業の自由が制約されることが、重視されている。

160 最2判平成8・4・26民集五〇巻五号一二六七頁

誤振込による預金の成立

関連条文 民法六六六条、民事執行法三八条

誤振込による振込先に普通預金債権は有効に成立するか。

事　実　Xは、A社に対する賃料・光熱費等を支払おうとB銀行に振込依頼をする際に誤って、A社と同じ読み仮名で、かつて取引のあったC社の普通預金口座を指定してしまい、その結果、C社の普通預金口座に入金記帳がなされた。その後、C社の債権者であるYが、C社の普通預金債権を差し押さえた。Xは、Yに対し、第三者異議の訴えを提起。

裁判所の見解　振込依頼人から受取人の銀行の普通預金口座に振込があったときは、振込依頼人と受取人との間に振込の原因となる法律関係が存在するか否かにかかわらず、受取人と銀行との間に振込金額相当の普通預金契約が成立し、受取人が銀行に対して右金額相当の普通預金債権を取得する。

解　説　銀行との預金取引には、普通預金のような流動性があり要求払預金である決済性預金と定期預金や貯蓄預金等の流動性のない定期性預金とがある。定期金債権の帰属について、従来、最高裁は、名義ではなく実際に資金を拠出した出捐者を基準とする客観説を採用していた（最3判昭和48・3・27民集二七巻二号三七六頁）。この考えを普通預金にも適用すれば、振込事例においては、出捐者たる振込依頼人が当該振込金額についての預金者であり、依頼人の意思など依頼人と受取人との間に何らかの原因関係に従って、預金の帰属が定まるという理解が成り立ちうる。そして、依頼人が誤って振込先を記載した本件のような誤振込においては、預金債権は誤って記載された振込先には成立しないことになる。

しかし、本判決は、前記の考えを否定し、原因関係が存在しない誤振込であっても、預金債権は、受取人に有効に成立するとし、事後処理は、振込依頼人から受取人への不当利得返還請求権行使に委ねられることになった。これによって、誤振込の依頼人は受取人の債権者たる地位に立つにとどまり、他の受取人の一般債権者と同順位に立つことになる。

本判決は、理由として、普通預金における振込は、「銀行間及び銀行店舗間の送金手続を通して安全、安価、迅速に資金を移動する手段」であることを挙げており、流動性のない定期預金と普通預金との違いを強調している。普通預金債権の成立が、原因関係の有無に影響すれば、銀行は、受取人に支払ってしまうと、二重払いのリスクに晒されることになり、善意弁済（民法四七八条）の成立を主張するにも無過失が必要となり、資金移動のたびに調査義務が課されることになる。これでは振込取引が遅延化し、決済手段として機能しなくなる。しかし、本判決は、決済性預金を債権でありながら究極の種類物たる金銭同様の決済手段として機能することを認めるものである。

参加者の誤発注に備えた金融商品取引所の義務……ジェイコム株式誤発注事件

161　東京高判平成25・7・24判タ一三九四号九三頁

関連条文　民法四一五条・七〇九条

金融商品取引所の開設者は取引参加者の誤発注による損害発生を防止する義務を負うか。

事　実　証券会社X社と、証券取引所Y社との間で締結された取引参加者契約上の規定には、Y社に故意または重過失がある場合を除いて、取引参加者が市場の利用で損害を受けることがあっても免責する旨の免責規定が設けられている。X社は、Y社の市場で、A社株「六一万円一株」の売り注文とすべきところを、誤って、「一円六一万株」の売り注文をしてしまった。X社は、ただちに本件注文を取り消す注文を発したが、Y社のシステムの仕様で取消ができないまま、買い注文と対当され、四一五億円超の損害が発生した。X社がY社に対して債務不履行または不法行為に基づく損害賠償請求。

裁判所の見解　Y社は、取引参加者契約に基づいて、X社に対して、売買システムを利用して取引させる債務を負う。本件では取消処理が実現されないという不具合が発生したため、コンピュータ・システムを提供する債務の履行が不完全であった。免責規定により、損害賠償責任は、Y社に故意または重過失がある場合に限られる。本件では、回避容易性またはバグの発見・修正の容易性が認められず、重過失はない。

他方、Y社は、取引所として、「公益および投資者保護」の観点から売買を継続して行わせることが相当でない場合には、自らの業務規程に従って、売買停止措置を講じる義務を負い、同義務違反は不法行為を構成する。本件では、六一万株という発行済株式数を著しく超える数の売り注文がなされ、借株によっても決済される可能性がなくなったことを認識した時点で、Y社に売買停止義務違反がある。同義務違反は、著しい注意義務違反であり、重過失がある。過失相殺三割。

解　説　金融商品取引所は、一方では証券会社との間の取引参加者契約に基づいて一定の債務を負い、他方で、金商法による公正・円滑な証券取引と投資者保護のために運営する義務を負う（金商法一〇六条の三二）。本判決は、誤発注をすぐに取り消すシステムにバグがあり機能しなかった点と、売買停止措置を行わなかった点を問題とし、前者を債務不履行責任、後者を金商法上の義務違反による不法行為責任と構成して、ともに軽過失免責条項の適用を認めた上で、後者に重過失ありとして責任を認めた。

本判決は、金商法上の義務を根拠とするものの、参加者のミスによる損害であっても、取引のプラットフォーム開設者に責任が発生しうることを示す。

ATM払戻しにおける善意弁済

162　最3判平成15・4・8民集五七巻四号三三七頁

関連条文　民法四七八条

無権限者へのATMを通じた預金債権の支払に対して銀行はどこまで注意義務を負うか。

事　実　Xは Y銀行N支店で貯蓄預金口座を開設し、預金通帳とキャッシュカードの交付を受けた。カードの暗証番号は、X保有の自動車登録番号四桁と同一であった。Y銀行のカード規定には、カードによる機械払についてカードの真正性確認と暗証番号一致によって払い戻した場合には銀行を原則として免責とする規定は存在したが、通帳を用いた機械払について一切規定はなかった。Xは、預金通帳を自動車のダッシュボード内にいれていた間に、当該自動車の盗難にあい、その翌日、何者かが通帳と暗証番号を用いて現金自動入出機から八〇一万円を引き出した。Xが、当該払戻しは無効である等主張して、預金債権をY銀行に請求。

裁判所の見解　機械払の方法による預金の払戻しについても、民法四七八条の適用がある。債権の準占有者に対する機械払による預金の払戻しにつき銀行が無過失とするためには、預金者による暗証番号等の管理に遺漏がないようにさせるため当該機械払の方法により預金の払戻しが受けられる旨を預金者に明示すること等を含め、機械払システムの設置管理の全体について、可能な限度で無権限者による払戻しを排除しうるよう注意義務を尽くしていたことを要する。

解　説　民法四七八条は債権の準占有者への弁済も弁済者が善意・〔平成一六年民法改正で明文化〕無過失であれば有効な弁済と定める。起草時は、対面での弁済を想定していたであろうが、本判決は、ATMのような自動的・機械的なシステムに基づく無対面弁済の場面でも四七八条の適用を認める。問題はいかなる場合に同条の要件を満たすかにある。本判決は、預金通帳所持と暗証番号入力をもって債権の準占有者に該当するとの理解を前提に、機械が正しく作動したことだけでは無過失とはいえず、システムの設置管理に対して注意義務を課した。そして、Y銀行の注意義務として、預金者に暗証番号・通帳等の管理を十分にさせるため、通帳によっても機械払で払い戻しが可能である旨を預金規定等に明示的に規定して預金者に伝える義務があり、違反したY銀行に過失があるとした。

本件では、通帳管理の杜撰さや推知しやすい暗証番号設定など預金者側の帰責事由も存在したが、最高裁は、銀行側が機械的・形式的なシステムを組み立てたことを根拠に銀行に注意義務を課した。これは、より安全なシステム・運用構築のための誘因をシステム設計者に課すことが社会的に望ましいとの判断に基づくものであろう。なお、本件のような通帳盗難について、現在では預金者保護法に基づき、預金者は届出を行うことで銀行が損失を補填する。

詐取カードの盗難カード該当性と重過失

163 大阪地判平成20・4・17判時二〇〇六号八七頁

預金者が暗証番号として生年月日を利用し続けていたことが預金者保護法上の重過失に該当するか。

事　実　Xは、駐車していた自動車内のカバンから預金通帳、キャッシュカードを盗まれた。そこで、XはY銀行に盗難を申告し、預金払戻停止を依頼して、カードの再発行を申請した。その際に、Xはカードの暗証番号を生年月日とした。再発行カードはY銀行からXに郵送する途中で、Xの夫に成りすました第三者が不正に取得し、その後、ATMからXの預金が引き落とされた。Xは、再発行カードは預金者保護法の偽造カード等に該当し、預金者に重過失はない以上、同法四条一項に基づき第三者への払戻しは無効であるとして、預金債権をY銀行に請求。

裁判所の見解　本件の再発行カードは預金者に交付されなかった以上、「真正カード」に該当せず、「偽造カード等」に該当する。金融機関から預金者に別の番号に変更するよう、複数回にわたり個別的、具体的な働きかけが行われていた場合に、預金者が暗証番号を生年月日等の類推されやすいものとしていたときは、その余の事情を考慮して、重過失と判断されうる。

解　説　関連条文　預金者保護法四条一項

預金者保護法は、真正カード等（同法二条三項）が盗難され、ATM等で預金が払い戻された場合、盗取の事実を速やかに報告し、かつ、預貯金者に重過失がなければ、一定の免責事由（親族等による場合、虚偽説明がなされた場合、社会秩序の混乱に乗じたものである場合）ある場合を除いて、預貯金者に金融機関への填補請求を認める（同法五条一項）。ただし、預貯金者に軽過失があれば、填補金額は七五％に制限される（同法五条二項）。これに対して、偽造カード等（同法二条四項）を用いてATMで払戻しがなされた場合は、預貯金者に故意・重過失がなければ、払戻しは無効となり（同法四条一項）、預貯金者は一〇〇％の救済を受けることができる。

本判決は、本件再発行カードは、預貯金者が受領されるよりも前に盗難の被害にあったことから、同法二条三項の定める「預貯金者への交付」がなされていない以上、真正カード等には該当せず、偽造カード等に該当するとして救済を広く認めた。

預金者が生年月日を暗証番号に用いていた点については、事件発生時（平成一八年）は、金融機関が生年月日の暗証番号使用を禁じたり、危険性の告知が不十分であったという当時の状況を前提に、当該預金者に個別に警告を複数していない以上、重過失には該当しないとした。預貯金者の重過失要件の中で、ATMシステムを設営している金融機関に顧客への危険性の周知を含めた広義のセキュリティ体制の整備を要求している。

取引所アカウント上の暗号通貨と取戻権……MTGOXビットコイン引渡請求事件

164 東京地判平成27・8・5 LEX/DB 25541521

関連条文 民法八五条・破産法六二条

暗号通貨取引所に対するアカウント上の暗号通貨は破産法上の取戻権を構成するか。

事実 Xは、Y社が運営するインターネット上のビットコイン（暗号通貨）取引所にアカウントを有し、四五八ビットコインの残高を有していた。Y社が破産手続開始決定を受けたため、Xは、Y社の破産管財人にビットコインの所有権に基づく取戻権行使とビットコインを引き渡さなかったことが不法行為に該当するとして損害賠償を請求。

裁判所の見解 所有権の対象となるには、民法八五条による有体物であることの他に、所有権が客体である「物」に対する他人の利用を排除することのできる権利であることから排他的に支配可能であること（排他的支配可能性）と、個人の尊厳が法の基本原理であることから非人格性とが要件となる。ビットコインに有体性はなく、ビットコインの送付には、当該トランザクションがブロックチェーンに記録され、送付先と送付元以外の他の参加者に拡散して保有され、送付の当事者以外の関与が必要であることから排他的支配可能性もなく、ビットコインに所有権は成立しない。ビットコインの所有権侵害を理由とする不法行為も認められない。

解説 本判決は、ビットコインの所有権の対象資格を、有体物性と排他的支配可能性とが欠けることを理由に否定した。かかる判断はビットコイン以外の暗号通貨にも等しく妥当するものであろう。後者に関して、送付当事者以外の参加者の関与が必要であることをもって排他的支配可能性を否定した判断は、ブロックチェーン技術によって分散記録（分散型台帳）する点をその根拠としている。だが、分散型台帳技術は、偽造・改竄のリスクを安価に抑える技術であり、対象となるデータの真正性を保証する仕組みとしてむしろ取引安全ないし財としての適格性を高める仕組みである。暗号通貨が民法上の所有権の対象とならないのは有体物性（民法八五条）が欠けている点から明らかであり、排他的支配可能性への判示は傍論というべきである。

他方で、ビットコインが所有権の対象となりうるとしても、本件の取引所では、顧客の資産と固有財産の分別管理がなされておらず、混蔵寄託されていたため、各アカウントの保持者にアカウント上のビットコインの所有権が認められることはなかったと考えられる。この意味でも、本判決の判示は傍論である。

また、本判決は不法行為に基づく損害賠償請求権も否定したが、この判断は「所有権侵害」を理由とした不法行為を否定したにすぎず、その他の法律上保護される利益（民法七〇九条）侵害を理由とした不法行為を成立する余地はある。

預金口座の取引経過開示義務

165 最1判平成21・1・22民集六三巻一号二二八頁

関連条文　民法六四五条・六五六条・二六四条・二五二条

共同相続人の一人が被相続人の預金口座の取引経過の開示を請求できるか。

事実　預金者が死亡し、共同相続人の一人Xが、被相続人が信用金庫Yに有していた預金口座における取引経過の開示を請求。

裁判所の見解　金融機関は、預金契約に基づき、預金者の求めに応じて預金口座の取引経過を開示すべき義務を負う。預金者が死亡した場合、共同相続人の一人は、預金債権の一部を相続により取得するにとどまるが、これとは別に、共同相続人全員に帰属する預金契約上の地位に基づき、被相続人名義の預金口座の取引経過の開示を求める権利を単独で行使することができる（民法二六四条、二五二条ただし書）。

解説　預金者に預金口座の取引経過開示請求権を認めた根拠として、本判決は、預金契約が、消費寄託契約の一種でありながらも、預金の返還だけでなく、振込入金の受入れ、各種料金の自動支払、利息の入金、定期預金の自動継続処理等、委任事務ないし準委任事務の性質を有するものも多く含まれている点を挙げる。委任契約・準委任契約の受任者は委任者の求めに応じて委任事務等の処理の状況を報告すべき義務を負う（民法六四五条、六五六条）。この義務は、委任事務の処理状況を正確に把握し、その適切さについて判断するために必要なものであり、預金契約において預金者が、金融機関の事務処理を正確に把握し、その適切さを判断するためにも同じく必要であるため、事務処理の報告義務の反映として預金口座の取引経過の開示義務を金融機関が負うという論理である。

本判決は、預金債権がただの金銭債権（可分債権）の典型例という理解を打ち崩し、金融機関によるサービス提供の側面が大きいことを強調した。この理解は、相続時に可分債権が遺産分割の対象とならずに当然分割とされるところ、預金債権は遺産分割の対象に含まれるとした判例変更（最大決平成28・12・19民集七〇巻八号二一二一頁）に結び付いている。さらに、平成二九年銀行法改正は、銀行に対して、送金や口座管理、資産運用サービスなどを提供する中間業者（電子決済等代行業者）との連携・協同について方針を作成する義務を課した（銀行法五二条の六一の一一）。預金債権をただの金銭債権ではなく支払・資産運用のハブとして活用していく動きは加速している。

さらに、本判決は、共同相続人のうちの一名であっても、保存行為として、開示請求を認めた。これにより、相続紛争において、一部の相続人による不透明な金銭移転への抑止効果が期待できる。ただし、本判決は開示請求が権利の濫用となりうることも指摘しており、相続紛争の嫌がらせ手段として何回も開示請求を繰り返すような場合は権利濫用となるであろう。

シンジケートローンのアレンジャーの情報提供義務

166 最3判平成24・11・27判時二一七五号一五頁

関連条文　民法七〇九条・一条二項

シンジケートローンのアレンジャーは借主から提供された情報について参加銀行に対して情報提供義務を負うことがあるか。

事　実

Y銀行は、従前より取引関係にあるA社から委託を受けて、総額一〇億円を予定するシンジケートローン（以下、シ・ローン）のアレンジャーとなった。当該シ・ローンにはX銀行を含む一〇銀行が参加した。Y銀行がX銀行らに交付した参加案内資料には、資料に含まれる情報の正確性・真実性についてY銀行は一切の責任を負わないこと、参加銀行が独自にA社の信用力等の審査を行う必要があることなどが記載されていた。

A社は、メインバンクであり既に別のシ・ローンを組成していたB銀行からA社の決算書において不適切な処理の疑いを指摘されていた。A社は、B銀行が別のシ・ローンの参加銀行にA社の決算書不適切処理の疑いがあり精査する旨の書面を送付した事実をY銀行に伝えた。Y銀行はX銀行らにこのことを告げず、本件シ・ローンが実行された。その後、B銀行は財務調査の結果A社決算書に粉飾があったとし、別のシ・ローンの期限の利益喪失を通知して、A社は民事再生手続が開始された。X銀行はY銀行に対して情報提供義務違反を理由に不法行為に基づく損害賠償請求。

裁判所の見解

Y銀行から交付された資料に情報の正確性・真実性についてY銀行は一切の責任を負わず、独自にA社の信用力等の審査を行う必要があることなどが記載されていたとしても、Y銀行がアレンジャー業務の遂行過程で入手した情報については、これらがX銀行らに提供されるように対応することを期待するのが当然といえ、X銀行らに本件シ・ローンへの参加を招へいしたY銀行としても、そのような対応が必要であることに容易に思い至るべきである。本件の事実関係の下では、守秘義務違反も問題にならない。よって、Y銀行は、X銀行らに対し、信義則上、本件シ・ローン組成・実行前に情報を提供すべき注意義務を負う。

解　説

一般にシ・ローンにおいては、アレンジャーと参加金融機関との間には契約関係はなく、金融機関はプロとして自己責任で貸し付けを行うべきものと理解されている。このような理解からは、本判決は、粉飾決算の確度の高い疑念を知ったという例外的な場面に限って、アレンジャーに情報提供義務を課した事例判決と理解することになる。

だが、他方で、本判決は「アレンジャー業務の遂行過程で入手した情報」ないしアレンジャー業務の遂行に必要な情報（田原睦夫判事補足意見）であれば、広く情報提供義務を課したものと理解することもできる。

行政調査と令状主義・不利益供述の強要禁止……川崎民商事件

167 最大判昭和47・11・22刑集二六巻九号五五四頁

関連条文　憲法三五条・三八条一項

行政調査に令状主義（憲法三五条）・不利益供述の強要禁止（憲法三八条一項）の保障が及ぶか。

事実　Xは、税務署収税官吏が所得税確定申告調査のため帳簿書類等の検査をしようとするに際し、これを拒んだため、当時の所得税法の罰則（現行の国税通則法七四条の二・一二八条二項に相当）に該当するとして、起訴された。Xは、罰則による検査の受忍の強制は憲法三五条・三八条一項違反に当たるとして無罪を主張した。

裁判所の見解　収税官吏による帳簿等の検査は、その受忍を相手方に対して強制する作用を伴うものであるが、もっぱら所得税の公平確実な賦課徴収のために必要な資料を収集することを目的とする手続であって、その性質上、刑事責任の追及を目的とする手続ではない。また、右検査の結果所得税逋脱の事実の発覚につながる可能性がないわけではないが、だからといって、右検査が実質上刑事責任追及のための資料の取得収集に直接結びつく作用を一般的に有するものと認めるべきことにはならない。さらに、強制の態様は、収税官吏の検査を正当な理由がなく拒む者に対し、刑罰を加えることによって間接的心理的に右検査の受忍を強制しようとするものであり、かつ、その作用する強制の度合いは、それが検査の相手方の自由な意思を著しく拘束して、実質上、直接的物理的な強制と同視すべき程度にまで達しているとは、いまだ認めがたい。徴税権の適正な運用の確保と所得税の公平確実な賦課徴収という公益上の目的及び必要性に鑑みれば、右の程度の強制は、実効性確保の手段として、あながち不均衡、不合理なものとはいえない。これら諸点を総合して考慮すれば、収税官吏による検査は、あらかじめ裁判官の発する令状によることをその一般的要件としないからといって、憲法三五条の法意に反するものとすることはできない。また、収税官吏による検査・質問に関する所得税法の規定そのものが憲法三八条一項にいう「自己に不利益な供述」を強要するものとすることはできない。

解説　本判決は、収税官吏による質問検査（いわゆる税務調査）につき、その目的・作用・強制の態様に着目して、憲法三五条・三八条一項違反に当たらないとした。本判決の論理からすれば、刑事責任追及という目的・作用を有し、かつ、実力を行使して相手方の抵抗を排し調査を行うことが認められているもの（いわゆる犯則調査において行われる臨検・捜索・差押え等（国税通則法一三二条））については、両条項の保障が及ぶことになろう（現に国税通則法一三二条三項は事前に裁判官の許可状を得なければならないと定める）。税務調査と犯則調査の関係については、168判決も参照。

行政調査と刑事手続の関係

168　最2決平成16・1・20刑集五八巻一号二六頁

関連条文　国税通則法七四条の八

行政調査（税務調査）で収集した証拠資料が後の刑事手続（犯則調査）で証拠として利用されることの可否。

事実　Xは、経営する会社の所得金額につき虚偽の法人税確定申告書を提出し、法人税額を免れたため、法人税法違反等の罪で起訴された。Xは、先行する税務調査が犯則調査を有利に進めるために利用されたなどとして、収集された証拠は違法収集証拠に該当するため無罪と主張した。

裁判所の見解　税務調査のため認められた質問検査権は、犯罪の証拠資料を取得収集し、保全するためなど、犯則事件の調査あるいは捜査のための手段として行使することは許されない。しかし、上記質問検査権の行使に当たって、取得収集される証拠資料が後に犯則事件の証拠として利用されることが想定できたとしても、そのことによって直ちに、上記質問検査権が犯則事件の調査あるいは捜査のための手段として行使されたことにはならない。原判決は、本件の事実関係の下で、上記質問検査権が、犯則事件の調査を担当する者から依頼されるか、その調査に協力する意図の下に、証拠資料を保全するために行使された可能性を排除できず、一面において、犯則事件の調査あるいは捜査のための手段として行使されたものと評することができる旨判示しているが、本件では、上記質問検査権の行使に当たって、取得収集される証拠資料が後に犯則事件の証拠として利用されることが想定できたにとどまり、上記質問または検査の権限が犯則事件の調査あるいは捜査のための手段として行使されたものとみるべき根拠はないから、その権限の行使に違法はなかったというべきである。

解説　現行の国税通則法七四条の二以下の質問検査（いわゆる税務調査）がもっぱら課税・徴税目的（行政目的）で行われるのに対し、同法一三一条以下の犯則調査は、国税に関する犯則事件（犯罪）調査のために行われ、刑事事件の捜査に準ずる性格をもつ。ところが、租税逋脱（脱税）事件については、調査の対象が重なり合っているため、税務調査をきっかけとして犯則調査が開始されたり、税務調査で収集された証拠資料が犯則調査に利用されたりすることが、実務上生じる。しかし、税務調査には憲法三五条・三八条一項の保障は及ばないため（167判決参照）、このようなことを無制限に認めると、刑事手続に関する憲法上の権利保障が潜脱されかねない。

質問検査のような行政調査を定めた法律には「当該職員の［質問検査の］権限は、犯罪捜査のために認められたものと解してはならない」との規定が置かれるのが常であるが（国税通則法七四条の八等）、証拠資料の利用を完全に禁圧するのも現実的ではないため、その要件・限界が問題となる。本判決は、事例判断ながら、その一つの指針を示したものである。

前科照会とプライバシー侵害

169 最3判昭和56・4・14民集三五巻三号六二〇頁

関連条文　弁護士法二三条の二

市区町村長が弁護士会の照会に応じて私人の前科について回答することは、プライバシー侵害に当たるか。

事　実　弁護士Aは、弁護士法二三条の二に基づき、所属弁護士会を通じてY市に対しXの前科犯罪歴の照会をしたところ、Y市はこれに応じてXの前科を回答した。Xはこれがプライバシー侵害に当たるとして、Y市に対し国家賠償請求をした。一審は棄却、二審は慰謝料のみ認容。Y市が上告。

裁判所の見解　前科及び犯罪経歴は人の名誉、信用に直接にかかわる事項であり、前科等のある者もこれをみだりに公開されないという法律上の保護に値する利益を有するのであって、市区町村長が、本来選挙資格の調査のために作成保管する犯罪人名簿に記載されている前科等をみだりに漏えいしてはならないことはいうまでもない。前科等の有無が訴訟等の重要な争点となっていて、市区町村長に照会して回答を得るのでなければ他に立証方法がないような場合には、裁判所から前科等の照会を受けた市区町村長は、これに応じて前科等につき回答をすることができるのであり、同様な場合に弁護士法二三条の二に基づく照会に応じて報告することも許されないわけではないが、その取扱いには格別の慎重さが要求されるものといわなければならない。本件においては、照会を必要とする事由として「中央労働委員会、○○地方裁判所に提出するため」とあったにすぎず、このような場合に、市区町村長が漫然と弁護士会の照会に応じ、犯罪の種類、軽重を問わず、前科等のすべてを報告することは、公権力の違法な行使に当たる。

解　説　本判決は、前科等のプライバシーを不法行為法上の保護法益と認めた点で重要な意義を有するが、ここでは行政法の観点から解説する。犯歴事務規程（平成二八年法務省刑総訓七号）三条四項・七条四項は、地方検察庁の犯歴担当事務官が、罰金刑以上の刑に処せられた者の裁判に関する情報について、その者の本籍地の市区町村長に通知をする旨を定めており、各市区町村は、これに基づいて犯罪人名簿を作成・保管している。ただし、犯罪人名簿の調製は地方公共団体の自治事務として実施されており、法律の根拠は必要なく、各地方公共団体の個人情報保護条例等に基づき適切な取扱いをすべきというのが政府見解である（「犯罪人名簿に関する質問主意書」に対する平成22・3・12内閣総理大臣答弁）。その目的は、選挙資格の調査のためであるとされるが、警察・検察庁・裁判所からの照会のほか、各種資格の免許・登録等の際の欠格事由の確認のために行政庁からの照会にも応じるとされる。本判決は、弁護士法二三条の二による前科照会について、照会事由により絞りをかけるという解釈を採用したものである。

人格権・名誉権に基づく個人情報の訂正・抹消請求

170 東京高判昭和63・3・24判時一二六八号一五頁

関連条文 個人情報保護法二九条、行政機関個人情報保護法二七条

他人の保有する個人情報に誤りがある場合に名誉権ないし人格権に基づき訂正・抹消を請求しうるか。

事実 Xは、第二次世界大戦中、旧日本海軍の情報班長として海南島で活動していたが、終戦後、中国軍による処刑を恐れて、部隊内の正規の手続を経ずに離隊した。日本に引揚げ後、厚生省が調製した自己の身上調査票に「逃亡」と記載されていることを知り、その訂正・抹消を請求して民事訴訟を提起した。一審は請求を棄却したので、Xが控訴。

裁判所の見解 他人の保有する個人の情報が、真実に反して不当であって、その程度が社会的受忍限度を超え、そのため個人が社会的受忍限度を超えて損害を蒙るときには、その個人は、名誉権ないし人格権に基づき、当該他人に対し不真実、不当なその情報の訂正・抹消を請求し得る場合があるというべきであるが、現行法制はその請求の要件につき整備された法条・法理の表現を具備していない状態にあるというべきであるから、いかなる場合に個人情報の訂正請求が認容されるかは、個々具体的な事案に即し、当該情報の種類・性質・内容、その情報の誤りの程度・態様・誤りの生じた理由、その情報の誤謬箇所を訂正しないことによって受けるべき当該個人の不利益並びにその誤謬箇所を訂正することによって受けるべき当該他人の不利益の有無・程度、さらに、公共の具体的利害の有無ひいては当該他人が国その他の公共団体である場合の行政処分或いは公共の利益との関連など、諸般の具体的事情、関係者の関連法益を総合考量し、憲法以下事案に関係する各実定法の関連各法条・法理、さらに信義誠実の原則、衡平の法理に照らし、判断せられるべき問題である。本件においては、Xの身上調査票の「逃亡」の記載をもって、真実に反し不当であり違法であると認定判断することはできない。

解説 個人情報の取扱いに関する法制度が整備されていなかった時代において、名誉権ないし人格権に基づき、自己情報の訂正・抹消請求を裁判上なしうる可能性を認めた判決である。現行法のもとでは、民間の個人情報取扱事業者に対しては、個人情報保護法二九条一項により、自己に関する保有個人データの訂正・追加・削除の請求をすることができる。この規定は、当該本人に裁判上の請求権を付与する趣旨であるが、訴訟を提起する場合には、事前に裁判外の請求を行い、二週間が経過するか拒否決定を受けなければならない（同法三四条一項）。行政機関が保有する個人情報については、行政機関個人情報保護法二七条一項により、訂正・追加・削除の請求をすることができる。この規定は当該本人に申請権を付与する趣旨であり、それに対する行政機関の長の決定に不服がある場合には、審査請求及び抗告訴訟で争うことができる。

外国人の指紋押なつ

171 最3判平成7・12・15刑集四九巻一〇号八四二頁

関連条文　憲法一三条

外国人に指紋を押なつさせることは、憲法一三条が保護する個人の私生活上の自由の侵害に当たるか。

事　実　米国民であるXは、当時の外国人登録法に基づいて外国人登録の申請をした際、同法で義務づけられていた指紋の押なつをしなかったため、同法に違反するとして起訴された。Xは、指紋押なつの義務づけが憲法一三条に違反するとして、無罪を主張した。

裁判所の見解　憲法一三条は、国民の私生活上の自由が国家権力の行使に対して保護されるべきことを規定していると解されるので、個人の私生活上の自由の一つとして、何人もみだりに指紋の押なつを強制されない自由を有するものというべきであり、国家機関が正当な理由もなく指紋の押なつを強制することは、同条の趣旨に反して許されず、また、右の自由の保障は我が国に在留する外国人にも等しく及ぶ。しかしながら、右の自由も、国家権力の行使に対して無制限に保護されるものではなく、公共の福祉のため必要がある場合には相当の制限を受けることは、憲法一三条に定められているところである。在留外国人の指紋押なつ制度は、戸籍制度のない外国人の人物特定につき最も確実な制度として制定されたもので、その立法目的には十分な合理性があり、かつ、必要性も肯定できる。本件当時の制度内容は、押なつ義務が三年に一度で、押なつ対象指紋も一指のみであり、加えて、その強制も罰則による間接強制にとどまるものであって、精神的、肉体的に過度の苦痛を伴うものとまではいえず、方法としても、一般的に許容される限度を超えない相当なものであったと認められる。よって、同制度は憲法一三条に違反しない。

解　説　本判決は、「何人もみだりに指紋の押なつを強制されない自由」を、憲法一三条が保護する個人の私生活上の自由（197判決参照）として認めた。ただし、「正当な理由」があれば強制も許されるとしている。本判決は、外国人登録制度の内容を検討し、立法目的の合理性・必要性、強制の態様の相当性を肯定し、違憲の主張を退けた。

外国人登録制度は現在では廃止され、入管法に基づく在留管理制度に移行している。また、在留外国人を対象とした指紋押なつ制度は二〇〇〇年に廃止されているが、テロ未然防止のために二〇〇七年から施行された入管法の改正（同法六条三項、同法施行規則五条七〜九項）により、外国人は上陸の申請（いわゆる入国審査）の際に、両手のひとさし指の画像情報を顔写真とともに提供することが原則として義務づけられている。

個人の私生活上の自由の保護と行政機関による情報収集との関係が問題となったものとして、173、175判決も参照。

住民票データの漏洩……宇治市住民票データ流出事件

172 大阪高判平成13・12・25判自二六五号一一頁

関連条文　民法七一五条

市から再々委託を受けたシステム開発会社の従業員から住民票データが流出した場合、市は損害賠償責任を負うか。

事実　Y市は、住民票データを用いて乳幼児健診システムの開発をすることとし、A社に開発業務を委託した。同業務はA社からB社を介してC社に再々委託された。Y市はA社とは秘密保持条項を含む業務委託契約を締結していたが、B社・C社との間ではそのような契約は締結していなかった。C社の従業員Tらは、Y市の担当職員の承諾を得て、住民票データを社に持ち帰ったが、Tは、このデータを名簿販売業者に売却した。それはさらに結婚相談業者らに流出し、インターネット上で同データの購入を勧誘する広告が掲載されている旨が新聞報道されるなどした。Y市民であるXらは、プライバシー侵害を理由としてY市に対し損害賠償請求をした。

裁判所の見解　住民票データに含まれる個人情報は、明らかに私生活上の事柄を含むものであり、一般通常人の感受性を基準にしても公開を欲しないであろうと考えられる事柄であり、さらにはいまだ一般の人に知られていない事柄であるといえるから、プライバシーに属する情報であり、権利として保護される。住民基本台帳法上も、プライバシーとして保護されており、またそのように運用されている。したがって、法律上Y市によって管理され、その適正な支配下に置かれているべきものであるのに、それが流出して販売の広告がインターネット上に掲載され、完全に回収されたものかどうかは不明であるといわざるをえない状態に置かれたこと自体によって、Xらの権利侵害があったというべきである。また、Y市とTとの間には、実質的な指揮監督関係があったというべきであるから、Y市は民法七一五条に基づく使用者責任を負う。

解説　住民票データは、個人情報の塊であり、慎重適正な管理が要請される。本判決は、流出による不法行為の成立を認めたが、行政法上も種々の規律がある。現行法では、住民基本台帳法により、本人が自己または自己と同一の世帯に属する者の住民票の写し等の請求をする場合（一二条）の他は、請求できる場合が制限されており（一二条の三等）、違反すると罰金に処せられる（四六条二項）。市町村長及びその受託者には、漏洩等の防止措置を講ずべき義務が課されている（三六条の二）。さらに、各地方公共団体で施行されている個人情報保護条例の適用も受ける。その内容は様々に異なりうるが、行政機関個人情報保護法に準えていえば、受託者をも対象に含めた漏洩等の防止のための安全確保の措置（六条）や守秘義務（七条）などは、通常規定されているはずである。さらに本件のようにシステム開発のために利用するなどの場合には、目的外利用の制限（八条）にも留意しなければならない。

住基ネットの合憲性

173 最1判平成20・3・6民集六二巻三号六六五頁

住基ネットによる個人情報の収集・管理・利用は、憲法一三条が保護する個人の私生活上の自由の侵害に当たるか。

関連条文　憲法一三条

事　実　Xらは、行政機関が住民基本台帳ネットワーク（住基ネット）により個人情報を収集・管理・利用することは、憲法一三条の保障するプライバシー権その他の人格権を違法に侵害するものであると主張して、その居住するY市らに対し、住民基本台帳からXらの住民票コードの削除を請求した。二審が請求を認容したため、Y市らが上告。

裁判所の見解　住基ネットによって管理、利用等される本人確認情報は、氏名、生年月日、性別及び住所から成る四情報に、住民票コード及び変更情報を加えたものにすぎない。このうち四情報は、人が社会生活を営む上で一定の範囲の他者には当然開示されることが予定されている個人識別情報であり、変更情報も、転入、転出等の異動事由、異動年月日及び異動前の本人確認情報にとどまるもので、これらはいずれも、個人の内面に関わるような秘匿性の高い情報とはいえない。住民票コードは、住基ネットによる本人確認情報の管理、利用等を目的として、都道府県知事が無作為に指定した数列の中から市町村長が一を選んで各人に割り当てたものであるから、上記目的に利用される限りにおいては、その秘匿性の程度は本人確認情報と異なるものではない。住基ネットによる本人確認情報の管理、利用等は、法令等の根拠に基づき、住民サービスの向上及び行政事務の効率化という正当な行政目的の範囲内で行われているものということができる。住基ネットにシステム技術上または法制度上の不備があり、そのために本人確認情報が法令等の根拠に基づかずにまたは正当な行政目的の範囲を逸脱して第三者に開示または公表される具体的な危険が生じているということもできない。したがって、憲法一三条により保障された個人の私生活上の自由を侵害するものではない。

解　説　住基ネットは、二〇〇二年から施行された住民基本台帳法の改正により設けられた地方公共団体の共同のシステムであり、住民基本台帳のネットワーク化を図り、情報の共有により、全国的に特定の個人情報の確認ができる仕組みを構築し、市町村の区域を越えて住民基本台帳に関する事務処理を行うものである。二審は、行政機関において、個々の住民の多くのプライバシー情報が住民票コードを付されて集積され、それがデータマッチングされ、本人の予期しないときに予期しない範囲で行政機関に保有され、利用される具体的な危険が生じているということができると判断したが、本判決は、取り扱われる情報の性質のほか、システムの技術上の安全性、守秘義務、第三者委員会・審議会などの存在を挙げて、これを否定した。憲法一三条との関係については、171、197判決も参照。

出生届が提出されていない子の住民票の記載義務

174　最2判平成21・4・17民集六三巻四号六三八頁

出生届が受理されておらず、戸籍に記載のない子について、区長が職権で住民票の記載をする義務があるか。

事実　事実婚の夫婦であるX_1及びX_2は、その間の子X_3が出生した際、非嫡出子という用語を差別用語と考えて、嫡出子・非嫡出子の別を記載する欄を空欄のまま出生届を提出した。提出を受けたY区長は、同出生届を受理しなかったため（このことは別の裁判で適法であることが確定）、X_3については戸籍の記載がされず、また住民票の記載もされなかった。X_1～X_3は、Y区長が住民票の記載を求める申入れに応じなかったため、国家賠償などを請求して訴えを提起した。

裁判所の見解　市町村長は、父または母の戸籍に入る子について出生届が提出されない結果、住民票の記載もされていない場合、常に職権調査による方法で住民票の記載をしなければならないものではなく、原則として、出生届の届出義務者にその提出を促し、戸籍の記載に基づき住民票の記載をすれば足りる。もっとも、住民票の記載がないことで、子に生じうる行政サービス上の支障を考えると、戸籍に記載のない子については、届出の催告等による方法によって住民票の記載をすることが社会通念に照らし著しく困難でありまたは相当性を欠くなどの特段の事情がある場合にまで、住民票の記載をしないことが許されるものではなく、このような場合には、市町村長に職権調査による方法で当該子につき住民票の記載をすべきことが義務づけられることがある。しかし、本件においては、母であるX_2が出生届の提出をけ怠していることにやむをえない合理的な理由があるということはできず、前記の特段の事情があるということもできない。

解説　子が出生した場合には、戸籍法に基づいて提出される出生届（四九条）により戸籍の記載がされ（一五条）、これと連動して職権で住民票の記載がされる（住民基本台帳法八条・九条二項）。出生届の提出がされない場合には、本判決がいうように届出の催告等による方法（同法一四条一項）と職権調査による方法（同法三四条）とにより住民票を記載する方法があるが、本判決は前者を原則とした。そして、本件においては、X_2が適式な出生届を提出することに格別の支障がないにもかかわらず、その提出を怠っていること、Y区長が、X_2の信条に配慮して、いわゆる付せん処理（内部的に嫡出子・非嫡出子の別を認定して付せんを貼付することにより出生届を受理する方法）を提案したがこれを拒否されたこと、出生届不受理処分に違法がないことが別に司法判断で確定していること、などを指摘して、Y区長が住民票の記載をしないことに違法はないとした。なお、住民票の続柄記載が争われた類例として、最1判平成11・1・21判時一六七五号四八頁がある。

関連条文　住民基本台帳法八条

警察によるイスラム教徒の監視……ムスリム国賠訴訟

175 東京高判平成27・4・14 LEX/DB 25506287

関連条文 憲法一三条

警察がテロ防止のためにイスラム教徒を監視して宗教活動に関する個人情報を収集することは憲法一三条に違反しないか。

事実

警視庁は、テロに関する情報収集の一環として、モスクへの立入状況を監視するなどして、イスラム教徒であるXらの宗教活動を含む個人情報を収集していた。その後、この情報は、原因不明の経緯により外部に漏洩し、インターネット上に流出した。Xらは東京都らに対して情報の収集と流出の両方について国家賠償請求をした。一審・二審とも、情報の流出についてのみ東京都の責任を認めた。以下では、情報の収集がみだりに自身の信仰内容・信仰活動に関する情報を行政機関に収集・管理されない自由（憲法一三条）を侵害しないとした判示のみを取り上げる。

裁判所の見解

イスラム過激派による国際テロが現に多数発生し、モスクにおいて過激思想が醸成されたり勧誘を受けたりする例があることからすれば、国際テロの未然防止のためには、モスクの付近や内部において、その活動実態をある程度継続的に把握することや、モスクに出入りする者の中に、テロリズムに対する資金提供者などのテロリスト支援者がいないかどうかを探索することが必要である。他方で、本件モスク把握活動は、捜査員が自らモスクへ赴いて、Xらのモスクへの出入状況や宗教的儀式、教育活動への参加状況という外部から容易に認識することができる外形的行為を観察したというものであって、その意味では、これによって把握されるXらの行為が、第三者に認識されることが全く予定されていないものであるというわけではないし、本件情報収集活動全体でみても、Xらに対して信仰の証明を要求したりするものでも、不利益な取扱いを強いたり、宗教的に何らかの強制・禁止・制限を加えたりするものでもなく、モスクの付近ないしその内部に警察官が立ち入ることに伴い、Xらが不安感・嫌悪感を抱くといった事実上の影響が生じうるにとどまる。ひとたび国際テロが発生した場合の被害の重大さにも照らすと、本件情報収集活動によって収集されたXらの情報が社会生活の中で本人の承諾なくして開示されることが通常予定されていないものであることを踏まえても、本件情報収集活動は国際テロの防止の観点から必要やむをえない活動であるというべきである。

解説

本判決は、警察が収集したXらの宗教活動に関する情報が、個人の内面ひいては人格的自律に直接関わるセンシティブな情報であることを認めつつ、テロ未然防止のために当該情報の収集の必要性が高いこと、情報収集の態様が外形的な観察にとどまるものであり、信仰の内面に直接干渉するものではなく、Xらが被る不利益の程度がそれほど高いものではないことを指摘して、憲法一三条違反の主張を退けた。

176 自衛隊による情報収集活動……自衛隊情報保全隊事件

仙台高判平成28・2・2判時二二九三号一八頁

関連条文　憲法一三条、国賠法一条

自衛隊のイラク派遣に反対する活動をしていた者の個人情報を自衛隊情報保全隊が収集することの違法性。

事　実　日本共産党が入手し公表した陸上自衛隊情報保全隊の内部文書により、同隊が、自衛隊のイラク派遣に反対する活動をしていたXらの個人情報を収集していたことが明らかとなった。Xらは、国に対し、国家賠償請求をした。

裁判所の見解　情報保全隊による情報収集活動の国賠法上の違法性を判断するには、情報収集行為の目的、必要性、態様、情報の管理方法、情報の私事性、秘匿性の程度、個人の属性、被侵害利益の性質、その他の事情を総合考慮する必要がある。本件派遣反対活動が、相当数、自衛隊に対して直接的な対応を迫るような形でなされ、ごく一部には実力行使を含む態様をもってなされている場合において、同活動一般について自衛隊における情報収集の必要性を否定することはできない。その必要性が認められる以上、上記活動を行う団体についてその組織構成、規模、本件派遣反対活動の内容、態様等について、デモ参加者等に対して有形力や強制力を行使することはなく、公開情報の収集を中心とし、収集の範囲も必要最小限度にとどまっていたという態様で情報を収集することは、それ自体で違法性を有するものとはいえない。しかし、プライバシーに係る情報については、収集の必要性が認められても、その必要性の程度も考慮の上で、その収集態様等によっては違法性を有する場合がありうる。Xらのうち、芸名で自衛隊派遣に反対する街頭ライブ活動を行っていたX_1については、一般的に公にしていなかった本名及び職業（勤務先）を情報保全隊が探索して取得、保有し、結果的にそれが明らかになったことは、X_1のプライバシーを侵害するものとして、違法である。それ以外の者については、情報収集の違法性は認められない。

解　説　憲法一三条が保護する個人の私生活上の自由の一つとして、何人も、個人の私的な事柄に関する情報をみだりに第三者に取得、開示または公表されない自由を有するものと解され、そのような利益または権利（いわゆるプライバシー）が人格権の一つとして、行政機関による情報収集に対しても不法行為法（国賠法）上の保護を受けることは、本判決も前提としている（169、171、173、175判決等を参照）。本判決が興味深いのは、その違法性を判断するための考慮要素を列挙し、情報収集活動自体に違法性がないとしても、その具体的な態様によっては、違法となる場合があると判示したことである。国は、本名や職業は、社会生活を営む上で一定の範囲では当然に開示されるべき情報であると主張したが、本判決は、自衛隊がX_1の本名や職業を探索することは、その範囲を超えるものであり、X_1が当然に予測・受忍していたとはいえないとした。

情報公開請求権と情報公開請求訴訟の性質……神奈川県マンション図面閲覧請求訴訟第一次控訴審判決

177 東京高判昭和59・12・20行集三五巻一二号二二八八頁

関連条文　行訴法九条一項、情報公開法三条

開示請求に係る行政文書の内容に利害関係をもたない開示請求人が提起する開示請求拒否処分取消訴訟の原告適格。

事実

Xは、環境問題に対する個人的な関心から、A社がマンション建築の建築確認を得る際に神奈川県に提出した建築確認申請書の添付書類について、当該マンションの完成後に、神奈川県の公文書公開条例に基づき閲覧の申請をしたところ、平面図・立面図・断面図等に関してはこれを拒否する処分がなされたため、当該処分の取消訴訟を提起した。第一審判決は、自己の具体的な権利利益と関わりをもたない県民からの閲覧申請が拒否されたとしても申請者の権利利益に影響を与えるものではないから、Xは申請拒否処分の取消しを求める法律上の利益を有しないとしたため、Xが控訴。

裁判所の見解

本件条例が公文書の閲覧請求に対する諾否の決定について行政不服審査法に基づく不服申立てをすることができることを当然の前提としていることに鑑みると、本件条例は、県民等は当然に県の行政に利害関係を有し、公文書の閲覧をすることにつき一般的に利益を有するものとみなして、この利益を保護するため、これらの者に対して個別的具体的権利として公文書の閲覧等を請求しうる権利を付与していると解される。したがって、当該公文書がその閲覧等を求めた者の具体的な権利利益と関わりがあるか否かにかかわらず、右決定によって公文書の閲覧等を請求する権利を違法に侵害されたとする者は、それだけで右決定の取消しを求めるにつき法律上の利益を有する。

解説

情報公開条例であれ情報公開法であれ、開示請求に係る行政文書の内容に直接の利害関係があるか否かを問わず、開示請求をすることができるとされている（情報公開法三条参照）。そして、開示請求者が開示請求に係る行政文書の内容に直接の利害関係を有しない場合について、本件の第一審判決は、閲覧申請拒否処分取消訴訟の原告適格を否定し、他方、同時期に出された浦和地判昭和59・6・11判時一一二〇号三頁は、特に原告適格を問題にせずに本案審理を行ったことから、本件が注目されることとなった。

本判決は、右に示したように、原告適格に関する「法律上保護された利益説」を前提としつつ、住民が地方公共団体の行政に利害関係を有していることを根拠に、公文書の閲覧請求権が個別的具体的権利として認められていると解したものであり、学説においても本判決に異を唱えるものは見当たらない。なお、本件の第二次控訴審判決については182事件を参照。

意思形成過程情報と情報公開……鴨川ダムサイト訴訟

178 最2判平成6・3・25判時一五一二号二二頁

関連条文 情報公開法五条五号

いわゆる意思形成過程情報の開示の可否。

事実 京都府においては鴨川改修に係る意思決定の一環として、学識経験者の意見を聞き、治水対策等について協議検討するために、非公開の鴨川改修協議会を設置し、ダムによる治水対策案を検討する余地があるかどうかを審議するために、二万五千分の一の地形図にダムサイト候補地を図示した選定位置図（以下「本件文書」という）が協議会に提出された。そこで京都府の住民が府の情報公開条例に基づいて本件文書の公開を請求したところ、非公開の決定がなされたため取消訴訟を提起した。

裁判所の見解 本件文書を公開しない旨の決定は適法である。

解説 情報公開法五条五号は、いわゆる意思形成過程情報（審議検討協議関連情報）を不開示情報として定める。これは、行政の一連の事案の処理の過程においていまだ検討途上にある未成熟な情報を開示すると、①それがあたかも確定した情報として誤解され結果的に混乱を招く（「不当に国民の間に混乱を生じさせるおそれ」）、②正式な決定を誘導するために圧力が加えられたりすることがある（「率直な意見の交換若しくは意思決定の中立性が不当に損なわれるおそれ」）、③土地投機など特定の者に不当な利益を与える（「特定の者に不当に利益を与え若しくは不利益を及ぼすおそれ」）、といった可能性があるので、これを避けるため不開示情報としたものである。とりわけ、情報公開法は、開示請求の対象となる行政文書について決裁を要件としていないことから（同法二条二項参照）、正式な意思決定がなされる前の情報も開示請求の対象となるため、意思形成過程情報を不開示としなくてはならない場面が生じうる。本判決は、本件文書の非公開決定を適法とした原審判決を是認した判決であるが、本判決に対する学説からの評価は分かれている。原審の判断においては、ダム構想がありうることを京都府が記者会見で報告したところ、協議会の委員に対して交渉の申入れ・面談の強要・無言電話があり、辞意を示す委員もいたという事実関係が特に影響を与えているものとみられる。また、同じくダムに関する情報の公開が争われ、文書の開示を命じた安威川ダム訴訟控訴審判決（大阪高判平成6・6・29判タ八九〇号八五頁）と異なった結論になっているのは、文書の内容・性質の違いによるものであると説明されている。

なお、平成二三年・二六年・三〇年の通常国会に提出された情報公開法改正案（未成立）では、同法五条五号が定める不開示情報の要件のうち、学説から批判されていた「不当に国民の間に混乱を生じさせるおそれ」を削除するものとしていた。

自己情報の本人開示請求……レセプト開示請求訴訟

179 最3判平成13・12・18民集五五巻七号一六〇三頁

関連条文　情報公開法五条一号

情報公開制度に基づく自己情報の開示請求の可否。

事　実　本件当時個人情報保護条例が未制定だったことから、Xは病院での自らの分娩の内容を知るために、兵庫県情報公開条例に基づいて、当該病院から提出されていた診療報酬明細書（レセプト）の公開を求めたところ、これはXの個人情報に当たるという理由で非公開決定がなされたためXが取消訴訟を提起した。なお、兵庫県では、本件の控訴審判決の後、自己情報開示請求制度を含む個人情報保護条例が制定された。

裁判所の見解　情報公開制度と個人情報保護制度とは本来異なる目的を有するが、公の情報の開示を実現するための相互に補完し合う制度である。個人情報保護制度が採用されていない状況の下での情報公開制度に基づいてされた自己情報の開示請求については、請求者の権利利益を害さないことが請求自体において明らかなときは、個人情報であることを理由に請求を拒否することはできないと解するのが、条例の合理的な解釈である。

解　説　行政機関個人情報保護法（以下「法」という）一二条一項のような自己情報の開示請求の仕組みがない場合に、情報公開制度を用いて自己の個人情報を開示請求することができるかという問題について、本判決はこれを認める立場をとった。ただし、自己情報の開示請求の場合であっても情報公開制度の下での不開示情報（情報公開法五条各号参照）が不開示とされることはもちろん、開示請求者本人にとって不利益となる情報（法一四条一号）は情報公開制度が想定していない不開示情報であるが、右に示した判旨の後段からして、このような情報についても本人に対して不開示とされる余地がある。

本件は実質的にはプライバシー侵害が生じない事案であり、本判決は柔軟な解釈によって合理的な結論を導いたともいえるが、本来情報公開制度は誰からの請求であっても不開示情報の有無のみによって一律に開示の可否が決定されるべきところ、本判決のような立場をとると、本人からの開示請求については それ以外の者からの開示請求とは区別された特別の取扱いが必要とされることになる。本判決の論理にはそのような座りの悪さがあるため、これを便宜的解釈として批判する学説も多い。なお、本判決は「個人情報保護制度が採用されていない」ことを前提とするものであるところ、平成一八年時点ですべての地方公共団体が個人情報保護制度を設け、そのほとんどが自己情報開示請求の仕組みを定めているものであること（総務省調べ）からすれば、本判決の一般論が適用されるような事案が今日において生じることは稀であろう。

食糧費と情報公開……大阪市財政局食糧費訴訟

180 最3判平成15・11・11民集五七巻一〇号一三八七頁

関連条文 情報公開法五条一号・二号

個人が識別できる文書の開示の可否。

事　実　大阪市財政局の職員が銀行職員・報道関係者・国家公務員・他市の市議会議員などを相手方として出席した複数の懇談会に係る支出関係文書の開示が請求されたところ、それらの文書には懇談会の相手方の氏名等が記載されていたことから個人情報に該当するとして不開示処分がなされたため取消訴訟が提起された。

裁判所の見解　①不開示とされる「個人に関する情報」とは、個人に関わりのある情報のことであり、私事に関する情報に限定されない。②法人等の従業員が職務として行った行為に関する情報については、それが法人等の行為そのものと評価される行為であれば個人情報には当たらない。③公務員の職務の遂行に関する情報については、それが大阪市の公務員であれ、国や他の地方公共団体の公務員であれ、私事に関する情報を除き、個人情報には当たらない。

解　説　判旨①は、個人情報を不開示とする規定が、プライバシー型ではなく個人識別型をとっている場合には、個人を識別できる情報であれば不開示情報に該当するとしたものである。その上で判旨②は、民間の法人等の職員が職務として行った行為が法人等の行為と評価できない場合には当該職員を識別できる情報は個人情報として不開示とされる余地があるが、その行為が法人等の行為と評価できる場合には当該職員を識別できる情報であっても個人情報とはされず、専ら法人等関連情報（情報公開法五条二号参照）として不開示とされる余地があるにとどまるとする。そして判旨③は、公務員個人を識別できる情報であっても、それが公務員の職務の遂行に関する情報であれば、原則として個人情報には当たらないとする。ただし、この判旨③の根拠として挙げられているのは説明責任の理念であるが、大阪市の公務員だけではなく、国や他の地方公共団体における説明責任が大阪市における情報公開を根拠づけるという趣旨の判旨にはやや不明確な印象を受ける。

他方、情報公開法五条一号ハは、公務員の職務の遂行に関する個人情報のうち、職名と職務内容のみを例外的に開示すべき情報としており、そこに公務員の氏名は含まれていない。これは、氏名は私事に関する情報に該当することもありうるという理由で例外からは外されたという立法の際の経緯による。したがって、このような規定ぶりになっている同条の解釈には本判決の射程は当然には及ばないと考えられ、実務上、公務員の氏名の開示の可否は同号イに該当するかどうかで判断されている。なお、平成二三年・二六年・三〇年の通常国会に提出された情報公開法改正案（未成立）においては、五条一号ハの例外的開示情報に公務員の氏名を含める旨の改正が意図されていた。

部分開示の範囲……大阪府知事交際費訴訟第二次上告審判決

181 最3判平成13・3・27民集五五巻二号五三〇頁

関連条文 情報公開法六条

行政機関が部分開示を実施すべき義務の範囲。

事実 Xは、大阪府公文書公開条例に基づいて、懇談会費等に支出された知事交際費に関する文書の公開を請求したが、非公開決定がなされたため、その取消訴訟を提起した。原審は、開示請求の対象とされた文書の記載のうち、交際の相手方を識別できる部分（以下「相手方識別部分」という）以外の部分を公開すべきであると判示した。

裁判所の見解 本件条例は、非公開事由に該当する独立した一体的な情報を更に細分化してその一部を非公開としつつ、その余の部分を公開することまでをも実施機関に義務づけるものではない。

解説 情報公開法六条一項は、行政文書に不開示情報が記録されていてもそれを除いて開示すべきことを原則とし、同条二項は、個人識別情報（五条一号）につき個人識別部分を除いて開示すべきことを定める。本件条例は同法六条一項に対応する規定を定めていたが、同条二項に対応する規定を置いていなかったところ、本判決は、そのような規定のもとでは「独立した一体的な」不開示情報の中の一部の記載（本件では相手方識別部分）を除いて開示することは、行政機関が任意に行うことはできるが、義務づけられるものではないと判示した。独立一体説とか情報単位論と呼ばれるこの考え方の根拠を本判決は明らかにしないが、元原裁判官補足意見では、相手方識別部分を切り離せばその余の部分は情報としての意味をもたないこと及び同法が六条一項に加えてわざわざ二項を置いていることが挙げられている。部分開示の可能性を縮小することになるこのような考え方に対しては学説だけでなく裁判官からの批判もあり（後掲平成19年判決の藤田裁判官補足意見及び最2判平成30・1・19民集七二巻一号登載予定の山本裁判官意見を参照）、国の情報公開・個人情報保護審査会の答申も本判決とはやや異なる態度をとる。また、同法においては個人識別情報については六条二項があるとはいえ五条二号以下の不開示情報について独立一体説が採用されることが危惧されている。

なお、本判決は「各交際費の支出ごと」に独立一体的な情報が画されるとしているが、最高裁はその後、最3判平成19・4・17判時一九七一号一〇九頁において、おそらくは懇談会の出席者ごとに独立一体的な情報を画しており（その原審判決を参照）、実質的に本判決よりも開示の範囲を広げる判断を示している。

また、平成二三年・二六年・三〇年の通常国会に提出された同法改正案（未成立）において同法六条一項ただし書の内容を削除する改正案が示されていたのは、本判決の独立一体説を否定するという改正趣旨であると説明されている。

未公表文書の情報公開と公表権侵害……神奈川県マンション図面開示請求訴訟第二次控訴審判決

182　東京高判平成3・5・31判時一三八八号二二頁

関連条文　情報公開法五条二号、著作権法一八条

著作権（公表権）の目的たる著作物の開示の可否。

事実　事実については本件の第一次控訴審判決である177事件を参照されたい。177事件の判決で原告の原告適格が認められた後、閲覧請求の対象であるマンションの設計図が設計事務所Aの著作物であることから、法人等関連情報（情報公開法五条二号イ参照）に該当するか否かが争われた。なお、本件については、設計図がマンション入居者の個人情報（同法五条一号参照）に該当するか否かも争われているがここでは割愛する。

裁判所の見解　著作物である設計図をAの意に反して公開することはAの著作権を侵害し、Aに明らかに不利益を与えるものと認められる。

解説　著作権法は、著作物の著作者に公表権を認めており（同法一八条一項）、本件では、このような著作物が情報公開制度の下で開示請求の対象とされた場合に、著作者の意に反してこれを開示することができるのかどうかが問題とされた。本判決の原審判決は、著作権の目的たる著作物だからといってそれが当然に不開示情報となるわけではなく、あくまでその公表によって法人に不利益が与えられるかどうかで判断すべきであるとしたが、本判決は、著作権の目的たる著作物は当然に法人等関連情報に該当し、不開示情報に当たるとしている。学説においては、著作物であるための要件たる独創性がどの程度マンション設計図に備わっているのか、あるいは、マンション設計図はすでに公表されているといえるのではないか、といった点を指摘して本判決に批判的な見解があり、また、少なくとも本件のような法人著作については、本件の第一審判決のように、法人等関連情報に当たるかどうかを事案に即して判断すべきであるとする見解もある。

本判決後、情報公開法が制定される際、情報公開制度と著作権との調整のため、著作権法が改正されている。同法一八条三項によれば「別段の意思表示をした場合」を除き、著作物を行政機関等に提供した場合には当該著作物を情報公開法等の規定により公衆に提供することに同意したものとみなされる。また、同条四項によれば、不開示情報の例外的開示（情報公開法五条一号ただし書、五条二号ただし書参照）や裁量的開示（同法七条参照）に関してはそもそも著作者の公表権を認めないものとされている（ただしこの場合、同法一三条二項等により著作者には意見書の提出の機会が与えられなくてはならない）。さらに著作権法一九条四項及び四二条の二も情報公開制度と関わる規定である。

文書不存在を理由とする不開示決定の取消訴訟における主張立証責任……沖縄密約文書開示請求訴訟

183 最2判平成26・7・14判時二二四二号五一頁

関連条文　情報公開法二条二項

文書不存在の主張立証責任。

事実　昭和四七年の沖縄返還の際に沖縄返還協定に定められた財政負担以外の財政負担を日本政府が米国政府に対して負う旨の密約があったことを示す文書が米国国立公文書館において公開されている状況の下で、外務大臣等に同種の文書の開示請求がなされたが、これに対して文書不存在を理由とする不開示決定がなされたため取消訴訟が提起された。

裁判所の見解　不開示決定時に行政機関が行政文書を保有していたことについては原告が主張立証責任を負う。ある時点における行政文書の作成または取得が立証された場合において、不開示決定時においても当該行政機関が当該行政文書を保有していたことを直接立証することができないときに、これを推認することができるか否かについては、当該行政文書の内容や性質、その作成または取得の経緯や不開示決定時までの期間、その保管の体制や状況等に応じて、その可否を個別具体的に検討すべきものである。

解説　不開示決定の取消訴訟において、不開示情報が記録されていることの主張立証責任は行政機関の側が負うとするのが学説の通説であり、最高裁も一定の事実については行政機関の側に主張立証責任を負わせている（最3判平成6・2・8民集四八巻二号二五五頁）。これに対して、文書の物理的不存在を理由とした不開示決定に関しては、原告が文書の保有について主張立証責任を負うとするのが本判決である。

しかし、行政組織内における行政文書の管理状況を原告が把握することは通常困難である。そこで本判決は、本件のように過去のある時点での文書の保有が立証されている場合には、不開示決定の時点での文書保有の推認は個別具体的に検討されるべきであるとした。保有を推認する可能性自体は本件の全審級を通じて認められているが、第一審判決よりも控訴審判決のほうが、また、控訴審判決よりも本判決のほうがそれぞれ推認を認める余地が狭くなるような枠組みをとっていると解される。その上で、本判決は、判旨に挙げたような諸要素を本件に即して考慮した結果、本件の文書については保有の推認は認められないとしているが、その結論には、外交文書の性質（情報公開法五条三号参照）から通常の文書とは異なった方法で管理されていたことも想定されることに加え、平成二一年の政権交代に伴い外部有識者の委員会等による本件文書の調査が行われた結果としてその存在が認められなかったことも強く影響しており、本判決自体に直接反対する学説はほとんど見当たらない。

なお、平成二一年に公文書等の管理に関する法律が制定され、行政文書が廃棄される際には内閣総理大臣の同意が必要となった（同法八条二項、二五条）。

開示決定に対する第三者の取消訴訟

184 最3判平成13・11・27判時一七七一号六七頁

開示請求者以外の者が開示決定等の取消訴訟を提起するための原告適格。

事実　学校法人X（大学）が計一〇億円にのぼる栃木県からの補助金の交付を申請する際に県に提出した財務関係書類について、Zが、栃木県の公文書開示条例に基づきその開示を請求したところ、最終的に県知事は、貸借対照表の一部を含めたいくつかの文書について開示する旨の決定をしたため、Xが当該決定の取消訴訟を提起した。

裁判所の見解　本件の開示に係る情報は、Xの学校運営等を阻害したり、その信用または社会的評価を害するものということはできない。

解説　本件においてXは、開示される情報がいわゆる法人等関連情報（情報公開法五条二号イ参照）に該当すると主張したが、右に示したように本判決はそれを否定した。しかし、本件においてその前提として争われていた問題は、開示決定の名宛人ではないXに開示決定の取消しを求める原告適格があるか否かという点であり、第一審判決も控訴審判決も、法人等関連情報を不開示情報と定める条例の規定が法人の利益を具体的利益として保護していることを理由にXの原告適格を肯定し、本判決もXに原告適格が認められることを当然の前提として本案判決を下しており、この判断について学説からも異論はない。開示請求者以外の者が開示決定を争ういわゆる逆FOIA訴訟において原告適格を根拠づける法律上保護された利益の有無を、不開示情報を定める規定（情報公開法五条など）の解釈から導くということのような手法は、本判決以前の最2判平成13・7・13訟月四八巻八号二〇一四頁において既にとられていた。この事案では、国が那覇市に自衛隊施設を建設するため市に提出した建築工事計画書等を市長が市の情報公開条例に基づいて開示する旨の決定をしたため、国がその取消訴訟を提起したのであるが、最高裁は明示的に「法律上保護された利益説」に立った上で、不開示情報を定める条例の規定を検討し、結論としては国の原告適格は認められないという判断をしている。

なお、情報公開法一三条一項及び二項は、開示請求に係る行政文書に記載されている第三者に関して意見書の提出について定め、また、同条三項は、開示に反対する意見書を提出した第三者からの争訟提起を想定して、当該第三者に開示決定を通知するとともに、開示決定から実際の開示実施日までに二週間を置かなくてはならないと規定している。

関連条文　行訴法九条、情報公開法五条二号・一三条

弁護士に対する戒告処分の公告の執行停止

185 最3決平成15・3・11判時一八二二号五五頁

関連条文 行訴法二五条二項・三項

弁護士に対する戒告処分とその公告との関係。

事　実　日本弁護士連合会会則によれば、弁護士が日本弁護士連合会から弁護士法に基づく懲戒を受けた場合には、当該懲戒に関する事項を機関雑誌に掲載して公告するものとされている。本件は、日本弁護士連合会から懲戒処分として戒告処分を受けた弁護士Xが、公告により社会的信用等が低下するなどして回復困難な損害を被ると主張し、当該処分の執行停止を求めた事案である。

裁判所の見解　弁護士に対する戒告処分は、その告知により効力が生じ、同時に完結する。したがって、その後の公告は、処分があった事実を一般に周知させるための手続にすぎないから、戒告処分の効力またはその手続の続行を停止することによって公告が行われることを法的に阻止することはできないし、Xの社会的信用等の低下も戒告処分によるものではないから、戒告処分によって回復困難な損害が生ずるともいえない。

解　説　本件では、弁護士に対する戒告処分が公告されることによって当該弁護士に生ずる社会的信用の低下等が、平成一六年改正前の行訴法二五条二項が定める、執行停止の要件としての「回復困難な損害」に当たるかどうかが争われた。公告は戒告処分がなされたという情報の提供を目的とするものであると解され、本決定はそのことから、公告を戒告処分の効力から切り離し、公告によって生ずる損害も戒告処分によって生ずる損害から区別するという考え方をとった。

もっとも、本決定後の最3決判平成19・12・18判時一九九四号二一頁は、弁護士に対する懲戒処分として業務停止処分がなされた事案において、当該処分によって生ずる社会的信用の低下が執行停止を根拠づける重大な損害に当たるとしており、同決定と同様の方向で本件も解決されるべきであったとの指摘もなされている。また、平成一六年の行訴法改正以降は、戒告処分に係る差止訴訟（行訴法三条六項）の提起が考えられるが、その訴訟要件である「重大な損害」（同三七条の四第一項）については必ずしも処分の効果として生ずる損害に限定されないと解されていることとのバランスも考慮する必要がある。

なお、本決定を前提にした場合でも、民事訴訟により公告の差止めを請求し、また、民事保全法に基づいて公告差止めの仮処分を申立てることもできる。そして、この場合、本決定からすれば、戒告処分の公定力は問題にならず、請求認容判決や仮処分命令を得ることが可能である。

行政による調査結果の公表……堺市O‐157事件

186 東京高判平成15・5・21判時一八三五号七七頁

関連条文 国家賠償法一条

事故原因情報の公表の可否。

事実　平成八年七月に大阪府堺市の小学校でO‐157を原因とする集団食中毒が発生し、学童六三〇〇人以上が罹患し、二名が死亡した。厚生省はその原因についての調査を行い、八月に「貝割れ大根が原因食材とは断定できないがその可能性も否定できない」旨の中間報告を、九月に「特定の生産施設（以下「本件施設」という）から特定の日に出荷された貝割れ大根が原因食材である可能性が最も高い」旨の最終報告をそれぞれまとめ、記者会見にて公表した。これによって貝割れ大根の売上げが激減したため、貝割れ大根の生産業者らが、本件の中間報告・最終報告の公表が違法であると主張して国家賠償を請求した。なお、本件施設へは立入り調査がなされたがO‐157は検出されなかった。

裁判所の見解　①本件各報告の公表は、明示の法的根拠を必要としない。②本件各報告の公表の違法性は、それが法律の趣旨に反するかどうか、公表の必要性・合理性の有無、公表方法の相当性から判断される。

解説　本件の食中毒に関しては、本判決とその原判決に加えて、本件施設の経営者が提起した訴訟の第一審判決（大阪地判平成14・3・15判時一七八三号九七頁）とその控訴審判決があり、大阪地判以外は、公表を違法とする理由は異なるものの、すべて請求を認容している。本件のような事故原因情報の公表の適法性を判断する上で、まず争点となるのは、それに法律上の根拠が必要かどうかであるが、右の四判決はいずれも法律上の根拠を不要としており、その理由として本判決は、公表が法律上の不利益を課すものではないことを挙げている。学説も、公表一般についてはともかく、少なくとも本件のような事故原因情報に関しては本判決に賛成する。

次に、従来の下級審裁判例においては、公権力の主体による公表の違法性については名誉毀損と同様に、真実性・相当性の基準（35事件参照）により判断されていたが、本件に係る四判決はいずれもそのような方法をとらず、それぞれにやや異なってはいるものの、概ね②のような観点から判断をおこなっている。名誉毀損の法理は、公表主体が表現の自由を有することを前提にしたものであって、公権力主体による公表の場合に適用することは適切ではないという指摘が以前より学説からなされていたところであり、本判決が示したような判断基準一般について学説はほとんど賛成している。ただ、その判断基準を本件に適用し、本件の中間報告の公表は公表方法の相当性を欠き違法であると判示した点については、事故原因情報の迅速かつ積極的な公表に対して萎縮効果をもたらしかねないことから、学説にも全面的な賛成にはやや躊躇を示すものが多い。

行政の周知徹底義務

187 京都地判平成3・2・5判時一三八七号四三頁

児童扶養手当の受給資格者に対する周知徹底義務。

事　実　原告Xは子を出産したが、その子の父親は児童扶養手当法（以下「法」という）四条一項に該当する聴覚障害の状態にあったため、Xは児童扶養手当の受給資格者となった。しかし、自らが受給資格者であることを知らなかったため、受給に必要な認定をXが京都府知事に請求したのは出産から一年半後になった。Xは、認定は受けられたものの、京都府が児童扶養手当制度についての周知徹底を怠ったため、本件の認定までに受給できたはずの児童扶養手当を受給できなかったと主張して国家賠償を請求した。

裁判所の見解　法七条が児童扶養手当の受給について非遡及主義をとるのは、国が児童扶養手当の制度について受給資格者に周知徹底することを前提とするものであり、このことと憲法二五条・法一条の解釈から、行政庁には周知徹底等の広報義務が法的な義務として課されていると解すべきである。その周知徹底は、通常の受給者が相応の注意をもって普通の努力をすれば制度を知りうる程度のものであることが必要であるが、どのような方法で周知徹底させるかという具体的方法については行政庁の裁量に委ねられる。

関連条文　児童扶養手当法七条一項

解　説　行政手続法九条二項は、申請をしようとする者等に対して申請に必要な情報の提供をすることを行政庁の努力義務としているが、それ以前の問題として、制度そのものについて申請を促すための周知をすべき義務に関しては明文の規定は置かれていない（ドイツの社会保障法典にはその種の規定がある）。本判決は、憲法と児童扶養手当法の解釈から、明文の規定のないこのような行政庁の周知徹底義務を導き、しかも本件においてはその義務が果たされていなかったとして損害賠償請求を認容した注目すべき判決であるが、本判決に対する学説の評価は分かれていた。

そして、本件の控訴審判決では、憲法等の解釈から周知義務を導くことはできず、広報・周知徹底は法的強制の伴わない責務にすぎないとされた。ただし、控訴審判決も広報・周知徹底に関する対応が裁量の範囲を著しく逸脱した場合には違法になるとしており、その限りでは、本判決との違いはそれほど大きくない。

本件では、原告らが、子の父が聴覚障害者であることや収入が少ないことを福祉事務所に対して説明していたとされており、行政機関との間でこのような個別的な接触関係にある者に対する周知徹底についての裁量権の逸脱濫用として検討されるべきであろう。

財産的情報(1)……新薬産業スパイ事件

188 東京地判昭和59・6・28刑月一六巻五＝六号四七六頁

関連条文　刑法二三五条

機密文書の持出しと窃盗罪。

事　実　P社の抗生物質製剤室で抗生物質の検定事務に従事していたAは、同室のQ室長が専用戸棚の中で保管していた多額の開発費用をかけた抗生物質に関する資料を含む本件ファイルを、出勤前のQ室長の同戸棚の中から窃かに取り出して自己の机の上に置いておき、数十分後に受け取りに来たBに手渡した。Bはこれを会社に持ち帰ってコピーを作成し、手渡されてから数時間後にPに赴いてAに本件ファイルを返還した。本件ではAによる本件ファイルの持出し行為の窃盗罪該当性が争点となった。

裁判所の見解　裁判所は、まず、媒体の価値には媒体に化体された情報の価値が含まれ、当該情報の価値は、正当に管理・利用できる者を含む権利者による独占的・排他的な利用により維持される等として、価値を持つ媒体たる本件ファイルの財物性を肯定した。次に、大要、複写物を手元に残すことは原媒体自体を自己の所有物とするのと同様の効果を有し、ファイルが返還されるとしても、同様のものが他に存在することにより権利者の独占的・排他的利用は阻害され、本件ファイルの財物としての価値は大きく減耗する、と述べて、複写目的の持出しには、権利者を排除し本件ファイルを自己の所有物と同様にその経済的用法に従い利用または処分する意思が認められるとした（たとえ複写後すみやかに返還するつもりでまた物理的損耗を何ら伴わないものであっても不法領得の意思は否定されない）。（窃盗罪で有罪）

解　説　平成一五年に不競法に営業秘密侵害罪が導入される以前は、本件のように、営業秘密（情報）の刑法的な保護に刑法上の財物罪の規定が用いられることがあった（189判例も参照）。営業秘密侵害罪の整備が進んだ現在でも、秘密管理性の要件（151判例参照）を充たさない（またはその立証が困難な）有用な秘密情報が化体した物については営業秘密侵害罪で保護できないが、なお財物罪の活用の余地があるから（不競法二一条九項）、その意味で本判決は現在でも意義がある。

情報の取得や開示・使用の権限の帰属主体（保有者や示された者）を正面から考慮する営業秘密侵害罪と異なり、財物罪では有体物に対する所有や占有の帰属主体が適用法条を分け、基本的に媒体上の情報の他の場所での存否を問わない。もっとも裁判所は、財物性で（営業上の優位をもたらす）情報の価値を、不法領得の意思で情報の排他的利用の侵害を考慮しており、実質的には情報の価値が犯罪の成否に大きな影響を及ぼしている。これにより、この種の事案において、財物罪の規定は、有体物を対象とした行為に限定はされるものの、実質的にみれば情報保護（秘密侵害）罪として機能しうることになる。

財産的情報(2)……新潟鐵工事件

189 東京地判昭和60・2・13刑月一七巻一＝二号二二頁

機密文書の持出しと業務上横領罪。

事　実　被告人ら（一部に被害会社Nの社員がいる）は、共謀の上、設立する新会社でNが開発したシステムを流用した営業を企図し、複数回にわたり、被告人BがNのために業務上保管中のNの本件資料のコピーを作成するために、N社内の事務室から持ち出す等した。秘密保持規程には秘密文書にはその保管責任者が秘印を押捺するものとする規定があったが、本件資料に秘印は押捺されていなかった。

裁判所の見解　裁判所は、まず、本件資料の秘密性等につき、秘密であるか否かは、秘印の押捺の有無という外形的事実ではなく、規程を根拠に文書の内容によって決める、として、本件資料は漏らしてはならない秘密に該当し、私用での持出しが許されていなかったものだ、とした。そして、本件資料をコピーする目的をもって社外に持ち出すことにつき、その間、所有権者を排除し、本件資料を自己の所有物と同様にその経済的用法に従って利用する意図があったと評価して、不法領得の意思の存在を認め、業務上横領罪の成立を認めた。なお、コピーが被告人等に帰属する著作権法上の複製権の行使として行われたという主張に対しては、資料の性質上仮に公表されるとすれば法人の名義で公表されるようなものであれば職務著作の規定の法人の著作名義での公表に関する要件が充たされる、本件資料中の著作物と解しうる資料の著作者はNであって被告人等ではない、と評価して、これを退けている。

解　説　不競法上の営業秘密が秘密管理性を要件とするのに対し、本件では秘密自体を客体とはしない（業務上）横領罪が問題となった。裁判所は秘密管理性の要件に相当する高度な要求をせずに秘密該当性を肯定し、要件解釈（持出しの許否）に結びつけたが、横領罪の規定の適用の際には行為客体が物であることに関連する問題がある。まず、物の持出しが許諾されていなかった本件では横領行為を認定できたが、業務の性質上、物の持出し自体は認められていた可能性のある事案において、持出し後の行為を摘示して背任罪として処理した事案がある（東京地判昭和60・3・6判時一一四七号一六二頁）。また、不法領得の意思に関して、裁判所は、物に引きつける形で「本件資料をコピーする目的」と摘示したが、これは実質的に情報保護の意義を有するフレーズだともいいうる。

なお、職務著作につき、現在ではプログラムの著作物についてのみ名義に関する要件を持たない特則がつくられているが（著作権法一五条二項）、それ以外の著作物については本件と同様の議論がありうる。もっとも著作権の行使は必ずしも所有権を保護する横領罪の不成立を導かないだろう（著作者がNとされたのでこの点は判断されていない）。

関連条文　刑法二五三条

電子計算機使用詐欺(1)……神田信金事件

190 東京高判平成5・6・29高刑集四六巻二号一八九頁

関連条文　刑法二四六条の二

刑法二四六条の二における虚偽の情報の意義。

事実　信用金庫の支店長であった被告人は、自己の個人的債務の支払に窮し、その支払のため、勝手に、支店備付けの電信振込依頼書用紙等に受取人、金額等所要事項を記載しあるいは部下に命じて記載させ、支店係員をして振込入金等の電子計算機処理をさせた。一審は電子計算機使用詐欺罪の成立を認めた。控訴審は同罪の成立を否定したが、

裁判所の見解　刑法二四六条の二の虚偽の情報とは、電子計算機を使用する当該事務処理システムにおいて予定されている事務処理の目的に照らし、その内容が真実に反する情報をいう。金融実務における入金、振込入金に即していえば、入金等に関する「虚偽ノ情報」とは、入金等の入力処理の原因となる経済的・資金的実体を伴わないか、あるいはそれに符合しない情報をいう。本件の振込入金等に関する情報は、現実にこれに見合う現金の受入れ等がなく、全く経済的・資金的実体を伴わないから、虚偽ノ情報にあたる。

解説　人の財産的事務処理を肩代わりしている機械の不正操作に基づく当罰的な財産犯的行為は、詐欺罪の行為態様に類似するも、機械は欺罔され得ないから詐欺罪では処罰できない。この点の処罰の間隙を埋めるために詐欺罪の補充類型として立法されたのが電子計算機使用詐欺罪である。

本件では入力された情報の虚偽性が争点となったが、立法担当者によれば、虚偽とは当該システムにおいて予定されている事務処理の目的に照らし内容が真実に反することである。学説では、法益主体の意思を基準とする説や、詐欺罪の欺罔行為に引きつけて考える説（例えば人に対して同一の指示が行われたと仮定し、欺罔行為性があるか否かを判断する方法）等、様々な説が提示されている。

本件の一審は、支店長等の通常決済をすべき者の了解のもとに支店の業務として入送金の手続きが行われた場合には、入送金自体は架空ではないとして虚偽性を否定したが、支店長の指示（形式的な権限の行使）を絶対視している点で問題がある。この点、控訴審（本判例）は、いわゆる不良貸付けの場合には民事法上有効な貸付という経済的・資金的実体に符合しているので虚偽とはいえず、背任罪の成否が問題になるにすぎないとしつつも、当てはめにおいて判旨のように述べて虚偽性を認めた。ここで、民事法上の有効性（例えば有効な契約の成立）は法律判断であって、その評価を基礎付ける事実存否の判断（例えば契約締結の事実）とは異なるとし、かつ、虚偽性では事実の食い違いが重要だと考えることが可能だとすると、実際に重要なのは、経済的・資金的実体を基礎づける事実（現金の受入れ等）の有無になる（191判例も事実の存否を認定している）。

電子計算機使用詐欺(2)

191 最1決平成18・2・14刑集六〇巻二号一六五頁

関連条文　刑法二四六条の二

刑法二四六条の二における虚偽の情報及び財産上の利益。

事実　被告人は、窃取したクレジットカードの番号等を冒用し、出会い系サイトの決済手段として使用される電子マネーの利用権を不正に取得しようと企て、五回にわたり、携帯電話機を使用して、インターネットを介し、クレジットカード決済代行業者が電子マネー販売等の事務処理に使用する電子計算機に、本件クレジットカードの名義人氏名、番号及び有効期限を入力送信して同カードで代金を支払う方法による電子マネーの購入を申込み、上記電子計算機に接続されているハードディスクに、名義人が同カードにより販売価格合計一一万三〇〇〇円相当の電子マネーを購入したとする電磁的記録を作り、同額相当の電子マネーの利用権を取得した。

裁判所の見解　被告人は、本件クレジットカードの名義人による電子マネーの購入の申込みがないにもかかわらず、本件電子計算機に同カードに係る番号等を入力送信して名義人本人が電子マネーの購入を申し込んだとする虚偽の情報を与え、名義人本人がこれを購入したとする財産権の得喪に係る不実の電磁的記録を作り、電子マネーの利用権を取得して財産上不法の利益を得た。

解説　まず、窃取したクレジットカードの使用権限が窃取者にないことを前提として虚偽性を論証する際、原審が実際の利用者とカード名義人の人格の不一致を理由に虚偽性を認めたのに対し、本決定は名義人による電子マネーの購入の申込みの事実の有無を問題にしている。すなわち、電子計算機使用詐欺の解釈により導かれ、具体的事案において真実との齟齬が重要となる事実関係（ここでは申込みの事実の有無）を特定し、端的にその齟齬を指摘したといえる。

次に、本罪の財産上の利益は積極利得型（事実上財産を自由に処分できるという利益を得ること）と債務免脱型（債権者の追及が事実上不可能となりかねない状態を生じさせて債務を免れること）とに分けて検討される。本決定では積極利得型による整理がなされたと読めるが、そのことと電子計算機使用詐欺罪は情報の不正取得自体を処罰しないとされていること（立法担当者）との関係を考える必要がありうる。ここで、個人の財産状態という情報を示す電磁的記録と財産的価値を有する情報を含む電磁的記録とを分けて考えると、情報の不正取得の不可罰性で問題となるのは後者のみだと考えられる。そうすると、本件は、有償の情報やサービスを自由に受けることができる地位（電子マネーの利用権等）を示す電磁的記録を「作出」（＋取得）し、財産状態（情報）を示すデータを変更して利益を得た事例（積極利得型）と整理できることになるだろう。

財産的情報(3)

192　東京高判平成21・11・16判時二一〇三号一五八頁

関連条文　刑法二三六条二項

カードの暗証番号の知得と二項強盗罪の利益の移転。

事　実　被告人は、V方への侵入窃盗の過程で、Vの就寝部屋の隣の和室で見つけたバッグ中の財布の中身を確認して数枚のキャッシュカードを発見し、帰る際に持って行こうと考えて当該財布をその部屋の隅においたバッグに戻した。そして、包丁をVに突き付け、「静かにしろ。一番金額が入っているキャッシュカードと暗証番号を教えろ。」などと申し向けて脅迫し、その反抗を抑圧してVから上記キャッシュカード中のS銀行に開設されたV名義の普通預金口座のキャッシュカードの暗証番号を聞き出した。

裁判所の見解　①キャッシュカードとその暗証番号を併せ持つことは、正当な預貯金債権者のように事実上当該預貯金を支配できるから、二項強盗罪の財産上の利益と認められる。②財産上の利益が被害者から行為者にそのまま直接移転することは必ずしも必要ではなく、行為者が利益を得る反面、被害者が財産的な不利益を被るという関係があればよい。キャッシュカードの窃取は完了していなかったが、容易に占有を取得できる状態に置いておいたキャッシュカードの暗証番号を強いて聞き出すことにより、事実上、被告人は現金自動預払機を通してV名義の預貯金口座から預貯金の払戻しを受けうる地位を取得し、Vは自らの預金を被告人によって払い戻されうるという事実上の不利益を被るから、二項強盗罪に該当する。財物の取得と同視できる程度に具体的かつ現実的な財産的利益を得たとはいえないとした原判決は誤りである。

解　説　二項強盗（利益強盗）罪の成立が認められた本件では同罪の客体たる利益の特定と移転が問題となった。まず、記憶情報を他人に教えても情報が共有されるだけで移転しないので、情報＝利益と捉えて本罪を成立させるのは難しい。そこで、当該情報に加え当該情報に関連する事実も用いて利益を特定する必要がある（①）。ただし、①だけでは預貯金への支配が具体化・現実化していないと解すると本判例とは別の帰結になりうる。さらに、暗証番号の知得によって利益の移転が認められるためには、ある程度のカードへの支配が行為者にあればよいとすれば、裁判所の見解のようにそれを摘示すれば足りる（②）。一方、利益の移転のためにカードの占有の確定的移転が必要だとすると、本判例とは別の帰結になりうる。このように、利益の概念は、財物罪たる一項強盗罪との関係だけでなく、情報との関係でも観念的評価的で解釈の具体化が難しい。それでも、例えばカード情報の不正取得罪（割賦販売法四九条の二第二項や刑法一六三条の四）が強盗的な加重類型を持たないことを踏まえると、強盗相当の悪質な事件の際には、なお本件が参考になりうる。

プログラムの頒布(1)……イカタコウィルス事件

193　東京地判平成23・7・20判タ一三九三号三六六頁

関連条文　刑法二六一条

媒体上のデータ消去の媒体についての器物損壊該当性。

事　案　実行すると電磁的記録媒体に記録されているファイルを使用不能にするほか、新たに同媒体に記録されるファイルも使用不能となる状態にするなどの機能を有するコンピュータウイルスを供用し、多数のファイルを使用不能にした行為が他人のＨＤＤの器物損壊罪に問われた事案である。

裁判所の見解　器物損壊罪にいう損壊には客体の効用を侵害する場合が含まれる。損壊該当性は、効用侵害の一時性や原状回復の難易をも考慮して決めるべきである。ファイルの改変もＨＤＤに物理的変更を生じさせるから、それがないゆえに損壊に当たらないという主張は採用できない。

ＨＤＤの効用には読出機能と書込機能が考えられ、いずれかが害されれば効用侵害がある。まず、使用不能となったファイルが保存されていた部分のファイルの復元は難しいから読出機能は害された。次に、保存を行ってもウィルスによりデータが上書きされる、かつ、ウィルスの実行を容易に止めることができない、ＨＤＤの初期化やリカバリーディスクの利用は容易に採りうる方法ではない等の事情からすれば、書込機能も害された。以上より効用侵害が認められる。（器物損壊罪成立）

構成要件も保護法益も異なるから、不正指令電磁的記録に関する罪の新設は器物損壊罪の成否に影響しない。

解　説　現在ではソフトを用いてユーザの意図しない動作を惹き起こす行為は不正指令電磁的記録供用罪（刑法一六八条の二第二項）になりうるが、本件は同罪施行前の事案であったため、ファイルの使用不能化が記録媒体を客体とする器物損壊罪に問われた。不正指令電磁的記録供用罪では損壊結果を評価できないと解すると、同罪と器物損壊罪は別途成立することになりうるから、なおこの論点には意義がありうる。

我が国の刑法は物の損壊（効用侵害）を処罰するが、データの損壊を一般には処罰しない。もっとも、データの損壊は媒体への物理的変化を生じさせるから器物損壊罪により処罰できる、とされており、本判例の見解もこの理解と同じである。ただしこの場合、記録の改変自体ではなく、それによる物（媒体ここではＨＤＤ）の効用侵害が発生したかが問題となる。本件でも右記の通り具体的なファイルの読出し及び書込み可能性が考慮され効用侵害が認められた。データの効用と媒体の効用を排他的に観念して、媒体の効用を抽象的なファイルの読み書き能力のみだと理解すると別の帰結になりうる。自己の所有する記録媒体上の他人の電磁的記録を毀棄した場合には、他人の物を客体とする器物損壊罪では対処できないので電磁的記録毀棄罪の成否を問題とするほかないが、同罪の客体は内容ないし用途の面から限定されている。

不正アクセス罪(1)

194 東京高判平成15・6・25判時一八四六号一五五頁　関連条文　平成二四年三月三一日法律第一二号による改正前の不正アクセス禁止法三条二項一号（現行法二条四項一号）

不正アクセス罪（識別符号盗用型）の要件解釈。

事　実　ある会社でプログラムの開発担当者であった被告人は、従前のプログラムの開発担当者Cが使用していたと思われるサーバからのアクセス履歴を発見し、そのログを解析してCが利用権者となっている本件サーバのドメイン名及びユーザ名を取得した。そして、会社の関係者から許可を得ず、IDとパスワードを教示されていないのに、パスワードを適当に入力する過程でユーザ名と同一のパスワードを入力した際にログインに成功したので、自宅のPCから本件サーバへ接続し、プログラムに関するファイルやCが私的に収集したファイルを含め、多数のファイルを同PCにダウンロードした。

裁判所の見解　裁判所は、まず、不正アクセス罪の構成要件は法律に規定する記述的な要素に尽き、さらに不正であることの認識・認容は不要である、として、プログラムの著作権の帰属等と本罪の構成要件との関連性を否定し、次に、当該アクセス管理者または当該識別符号に係る利用者の承諾があると認識している場合にはその故意が阻却されるとして、具体的に本件サーバが外部サーバではないとの認識があれば故意が否定されるとしつつも、外部サーバであることとの認識があり故意もあったとし、さらに、正当業務行為性も否定して不正アクセス罪の成立を認めた。

解　説　不正アクセス罪は、データ窃盗罪としてではなくネットワークにおけるユーザ識別の重要性に着目して立法された。同罪の行為態様には、識別符号盗用型（法二条四項一号）とセキュリティ・ホール攻撃型（同項二号、三号）の二つがあるが、いずれもネットワーク上のユーザ識別機能（アクセス制御機能）の正常な動作を阻害して同機能によって制限されたコンピュータの利用を可能にする行為を処罰する。

本件では一号が問題となった。ユーザ識別の趣旨からすれば、行為者が対象コンピュータにログインできた時点で利用権者（法二条二項柱書）になりすましたといえ、当該コンピュータ内のデータの存否、内容等（著作物性を含む）とは関係なく不正アクセス罪が成立しうる。識別符号の入力についての承諾の誤信は故意を阻却するが（法二条四項一号括弧書参照）、本件では事実認定のレベルでこれが否定された。ところで、本件はIDとパスワードが同じ符号であり、一審、控訴審はともに本罪の成立を認めた。脆弱な保護では足りないとも考えうるが、それでも保護の不存在の事案とは質的に異なると考えうるから、この判断は妥当である。なお、本罪の罪質について、裁判所は量刑判断で住居侵入罪のアナロジー（鍵のかかった他人の部屋に勝手に入る）を用いるが、この発想はユーザ識別の保護とは別の要素を持つかもしれず、解釈論上の課題だと思われる。

不正アクセス罪(2)……ACCS事件

195 東京地判平成17・3・25判時一八九九号一五五頁

関連条文　平成二四年三月三一日法律第一二号による改正前の不正アクセス禁止法三条二項二号（現行法二条四項二号）

アクセス制御機能による特定利用の制限の有無の判断方法。

事実　本件サーバ（特定電子計算機）は、同サーバ内のCGIのソースコード及びログファイル（当該CGIが自動的に記録）を閲覧するためには、そのファイルパスを直接ブラウザに入力することでは足りず、FTPを介してIDとパスワードを入力しなければならないように設計されていたが、本件CGIを実行して同CGIがファイルを読込むことでそれが閲覧可能になるという脆弱性を抱えていた。被告人は、「送る」ボタンを押すことでCGIを起動する送信フォーム画面のhtmlファイルを自身のパソコン上に保存し、CGIがエラー時に読込むべきものとして指定していた同ファイルの「ng_file」の部分を本件CGIのファイル名に書き換え、フォームに未記入のままで「送る」ボタンを押して本件CGIを起動して、本件CGIにエラー画面を出力させる代わりに本件CGIのソースコードをブラウザ上で表示させ、そのソースコードを閲読してログファイルのファイルパスを発見し、今度は本件CGIのファイル名をこのパスに書き換えてログファイルをブラウザに表示させた。

裁判所の見解　裁判所は、アクセス制御機能の有無を特定電子計算機ごとに判断するとし、まず、次のような一般論を展開した。「識別符号を入力してもしなくても同じ特定利用ができ、アクセス管理者が当該特定利用を誰にでも認めている場合には、アクセス制御機能による特定利用の制限はない」。一方、「プログラムの瑕疵や設定上の不備があるため、識別符号を入力する以外の方法によってもこれを入力したときと同じ特定利用ができることをもって、直ちに識別符号の入力により特定利用の制限を解除する機能がアクセス制御機能に該当しなくなるわけではない」。その上で、本件をプログラムないし設定上の瑕疵があったに過ぎない事案と評価して、特定利用の制限の存在を認め、不正アクセス罪の成立を認めた。

解説　アクセス制御機能はユーザ認証を行う識別符号を用いたものだから（現行法二条三項）、議論の前提として識別符号による認証を要求するFTPが摘示されている。セキュリティ・ホール攻撃型の存在意義をなくすからアクセス制御機能の完全無欠性を不要とした点は妥当であるが、同機能の存在を維持するための要件については整理が必要かもしれない。すなわち、「識別符号を入力してもしなくても同じ特定利用ができ」るという指摘には、入力せずに当該特定利用が可能になる方法の知得及び実践の容易性の考慮が、また、アクセス管理者の主観についての指摘（「認めている」）には、客観的に設定されるプログラムであるアクセス制御機能の存否に主観が影響を及ぼす理由の説明が、それぞれ必要になりうる。

プログラムの頒布(2)……Winny 事件

196 最3決平成23・12・19刑集六五巻九号一三八〇頁 関連条文 平成一六年法律九二号による改正前の著作権法一一九条一号・二三条一項、刑法六二条

適法にも違法にも利用可能な開発中のソフトの頒布の幇助犯。

事 実 ファイル共有ソフト Winny を開発し、これをインターネットで公開して提供した行為の公衆送信権侵害罪該当行為の幇助犯該当性が問題となった事案である。一審は罰金一五〇万円の有罪判決を下したが二審が逆転無罪としたので検察官が上告。

裁判所の見解 「新たに開発されるソフトには社会的に幅広い評価があり得る一方で、その開発には迅速性が要求されることも考慮すれば、ソフトの開発行為に対する過度の萎縮効果を生じさせないためにも、単に他人の著作権侵害に利用される一般的可能性があり、それを提供者において認識、認容しつつ当該ソフトの公開、提供をし、それを用いて著作権侵害が行われたというだけで」は、直ちに著作権侵害の幇助には当たらない。「かかるソフトの提供行為について、幇助犯が成立するためには、一般的可能性を超える具体的な侵害利用状況が必要であり、また、そのことを提供者においても認識、認容していることを要する」。「ソフトの提供者において、当該ソフトを利用して現に行われようとしている具体的な著作権侵害を認識、認容しながら、その公開、提供を行い、実際に当該著作権侵害が行われた場合や、当該ソフトの性質、その客観的利用状況、提供方法などに照らし、同ソフトを入手する者のうち例外的とはいえない範囲の者が同ソフトを著作権侵害に利用する蓋然性が高いと認められる場合で、提供者もそのことを認識、認容しながら同ソフトの公開、提供を行い、実際にそれを用いて著作権侵害（正犯行為）が行われたときに限り、当該ソフトの公開、提供行為がそれらの著作権侵害の幇助行為に当たる」。その上で、例外的基準に照らし客観的には幇助に当たるが主観的には故意がない、として無罪の結論を維持した。

解 説 適法にも違法にも利用可能なソフトを公衆に配布してこれが犯罪に使われた場合、理論的には、ソフトの機能等に着目した中立的行為による幇助の論点と公衆に提供する行為の共犯性の論点が生起する。この点、最高裁は、右の通り、ソフト開発に対する萎縮効果を対抗利益として是認しつつ、例外的とはいえない範囲の者という基準を用いて事案を解決した。

もっとも、ソフト開発の行動指針が明確化されたかは疑わしい。遵法的な開発者が共犯規定を用いた刑罰で威嚇される状況は、その者にソフトの客観的利用状況等につき過大な調査を求めることになりかねず、結局、遵法的な開発者に開発を止めることを強いるおそれがある。法解釈のみならず、新しいソフトの開発への萎縮効果を低く抑えつつ、法益侵害の総量の最小化を目指す制度の構築も含め、検討課題は多い。

肖像権……京都府学連デモ事件

197　最大判昭和44・12・24刑集二三巻一二号一六二五頁

関連条文　憲法一三条

デモ行進する人の容貌等を令状によらずに写真撮影することは憲法一三条に違反しないか。

事実　デモ行進の隊列の先頭を歩いていた被告人は、デモ隊が許可条件に違反して進行するのを現認した警察官がその状況を写真撮影したことに憤慨し、警察官の下顎部を旗竿で突いて傷害を負わせたとして、傷害罪・公務執行妨害罪で起訴され、有罪とされた。

裁判所の見解　①憲法一三条は、国民の私生活上の自由が警察権等の国家権力の行使に対しても保護されるべきことを規定しており、そのような個人の私生活上の自由の一つとして、（肖像権と呼ぶべきかはともかく）何人もその承諾なしにみだりにその容貌・姿態を撮影されない自由を有する。したがって、警察官が正当な理由もないのに個人の容貌等を撮影することは、憲法一三条の趣旨に反し許されない。しかし、②ⓐ現に犯罪が行われもしくは行われたのち間がないと認められる場合であって、証拠保全のⓑ必要性およびⓒ緊急性があり、ⓓ一般的に許容される限度をこえない相当な方法で行われるときには、撮影される本人の同意がなく、また令状がなくても、警察官による個人の容貌等の撮影が許容される。その際、犯人等の近くにいたためこれを除外できない状況にある第三者が被写体に含まれたとしても、憲法一三条・三五条に違反しない。

解説　①本判決は、最高裁が、憲法一三条を根拠として明文のない具体的な権利（「新しい人権」）を初めて承認した事例である。「みだりに○○されない」自由という定式は、その後、プライバシー保護が問題とされる際に、たびたび用いられることになった（67事件、171事件、173事件）。

令状によらない写真撮影が許される場合を具体的に示した判示②は、憲法学説上、厳格な審査基準を適用したものとして好意的に評価されている。もっとも、「少なくとも」という修飾語には、写真撮影が許される場合が他にもあるかもしれないという含みがある。本判決の38年余り後、198決定はⓐが要件でないことを明言した（ⓒも要件ではない。同事件の解説参照）。

刑訴法上、捜査手段は強制処分と任意処分に二分される。前者は、その規律に特化して要件と効果を具体的に定めた根拠規定がない限り、許されない（強制処分法定主義。刑訴法一九七条一項但書）が、後者は概括的な授権規定（同項本文）に基づき、ひとまず捜査機関限りの判断で実施することが許され、事後的な比例原則による統制に服するのみである。本判決は、本件の写真撮影がいずれであるのかを明言していない。そのため、本判決を強制処分説に立って読む学説もかつては存在したが、現在では任意処分説が一般的である（198事件参照）。

ビデオ撮影と捜査

198 最2決平成20・4・15刑集六二巻五号一三九八頁

関連条文　憲法一三条、刑訴法一九七条一項本文

公共空間で行動する人の容貌等のビデオ撮影は任意処分か。

事　実　強盗殺人事件の捜査をしていた警察官は、銀行のATMで被害者の口座から現金を引き出した男（防犯カメラで撮影されていた）が犯人であるとの疑いを抱き、その男と被疑者Xの同一性を確認するために、公道や営業中のパチンコ店内でXの容貌や体型をビデオで撮影した。

裁判所の見解　①197判決は、警察官による人の容貌等の撮影を現行犯の状況に限って許す趣旨ではない。

②本件では、Xが強盗殺人事件の犯人であるという疑いを持つ合理的な理由が存在した。警察官は、その捜査に関し、防犯ビデオに写っていた人物の容貌・体型等と被告人の容貌・体型等との同一性の有無という犯人の特定のための重要な判断に必要な証拠資料の入手に必要な限度において、公道上を歩き、あるいは不特定多数の客が集まるパチンコ店内にいるXの容貌等を撮影したものであり、いずれも、通常、人が他人から容貌等を観察されること自体は受忍せざるを得ない場所におけるものである。したがって、捜査目的を達成するため必要な範囲において相当な方法によって行われたものといえ、適法である。

解　説　本決定は、公共空間で行動する人の容貌等の撮影について、嫌疑の存在、必要性、相当性の存在を挙げてその適法性を肯定した（②）。本件のビデオ撮影が任意処分であることを前提に、比例原則による規律を及ぼし、捜査の利益と被侵害法益の衡量によってその正当性を判断したのである。そして、本決定は、現行犯状況の存在が要件でないことを明言した（①）。さらに、②が緊急性に触れていないことから、それが要件でないこともわかる（197事件と異なり、そもそも本件は、証拠保全の緊急性――直ちに証拠を確保しなければ次の瞬間には証拠が失われてしまうという意味――がある事案ではない）。

②は、本件の撮影が「通常、人が他人から容貌等を観察されること自体は受忍せざるを得ない場所」におけるものであることを指摘する。「みだりに容貌等を撮影されない自由」（197判決）はどこにいようとも保障されるが、公道や営業中のパチンコ店内では、他人の視線を遮断することが物理的に不可能である。つまり、そのような状況での撮影は憲法の保護する私的領域への侵入（204事件）を伴わないので、任意処分とすることができる。ただし、ⓐ写真・ビデオ撮影が一律に任意処分であるわけではないこと（住居内にいる人の容貌を望遠レンズと赤外線暗視装置を用いて観察し撮影すれば、強制処分である）、ⓑ任意処分であっても「みだりに容貌等を撮影されない自由」の侵害を伴う以上、無制限に許されるわけではなく、比例原則による規制に服することに注意が必要である。

Nシステムの合憲性

199 東京高判平成21・1・29判タ一二六四号二九九頁

関連条文 憲法一三条、国賠法一条、警察法二条

警察がNシステムを通じて公道上の車両移動情報を収集・管理することは憲法に違反するか。

事　実

Xらは、道路上を自動車で走行した際、Y（国）が全国各地の道路上に設置・管理している自動車ナンバー自動読取システム（Nシステム）の端末等によって、車両の運転席及び搭乗者の容ぼうを含む前面を撮影された上、車両ナンバープレートを判読され、これらに関する情報を保存・管理されたことにより、肖像権、自己情報コントロール権等を侵害されたと主張し、Yに対して国家賠償を請求した。

裁判所の見解

「憲法一三条は、……自己情報コントロール権ないしドイツ憲法裁〔憲法裁判所〕判決のいう自己情報決定権に当たるかどうかはともかくとして、国民が公権力によってみだりに自己の私生活に関する情報を収集・管理されない自由を保障する」。しかし「この自由も無制限のものではなく、公権力が正当な目的のために相当とされる範囲において相当な方法で個人の私生活上の情報を収集し、適切に管理する限りにおいては、その自由が制約を受け、国民にその受忍を強いても、憲法に違反しない」。①Nシステム等により個人の情報を収集・管理する目的は、犯罪捜査の必要及び犯罪被害の早期回復に限定されており、正当である。②収集・管理される情報は、公道上を走行する際に外部から認識できることを法律で義務づけられている車両データに限られており、公権力に対して秘匿されるべき情報ではない。③収集、管理の方法は、走行中に自動的にカメラで撮影し、データをコンピュータで処理することによって行われるため、有形力の行使に当たらないのはもとより、走行等に何らかの影響を及ぼすなど国民に特別の負担を負わせるものではない。④取得されたデータは、右目的達成に必要な短期間保存されることはあるが、その後消去され、目的外に使用されることはない。⑤ドイツ憲法裁判決と異なり、「我が国においては、警察は、警察法2条1項の規定により、強制力を伴わない限り犯罪捜査に必要な諸活動を行うことが許されている」。

解　説

本判決は、それ自体秘匿性の低い公道上の車両移動情報も公権力に対して保護されるべきとの考えを前提に（一審は、大量かつ緊密に集積されると運転者の行動等を推認する手掛かりになるとした）、その収集目的の正当性、方法の相当性に加え、情報管理の適切さから、Nシステムによる右情報の収集・管理を合憲とした。情報管理方法の適切さを審査に組み込んだ点は評価できる（「構造審査」につき173事件参照）。他方、警察法二条一項が、警察による大規模な個人情報の収集・管理の法的根拠として妥当かについては、法律の留保論（憲法四一条）にまで遡った詳細な検討が必要である。

配送中の宅配便荷物のエックス線検査

200 最3決平成21・9・28刑集六三巻七号八六八頁

関連条文　憲法三五条、刑訴法一九七条一項・二一八条一項

配送中の宅配便荷物を捜査機関が令状を得ることなくエックス線検査に付することは許されるか。

事実　警察官は覚せい剤密売事件の捜査のために、宅配便業者の営業所長の承諾を得て、A社あての不審な荷物を営業所から借り受けて税関に持ち込みエックス線検査に付したところ、細かい固形物が均等に詰められている長方形の袋の射影が観察された。検査後、荷物は営業所に返還され、A社に配達された。

裁判所の見解　宅配便荷物のエックス線検査は、内容物の形状や材質を窺い知ることができる上、内容物によってはその品目等を相当程度具体的に特定することも可能であって、荷送人や荷受人の内容物に対するプライバシー等を大きく侵害するから、検証の性質を有する強制処分にあたる。検証令状を得ずに行われた本件エックス線検査は違法である。

解説　犯罪捜査の手段は強制処分と任意処分に二分される。強制処分は国会の立法による事前の承認が要求され、要件と効果を具体的に定める規定がない限り許されず(強制処分法定主義)、多くの場合、令状も要する。任意処分は捜査機関だけの判断でひとまず実施することができる。

第一審と控訴審は、専ら本件におけるプライバシー侵害の程度に着目し、内容物の特定に至らなかったことを理由に本件検査を任意処分とし、かつ、適法とした。これに対して、本決定は、宅配便荷物のエックス線検査を一般的・類型的に捉え、それがプライバシーを大きく侵害する場合がありうることを根拠に、実際に内容物を特定できたかを問うことなく一律に強制処分に当たるとし、本件では令状を得ていない以上、違法であるとした。強制処分であるか否かが事前にわからなければ捜査機関は適切に行動することができないから、両者の仕分けを一般的・類型的観察によって行うべきことに異論はない。ただ、今後続々と現れるであろう新技術を用いた捜査手法をどの限度で一般化・類型化して規律すべきかは難しい問題である。

なお、一般に、ある人(X)が物を他人(Y)に預けた場合やXとYが共同で物を管理している場合、法律上あるいは同意によりYとの関係でその物に対する捜査権限の行使が正当化されたならば、Xもそれを受忍せざるを得ない(刑訴法二二一条参照)。ところが、本決定は、営業所長の承諾により本件の検査が正当化されるとはしなかった。これは宅配便に通信の秘密の保障(憲法二一条二項)を及ぼすのと同じである。宅配便が現代社会で果たしている役割からすればこの結論は支持しうるとしても、他人に託された物・情報が捜査上重要な意味を持つ場面が数多くあることに照らすと、本決定が何らの説明も留保も付さずに右の一般論の適用を排除したのは不用意であった。

フロッピーディスク等の差押え

201　最2決平成10・5・1刑集五二巻四号二七五頁

フロッピーディスク等につき内容を確認せずに差し押さえることは許されるか。

事　実　埼玉県警は、電磁的公正証書原本不実記録、同供用を被疑事実として、捜索場所をオウム真理教の関連施設等、差し押さえるべき物を「組織的犯行であることを明らかにするための…フロッピーディスク、パソコン一式」等とする捜索差押許可状の発付を得て、右施設の捜索を行った。県警では、オウム真理教がコンピュータを起動させる際にそこに記録されている情報を瞬時に消去するソフトを開発しているとの情報を得ていたため、フロッピーディスク一〇八枚、パソコン一台につき、捜索差押えの現場でその内容を確認することなく差し押さえた。申立人は、差押処分等の取消を求めて準抗告を申し立てたが、棄却されたため、特別抗告を申し立てた。

裁判所の見解　「①令状により差し押さえようとするパソコン、フロッピーディスク等の中に被疑事実に関する情報が記録されている蓋然性が認められる場合において、②そのような情報が実際に記録されているかをその場で確認していたのでは記録された情報を損壊される危険があるときは、内容を確認することなしに右パソコン、フロッピーディスク等を差し押さえることが許される」（①、②は筆者による）。

関連条文　憲法三五条一項、刑訴法九九条一項・二一八条一項・二二二条一項

解　説　憲法三五条一項によれば、差押えは「正当な理由」に基づいて発せられた令状によらなければならない。そこから、令状執行時の差押えも「正当な理由」に基づくものでなければならないとされ、具体的には、令状発付の基礎とされた被疑事実の存在を証明する手段となりうるという意味で被疑事実と関連性を有するものについてのみ差押えが許される。もっとも、パソコンやフロッピーディスク等の電磁的記録媒体の中に記録された情報は可視性・可読性がないため、通常は、内容を確認しなければ当該記録媒体が被疑事実と関連性を有するかどうか判断することができない。他方で、技術的な困難性や罪証隠滅の危険等から、捜査官が捜索現場で内容の確認をすることが不可能ないし不適当という場合もありうる。

かかる問題状況の下で、本決定は、①被疑事実に関する情報が記録されている蓋然性と②その場で確認した場合の情報損壊の危険がある時には、内容を確認することなくパソコン、フロッピーディスク等を差し押さえることが許されるとした。①の蓋然性では、差し押さえられた記録媒体一つ一つに被疑事実と関連する内容が記録されていることまでは確認できていないから、本決定はその限りで差押えに必要とされる関連性の程度を引き下げるものといえる。その背景には、「正当な理由」を基礎づける関連性の程度は、令状執行時の具体的状況（例えば、②情報損壊の危険）により変動しうるという考え方がある。

デジタルメディアの差押え……ベッコアメインターネット事件

202 東京地決平成10・2・27判時一六三七号一五二頁

関連条文　憲法一三条、刑訴法二二二条一項・九九条一項

大量のデータを含むデジタルメディアの差押えはプライバシーを過大に侵害し違法ではないか。

事　実　「morokin」というユーザーがホームページにわいせつ画像をアップロードし不特定多数の者に閲覧させたというわいせつ物陳列事件の捜査をしていた警察官は、裁判官の令状を得て、プロバイダーから、アダルトのジャンルを選んだホームページ開設希望者四二八名のアカウント名、氏名、住所、電話番号から成る顧客管理データが記録されたフロッピーディスク一枚を差し押さえた。

裁判所の見解　本件顧客管理データのうち「morokin」のアカウントを使用して本件ホームページを開設した被疑者に関するものについては、本件被疑事実との関連性、差押えの必要性は明らかであるが、その余の会員に関するデータについては、本件被疑事実との関連性を認めがたく、差押えの必要性は認められないので、差押えの処分を取り消す。

解　説　憲法三五条一項は、「住居、書類及び所持品」の「侵入、捜索及び押収」に「正当な理由」を要求する。差押えにおける「正当な理由」は、目的物と被疑事実との間に関連性（証拠物と思料されること。刑訴法二二二条一項・九九条一項）が存在し、かつ、差押えが必要であることを意味する。差押えの必要性は関連性があればたいていは肯定されるが、証拠保全の必要性と被処分者の受ける不利益との衡量の結果、「明らかに差押の必要がないと認められるとき」には否定される（最3決昭和44・3・18刑集二三巻三号一五三頁）。

刑訴法上、差押えの対象は有体物であるから、関連性の有無や差押えの必要性はデータではなくメディアを対象として判断されなければならない。ところが、本決定は、個々のデータを対象に関連性や差押えの必要性を判断している。また、そもそも被疑者以外の会員のデータの関連性を否定した判断にも疑問がある。「morokin」のデータだけを取り出すと、アカウント名と氏名等の関係に疑問が生じかねないが、それが規則的に記載された四二八名分の名簿の中に存在するのであれば、アカウント名と氏名等が一対一対応の関係にあることが明らかになる。つまり、名簿全体が被疑事実と関連性を有するのである。

このように本決定の立論には問題があり、一般に支持されていない。しかし、デジタルデータの特性としてごく小さなメディアに大量のデータを記録することができるため、メディアを丸ごと差し押さえるとプライバシー侵害が過大になる可能性がある。平成二三年改正刑訴法が、差押えに代わる印刷・複写・移転（刑訴法二二二条一項・一一〇条の二）や記録命令付差押え（同法二一八条一項）を新設したのは、この問題を（部分的ながら）解決しようとしたものにほかならない。

クラウド上の情報の入手・越境アクセス

203 東京高判平成28・12・7高刑集六九巻二号五頁

差押え済みのパソコンを「検証すべき物」とする①検証令状により②国境を越えるリモートアクセスを実施しうるか。

事　実

警察官は、メールサーバへのリモートアクセスを許可する記載のある捜索差押令状を得て被疑者宅の捜索・差押えを行い、被疑者のパソコンを発見したが、当該パソコンがパスワードでロックされていたため現場でリモートアクセスをすることができなかった。そこで、ひとまずそのパソコンを差し押さえて持ち帰り、解析作業を行った上で、改めて、当該パソコンを「検証すべき物」とする検証令状を得て、当該パソコンの内容をコピーした別のパソコンから、メールサーバにアクセスし、メールのデータを抽出してダウンロードした。

裁判所の見解

①本件検証は本件検証令状に基づいて行うことができない強制処分である。また、②サーバが外国に所在する可能性があったから国際捜査共助によるべきであったともいえる。よって、本件検証は違法である。

解　説

証拠となるデータが被疑者等の手元のパソコン等ではなく遠隔地のサーバ等にある事態が増えている。そこで、平成二三年改正刑訴法は、パソコン等が「差し押さえるべき物」に該当する場合に、差押えに先立って、当該パソコン等と接続されているサーバ等に現場からリモートアクセスし、データを当該パソコン等または別のメディアにダウンロードした上で当該パソコン等または別のメディアを差し押さえることを認めた。ところが、本件ではこの手順に従うことが困難であったし、そもそも厳密な解析作業が必要になる場合にはパソコン等を現場で安易に操作することは危険でもある。

①そこで、本件の警察官は、検証令状を得てサーバにアクセスした。しかし、その検証令状にはサーバの記載がなかった。憲法三五条一項は「捜索する場所及び押収する物」を特定して令状に明示することを要求する。検証についても同様であり、「検証すべき物」としてサーバを特定、明示しない令状に基づき行われた本件検証が違法であることは当然である。

では、「検証すべき物」としてサーバが特定、明示されていたならばどうか。憲法の要請を満たす令状があれば検証としての実施に問題はないと考えることもできる。しかし、仮に、平成二三年改正法が、差押えに先行して捜索の現場で行う場合に限ってリモートアクセスを許す趣旨であったならば、それ以外の方法によるアクセスは法律上許されていないことになる。

②外国領土に捜査官が赴いて外国政府に無断で強制処分を行えば外国主権の侵害になる。しかし、越境アクセスが外国主権の侵害に当たるかについては、公開ページや権限を有する者が同意した場合（サイバー犯罪条約三二条）を除き、国際的に統一された見解はない。早期の合意形成が望まれる。

関連条文　憲法三五条、刑訴法二一八条一項・二項・二一九条一項・二項

GPS捜査

204 最大判平成29・3・15刑集七一巻三号一三頁

GPS捜査は令状がなければ行うことができない強制処分か。

事実　警察官は、組織的犯行と疑われる自動車の連続窃盗事件を捜査する目的で、約六か月半の間、一九台の車両に、令状を取得することなく、GPS端末を取り付けた上、その所在を検索して移動状況を把握することを繰り返した。

裁判所の見解　憲法三五条は「住居、書類及び所持品」に限らずこれらに準ずる私的領域に侵入されない権利を保障している。GPS捜査は、①公道上のもののみならず⒜個人のプライバシーが強く保護されるべき場所や空間に関わるものも含めて、⒝個人の行動を継続的、網羅的に把握することを必然的に伴うから、個人のプライバシーを侵害し得るものであり、⒞そのような侵害を可能とする機器を個人の所持品に秘かに装着して行う点において、公道上の所在の肉眼による把握や撮影と異なり、私的領域への侵入を伴う。したがって、GPS捜査は合理的に推認される個人の意思に反して憲法の保障する重要な法的利益を侵害するものとして、強制処分に当たり、令状がなければ行うことができない。②刑訴法上の検証（あるいは捜索＋検証）に関する規定だけではGPS捜査を適切に限定することができない。かといって、裁判官が事件ごとに多様な選択肢の中から実施条件を選び得るとすることは、強制処分法定主義の趣旨に反する。よって、現行法上の強制処分としてGPS捜査を実施しうるとすることには疑義がある。

解説　①我々は公共空間では他人による観察は受忍せざるをえない（198決定）。尾行が令状を要しない任意処分であるのはそのためである。GPS装置を用いた自動車の追跡は公道上の走行経路を把握するにとどまり尾行と同じだともいえそうだが、本判決は⒜⒝⒞を理由に尾行と異なるとした。

国家による個人の「監視」の根本的な問題は⒝にある。公共空間での行動であっても継続的、網羅的に把握すれば、対象者の思想・信条、趣味・嗜好・性癖、交友関係等を明らかにしその人を「丸裸にする」ことができる。ただし、それは徹底的な尾行でも実現しうる。そこで、本判決は⒜⒞を持ち出した。

⒞を重視すれば、装置装着を伴わない監視（小型ドローンを用いる追跡など）は本判決の射程外である。しかしそのことは、そのような監視が令状を要さない任意処分であることを当然には意味しない。本判決を基礎として「監視」についてどのような規律を構想するかは今後の議論に委ねられている。

②過去の判例は、既存の法律で対処しきれない問題については、裁判官が令状に適切な記載をしたり条件を付けたりしてカバーすればよいとする柔軟な立場をとっていたが、本判決はそのような考え方から離脱した。このことは、「監視」の可否や条件の決定権が誰にあるのかを考える上で重要な意味を持つ。

関連条文　憲法三五条、刑訴法一九七条一項

捜査官が弁護人との接見内容を聴取する行為

205 福岡高判平成23・7・1判時二一二七号九頁

関連条文 憲法三四条、刑訴法三九条一項

捜査官が、被疑者・被告人（被疑者等）を取り調べる中で、弁護人との接見内容を聴取することは許されるか。

事　実

検察官が、殺人未遂事件の被疑者による供述変遷の動機を解明するため、被疑者から弁護人との接見内容を聴取した行為等について、弁護人が国家賠償請求をした。

裁判所の見解

①刑訴法三九条一項は、弁護人の固有権として、接見終了後においても接見内容を知られない権利を保障しており、捜査機関は被疑者等が有効かつ適切な弁護人の援助を受ける機会を確保するという同項の趣旨を損なうような接見内容の聴取を控えるべき注意義務を負っている。②被疑者等に対し、唯一の後ろ盾といってよい弁護人の援助を受ける機会を実質的に確保する目的で、秘密交通権を弁護人の固有権と位置づけている以上、取調べの際に被疑者等が自発的に接見内容を供述したとしても、そのことをもって、弁護人固有の秘密交通権を保護する必要性が低減したとはいえない。捜査機関は、被疑者等が弁護人との接見内容の供述を始めた場合に、漫然と接見内容の供述を聞き続けたり、さらに関連する接見内容について質問したりすることは、同項の趣旨を損なう恐れがあるから、原則として差し控えるべきであり、弁護人との接見内容については話す必要がないことを告知するなど、秘密交通権に配慮すべき法的義務を負っている。③本件聴取行為の一部は、かかる注意義務に違反しており、違法である。

解　説

刑訴法三九条一項が立会人なしの接見を認めているのは、被疑者等が弁護人から有効かつ適切な援助を受ける上で、両者の間で自由な意思疎通がなされることが必要不可欠であるところ、仮に接見内容が捜査機関に知られることになれば、これに萎縮効果が生じ、被疑者等が弁護人の効果的な援助を受けられなくなるからである。かかる秘密交通権の保障の趣旨からすれば、①捜査機関が事後に被疑者等から接見内容を聴取することも原則として許されないことになろう。

もっとも、いかなる場合に例外を認めるかについては意見が分かれている。その背景には、秘密交通権が弁護人の固有権であることを前提にした上で、接見の一方当事者である被疑者等が取調べで任意に接見内容を供述した場合に、秘密性保護の要請が低減すると評価するか否かについての考え方の違いがある。本件原審や京都地判平成22・3・24判時二〇七八号七七頁は、秘密交通権が究極的には被疑者等の防御の利益を保障するものと捉え、秘密性保護の要請の低減を肯定したのに対し（その結果、原審は本件聴取行為の違法性を否定）、本判決②は、法的知識の乏しい被疑者等の失敗をカバーする弁護人の「後ろ盾」としての役割を強調し、秘密性保護の要請の低減を否定して、接見内容の聴取が例外的に許される範囲を厳しく制限した。

弁護人による被告人の写真撮影と「接見」

206 東京高判平成27・7・9判時二二八〇号一六頁

関連条文　刑訴法三九条一項、刑収法一一七条・一一三条

①弁護人による被告人の写真撮影は、刑訴法三九条一項の「接見」に含まれるか。②弁護人が接見中に写真撮影を行い写真データの消去を拒否し続ける行為（本件行為）は、刑収法一一三条一項一号ロの「規律等侵害行為」に該当するか。

事　実

弁護人は、勾留中の被告人と接見した際、同人が小刻みに震えていたため、鑑定の申出に関する証拠保全目的で、被告人の様子を写真撮影した。撮影行為を目撃した拘置所職員は、接見を中断させ、画像データの消去を求めたが、弁護人がこれに応じなかったため、接見を終了させた。弁護人は、接見交通権の侵害を理由として国家賠償請求をした。

裁判所の見解

①「『接見』とは、被告人が弁護人等と面会して、相談し、その助言を受けるなどの会話による面接を通じて意思の疎通を図り、援助を受けることをいい、「被告人が弁護人等により写真撮影やビデオ撮影されたり、弁護人が面会時の様子や結果を音声や画像等に記録化することは本来的には含まれない」。「メモ以外の情報の記録化のための行為が許されるか否かは、記録化の目的及び必要性、その態様の相当性、立会人なくして行えることからくる危険性等の諸事情を考慮して検討されるべき」である。証拠保全目的の撮影行為は接見交通権に含まれず、こう解しても刑訴法一七九条の証拠保全を行えば足りるから、弁護活動を不当に制約しない。②刑収法一一三条一項は、逃亡のおそれ、罪証隠滅のおそれ、その他の刑事施設の設置目的に反するおそれといった要件を規定しておらず、本件行為は「規律等侵害行為」に該当する。

解　説

接見時に弁護人が被告人の写真撮影をすることが許されるか否かは、当該行為が刑訴法三九条一項の「接見」に含まれるかという形で争われてきた。本判決①は、「接見」の意義を「会話による面接を通じて意思の疎通を図ること」」と解し、メモ以外の情報の記録化が許されるかは諸事情を考慮して検討するという立場に立った上で、原審と同様に、証拠保全目的の写真撮影は「接見」に含まれないとした（福岡高判平成29・7・20LEX/DB25448837、福岡高判平成29・10・13LEX/DB25548629も結論同旨）。

もっとも、写真撮影が「接見」に含まれないとしても、本件行為を理由に接見を終了させることが許されるかは別途検討を要する。この点で、原審は、「接見交通権は憲法の保障に由来する権利であることに照らし…規律等侵害行為を理由に…面会を終了させることができるのは…未決拘禁者の逃亡のおそれ、罪証隠滅のおそれ、その他の刑事施設の設置目的に反するおそれが生ずる相当の蓋然性がある…場合に限られる」と述べ、拘置所職員が接見を終了させた措置を違法としたが、本判決②はかかる相当の蓋然性を要件とせず、当該措置を適法とした。

弁護士・依頼者間秘匿特権……JASRAC事件

207 東京高判平成25・9・12訟月六〇巻三号六一三頁　関連条文　民訴法一九七条一項二号・二二〇条四号ハ、行訴法七条、刑訴法一〇五条・一四九条

法的助言を目的とする弁護士と依頼者の間のコミュニケーションは、法律上の開示義務の対象から除外されるか。

事　実　公取委は、音楽著作権許諾事業の最大手であるXの採用する包括的利用許諾契約が私的独占にあたるという疑いでXに対して立入検査を行った。Xはかねて法令遵守目的で弁護士に依頼して独禁法違反の可能性を検討しており、その際、弁護士は、Xの関係者を対象に行ったヒアリングのメモを作成しXに送付していた。また、Xは弁護士と行った議論の記録を作成し、保管していた。これらの文書は、公取委により留置された。Xと市場で競合関係にあったYは、利害関係人として、本件文書の開示を請求し、公取委はこれを認める決定をした。そこで、Xは、この決定の取消しを求めて出訴し、その際、公取委によるYに対する情報開示を阻止する根拠として、「弁護士・依頼者間秘匿特権」を援用した。

裁判所の見解　「弁護士・依頼者秘匿特権」が我が国の現行法の法制度の下で具体的な権利または利益として保障されていると解すべき理由は見出し難く、その侵害を理由として、公取委の決定を取り消すことはできない。

解　説　「弁護士・依頼者間秘匿特権」は、依頼者と弁護士との間の法的助言に関わるコミュニケーションを法律上の開示義務から免除する権利である。英米法圏では確立された権利であり、その趣旨は、依頼者が安心して法的助言を得られるようにすることにある（本来の権利主体は依頼者）。他方、大陸法圏では、弁護士の職業の秘密の保護という考え方が採られている（本来の権利主体は弁護士）が、その保護の拡張によって、英米法に近似する保護がおおむね承認されている。

我が国では、弁護士が業務上知り得た秘密は保護されるから、依頼者が提供した情報が弁護士の管理下にある限り、開示義務から免除される（民訴法一九七条一項二号・二二〇条四号ハ、行訴法七条、刑訴法一〇五条・一四九条。ただし、訴訟前の行政手続における保護規定はない）。また、通信の秘密の保障もあるし（憲法二一条二項）、対面でのコミュニケーションの過程を侵害する権限は（逮捕・勾留されている者・受刑者と一般人の間のそれを除き）どの国家機関にも与えられていない。ところが、コミュニケーションの産物である文書が依頼人の手元にある場合の保護の定めがない。そこで、近年、その保護の必要性を主張する見解が唱えられ、政府も独禁法における導入を数度にわたって検討したが、公取委の事実解明機能を阻害しかねないという懸念のほか、悪いことをしていないのならば隠すものはないはずだという意見が力を持ち、採用に至っていない。

本判決の結論は現行法の解釈としてはやむを得ないものであるが、国際的な批判もあり、今後の動向が注目される。

被告人と弁護人の間でやり取りされた書類等の差押え

208 大阪高判平成28・4・22判時二三一五号六一頁

関連条文　憲法三四条、刑訴法三九条一項・二一八条

勾留中の被告人の拘置所居室に対する捜索差押許可状の請求は、防御内容の秘密性を侵害し、違法となるか。

事　実　検察官は、強盗事件で起訴後勾留中の被告人につき、共犯者等に対して口裏合わせなどの罪証隠滅工作を行うおそれが高いとして、期日間整理手続終了後に、捜索差押許可状の発付を受け、拘置所の被告人居室等を捜索し、被告人が弁護人宛に作成した信書や弁護人が被告人に差し入れた尋問事項書等を差し押さえた。被告人と弁護人は、検察官による捜索差押許可状の請求等を違法として国家賠償請求をした。

裁判所の見解　「弁護人が接見時に防御方法の打合せの一環として交付した書類、被告人が接見内容及び防御構想を書き留めたメモ類並びに弁護人との面会接見の代替方法として行われた信書のやり取りは、憲法三四条に基づく被告人の接見交通権又は防御権及び弁護人の弁護権として保障されており、基本的には、捜査機関に対して秘匿されるべきである」。しかし、防御方法の内容の秘密といえども絶対的に保障されるものではなく、捜査権の行使との間で合理的な調整を図る必要があり、捜索差押えの必要性と被差押者である被告人の被る不利益とを考慮して、必要かつ合理的な範囲の制約に服する。本件でこれをみるに、期日間整理手続終了頃には、被告人の居室内には防御の準備が相当程度集積していることが容易に想定でき、そのような居室内を網羅的に捜索することを認めると、防御の準備が捜査機関に開示されることになり、事後的救済手段によっては回復困難な防御上の不利益が生じるから、捜索差押えの必要性に比して被差押者の不利益が大きい。よって、被告人居室に対する捜索差押許可状の請求は違法である。

解　説　被告人と弁護人の間でやり取りされた書類が、弁護人の手元にある場合は押収拒絶権の対象となるが（刑訴法一〇五条）、本件のように被告人の手元にある場合は対象とならない。もっとも、かかる書類が押収されることにより、被告人と弁護人とのやり取りが捜査機関に対して明らかとなると、当該事件で防御権及び弁護権上の不利益が生じるとともに、将来的には被告人と弁護人との自由な意思疎通に萎縮効果が生じてしまい、刑訴法三九条一項が秘密交通権を保障した趣旨（205判決参照）に反する。そこで、本判決は、捜索差押えの（広義の）必要性の比較衡量判断において、被差押者が被る不利益の中に、防御の準備内容を捜査機関側に知られることによる防御上の不利益を組み込むことにより、実質的に被告人と弁護人の間のやり取りの秘密性を保護利益として認めた（東京高判平成28・7・14LEX/DB25506539も、被告人と弁護人とのやり取りの秘匿利益を認めて、検察官が被告人から弁護人宛の信書の草稿等の任意提出を受けた行為を違法とした）。

検察官から開示された証拠の目的外使用

209 東京高判平成26・12・12高刑集六七巻二号一頁

検察官から開示された証拠の複製等をインターネット上の動画投稿サイトに掲載して、証拠等の問題点を指摘し、一般の支援を求める行為は、開示証拠の目的外使用に当たるか。

事実　被告人は法廷警備員に対する公務執行妨害・傷害で起訴された。弁護人は検察官から実況見分調書の開示を受けた。被告人は、同調書添付の写真の複製等を使用して、法廷警備員らの容ぼうや氏名、生年月日、電話番号等のほか、同人らを非難する言葉や被告人に対する支援を求める言葉等を記載した動画を作成し、これをインターネット上の動画投稿サイトに掲載したため（本件掲載行為）、検察官開示証拠の目的外使用の罪（刑訴法二八一条の五第一項）で起訴された。

裁判所の見解　刑訴法二八一条の四第一項にいう「当該被告事件の審理」の「準備に使用する目的」（審理準備目的）とは、「被告人及び弁護人が、当該被告事件において、検察官手持ち証拠の内容を把握し、その証拠能力、証明力等を検討して検察官の主張立証に対する反論反証の準備を行い、開示証拠を契機として被告人に有利な主張立証を準備する目的をいう」。刑事裁判における事実認定の判断は、公判で取り調べられた証拠に基づいて行われるから、「証拠等の問題点を指摘して一般の支援を求めて本件掲載行為を行うことは、訴訟手続における防御活動とはいえず…審理準備目的による使用でないことは明らかであ〔る〕」。

解説　検察官による証拠開示は、争点と証拠を整理し、被告人及び弁護人が防御の準備を整える上で重要な役割を果たす。しかし、開示証拠が適正に管理されなかったり、本来の目的以外の目的で使用されたりすれば、罪証隠滅、証人威迫、関係者の名誉・プライバシーの侵害、国民一般の捜査への協力確保の困難化等の弊害が生じるおそれがあり、検察官や裁判所は証拠開示に消極的な姿勢を取らざるを得なくなる。そこで、かかる弊害を防止し、証拠開示が行われやすい環境を整えることを目的として、検察官開示証拠の適正な管理等につき刑訴法二八一条の三ないし二八一条の五が設けられた。

本件では、二八一条の四第一項にいう審理準備目的の意義が問題となった。原審は、開示証拠の複製等を不特定多数の者に公開して、その問題点を指摘し、一般の支援を求める行為であっても、「広く目撃者を探すなどの特段の事情」がある場合には、審理準備目的による使用に含む余地を認めていたのに対し、本判決はかかる行為は「訴訟手続における防御活動とはいえ〔ない〕」と述べるのみで、特段の事情に何ら言及していない。証拠開示の基本的役割と開示証拠の適正管理の必要性を踏まえれば、かかる行為は証拠開示により実現されるべき防御活動として全く想定されていないという理解によるものであろう。

関連条文　刑訴法二八一条の四・二八一条の五

患者の診療情報の捜査機関への提供と医師の守秘義務

210 最1決平成17・7・19刑集五九巻六号六〇〇頁

参照条文　刑法一三四条、刑訴法一〇五条・一四九条

治療目的で患者の尿検査を行ったところ覚せい剤成分が検出された場合に医師が警察に通報することは許されるか。

事実　救急搬送された患者について医師が診断のために必要な尿検査を行う際、薬物の影響による自傷行為の疑いがあったことから併せて薬物検査も行ったところ、覚せい剤成分が検出されたので、同医師は警察に通報し、警察は令状を得てその尿を差し押さえた。

裁判所の見解　医師が必要な治療または検査の過程で採取した患者の尿から違法な薬物の成分を検出した場合に、これを捜査機関に通報することは、正当行為として許容され、医師の守秘義務に違反しない。

解説　医師は、診療の過程で知り得た患者の秘密を守る義務を負う（刑法一三四条）。患者は自らの生命・健康を守るために治療を受けようとすれば秘密を打ち明けざるを得ない。そこで、刑法は、特に罰則をもって医師に秘密保持を義務付けた。その保護法益は患者のプライバシーである。一方、刑訴法は、医師に対して、患者の秘密を漏らすことを拒む権利を認めている（押収拒絶権、証言拒絶権。刑訴法一〇五条・一四九条）が、通説によれば、これらの権利は、個々の患者のプライバシーではなく、秘密保持に対する信頼を前提として成立する医師という職業を保護し、その結果として、国民がいつでも医療を受けられる環境の維持に資することを目的とする。したがって、医師が法廷での証言を求められるなど刑事司法への協力義務を負った場合に、それを拒む権利を行使するか否かは、保護の対象である職業に従事する医師自らの判断に委ねられる。

こうして、刑法上の守秘義務と刑訴法上の刑事司法への協力を拒む権利とはその趣旨を異にするため、両者の矛盾が問題となる。かっての通説は、刑事司法に対する協力はそれ自体が「正当な理由」であるから、守秘義務違反の違法性が阻却されると解していた。これに対しては、守秘義務が常に優先する、あるいは、本人の同意がある場合や緊急避難にあたる場合などを除き守秘義務が優先するとする見解も唱えられていた。

本件は、刑事司法への協力が義務づけられた場面ではないから、押収拒絶権や証言拒絶権の行使が問題となる場面に比して、なおさら守秘義務が優先すると考えることもできる。少なくとも、刑事司法への協力だからというだけで違法性が阻却されるとすることは、法律上罰則をもって守秘義務を課されている者とそうでない者との区別を無にすることになり適切でない。本決定は、通報の目的や通報者の職務内容、通報しようとする犯罪の内容、秘密を知るに至った経緯などを総合的に勘案して、いずれが優先するかを決めるという立場によったものであろうが、これでは明確性を欠き医師は判断に窮しよう。

鑑定医による秘密漏示

211　最2決平成24・2・13刑集六六巻四号四〇五頁

関連条文　刑法一三四条一項、刑訴法二三〇条

鑑定医が鑑定を行う過程で知り得た秘密は、秘密漏示罪における「人の秘密」に当たるか。

事　実　精神科の医師である被告人は、奈良県で発生した現住建造物等放火・殺人等の少年事件について、家庭裁判所から、精神科医としての知識、経験に基づく、診断を含む精神医学的判断を内容とする鑑定を命じられ、それを実施したものであり、そのための鑑定資料として少年らの供述調書等の写しの貸出しを受けていたところ、正当な理由がないのに、同鑑定資料や鑑定結果を記載した書面をジャーナリストに閲覧させ、少年及びその実父の秘密を漏らした。第一審及び原審はいずれも被告人の行為が秘密漏示罪に当たるとしたところ、弁護人は上告し、①鑑定医が行う鑑定はあくまでも「鑑定人の業務」であって「医師の業務」ではなく、鑑定人の業務上知った秘密を漏示しても秘密漏示罪には該当しない、②本件で少年やその実父は被告人に業務を委託した者ではなく、秘密漏示罪の告訴権者に当たらない旨主張した。

裁判所の見解　本決定は、「医師が、医師としての知識、経験に基づく、診断を含む医学的判断を内容とする鑑定を命じられた場合には、その鑑定の実施は、医師がその業務として行うものといえるから、医師が当該鑑定を行う過程で知り得た人の秘密を正当な理由なく漏らす行為は、医師がその業務上取り扱ったことについて知り得た人の秘密を漏示するものとして刑法一三四条一項の秘密漏示罪に該当する」「このような場合、『人の秘密』には、鑑定対象者本人の秘密のほか、同鑑定を行う過程で知り得た鑑定対象者本人以外の者の秘密も含まれる」「したがって、これらの秘密を漏示された者は刑訴法二三〇条にいう『犯罪により害を被った者』に当たり、告訴権を有する」旨判示した。

解　説　診断・治療といったサービスを受けるためには、医師と患者との信頼関係が重要となるところ、かかる信頼関係の中で患者が医師に告げた自己の秘密が本罪の「人の秘密」となることには異論がない（千葉勝美判事の補足意見参照）。しかし、本決定は、それを超えて、医師という立場においてその業務の過程で知り得た人の秘密を本罪の客体に含めている。個別具体的な信頼関係を前提とせず、秘密を扱う一定の地位に対する信頼を前提とするものと言えよう。

このような理解から、本決定は、家庭裁判所が被告人に鑑定を依頼し、対象者に鑑定を行う場合のように、鑑定医と鑑定対象者との間に必ずしも信頼関係が存在しないような場合であってもなお本罪の成立を肯定する。また、鑑定対象者以外の者についても、その秘密が鑑定という業務の過程で知り得た秘密であれば、本罪の客体に含め、その者に告訴権を認めている。

法廷でメモを取る自由……レペタ訴訟

212 最大判平成元・3・8民集四三巻二号八九頁

関連条文　憲法二一条一項・八二条一項、裁判所法七一条、刑訴法二八八条二項

法廷警察権を理由として傍聴人の筆記行為を原則禁止することは憲法上許されるか。

事　実　アメリカ人弁護士であるローレンス・レペタ氏は、研究の一環として東京地裁での刑事公判を傍聴した。当該事件の担当裁判長は傍聴人がメモを取ることをあらかじめ一般的に禁止していたので、レペタ氏はメモ採取の許可を求めたが、許可されなかった。そこで、レペタ氏は憲法八二条、二一条等の違反を理由に国家賠償請求をした。

裁判所の見解　①憲法八二条一項は、裁判の公開により裁判が公正に行われることを制度として保障するものであり、各人に対して裁判の傍聴や筆記行為を権利として保障するものではない。②各人が自由にさまざまな意見、知識、情報に接し、これを摂取する自由は、憲法二一条一項の派生原理として当然に導かれる。意見等の摂取の補助としてなされる限り、「筆記行為の自由は、憲法二一条一項の規定の精神に照らして尊重される」。③裁判の公開が制度として保障されていることに伴い、傍聴人は裁判を見聞することができるので、「傍聴人が法廷においてメモを取ることは、その見聞する裁判を認識、記憶するためになされるものである限り、尊重に値し、故なく妨げられてはならない」。人は、メモを取ることによって、知識や情報を正確に認識・記憶することができる。しかし、従来、法廷で傍聴人がメモを取る行為は法廷警察権を理由に原則禁止されてきた。本判決は、法廷でのメモ行為の憲法上の位置づけを明らかにすることによって、かかる運用を是正した。

解　説　もっとも、本判決は、法廷でのメモ行為が憲法二一条一項、八二条一項により直接保障されるとは述べていない。まず、①で憲法八二条一項の裁判の公開を制度の保障として捉え、各人の権利導出の根拠とする理解を否定する。次に、②で憲法二一条一項の派生原理として情報摂取の自由を導出したうえで、その補助としてなされる筆記行為の自由を、1決定における報道機関の取材の自由と同様に（ただし、「尊重」と「十分尊重」という差がある）、同条項の精神に照らして「尊重」されるものと位置付ける。そして、①と②を掛け合わせ、法廷でのメモ行為の自由を③のように定式化した。法廷でのメモ行為の憲法上の位置付けが③の限度に留まる以上、法廷警察権が実現しようとする公正かつ円滑な訴訟運営の方が、はるかに優越する利益である。ただし、本判決は、法廷でのメモ行為が公正かつ円滑な訴訟運営を妨げることは通常あり得ないので、特段の事情がない限り、メモ行為は傍聴人の自由に任せるべきであり、それが憲法二一条一項の精神にも合致すると結論づけた。

刑事確定訴訟記録法の合憲性

213 最3決平成2・2・16判時一三四〇号一四五頁

刑事確定訴訟記録の閲覧を制限した刑事確定訴訟記録法四条二項の規定は、憲法二一条、八二条に違反するか。

事実　フリー・ジャーナリストである申立人が、警察留置場における被拘禁者の処遇実態等を調査し、記事・論説としてまとめ、月刊誌等に発表する目的で特別公務員陵虐事件の保管記録全部の閲覧請求をした。これに対して、保管検察官は、右請求が刑事確定訴訟記録法四条二項三号、四号、五号に該当するという理由で不許可にした。申立人は準抗告を申し立てたが、棄却されたため、特別抗告を申し立てた。

裁判所の見解　「本件抗告の趣意のうち、刑事確定訴訟記録法四条二項が憲法二一条、八二条に違反しないとした原決定は憲法の解釈を誤っているという点は、憲法の右の各規定が刑事確定訴訟記録の閲覧を権利として要求できることまでを認めたものでないことは、当裁判所大法廷判例（最大決昭和33・2・17刑集一二巻二号二五三頁及び212判決）の趣旨に徴して明らかであるから、所論は理由がな」い。

解説　本決定が引用する最大決昭和33・2・17は、「たとい公判廷の状況を一般に報道するための取材活動であっても、その活動が公判廷における審判の秩序を乱し、被告人その他訴訟関係人の正当な利益を害するがごときものは、もとより許されない」として、公判廷における写真撮影等を制限した刑訴規則二一五条は憲法二一条に違反しないとした。公開裁判の取材活動を妨げられないという意味での消極的自由であっても一定の制約に服するならば、確定記録の閲覧を積極的に要求する権利が憲法二一条によって無条件に保障されているとは考えにくい。他方、同じく本決定が引用する212判決は、「右規定（憲法八二条一項）は、各人が裁判所に対して傍聴することを権利として要求できることまでを認めたものでないことはもとより、傍聴人に対して法廷においてメモを取ることを権利として保障しているもので〔も〕ない」と判示して、憲法八二条一項が国民（傍聴人）に対して権利を付与するものではないことを明らかにした。確定記録の公開以前の問題である裁判の公開についてすら、国民は裁判を傍聴する憲法上の権利を有していないのであれば、ましてや確定記録の閲覧に関して国民に憲法上の権利は認められないことになろう。

このような二つの大法廷判例の趣旨に徴して、本決定は、憲法二一条、八二条が「刑事確定訴訟記録の閲覧を権利として要求できることまでを認めたものでない」と判示したと解される。そして、確定記録の閲覧が憲法上の権利として保障されていない以上、その閲覧を制限する刑事確定訴訟記録法四条二項が憲法違反とされる余地はなく、この問題は立法政策に委ねられることとなる。

関連条文　憲法二一条・八二条、刑事確定訴訟記録法四条二項

214 遮へい措置・ビデオリンク方式と裁判の公開

最1判平成17・4・14刑集五九巻三号二五九頁

関連条文　憲法三七条一項・八二条一項、刑訴法一五七条の五・一五七条の六

遮へい措置、ビデオリンク方式を定めた刑訴法一五七条の五、一五七条の六は、憲法三七条一項、八二条一項に違反するか。

事実　傷害・強姦被告事件で、遮へい措置及びビデオリンク方式を併用して被害者の証人尋問が行われ、その公判供述をもとに有罪判決が下された。被告人は、第一審がビデオリンク方式に加え、証人と傍聴人との間に遮へい措置を採ったことは刑訴法三七七条三号に該当するなどと主張して控訴したが、棄却された。そこで、被告人はこれらの措置を定める刑訴法一五七条の五及び一五七条の六（現行の条番号による）が、憲法八二条一項、三七条一項に違反するとして上告した。

裁判所の見解　「証人尋問が公判期日において行われる場合、傍聴人と証人との間で遮へい措置が採られ、あるいはビデオリンク方式によることとされ、さらには、ビデオリンク方式によった上で傍聴人と証人との間で遮へい措置が採られても、審理が公開されていることに変わりはないから、これらの規定〔刑訴法一五七条の五、一五七条の六〕は、憲法八二条一項、三七条一項に違反するものではない。」

解説　本判決が引用する最大決昭和33・2・17刑集一二巻二号二五三頁は、裁判の公開について「手続を一般に公開してその審判が公正に行われることを保障する趣旨」と述べる。この判示は、直接的には、憲法八二条一項を念頭に置いたものであるが、憲法三七条一項についても同様に考えれば、一般公衆の監視の下で公正な審判を受ける権利を被告人に保障する趣旨と理解できる。かかる両規定の趣旨に照らすと、一般公衆の監視の下で審判が公正に行われることを確保できる状態であれば、裁判の公開の要請は満たされることになろう。

証人尋問の際にビデオリンク方式が採られても、傍聴人は、テレビモニターを通して、証人の証言内容のみならず供述態度・表情をも認識できるので、裁判の公開との関係で問題は少ない（むしろ、通常の証人尋問では、証人席が裁判官と対面する形になっており、傍聴席から証人の表情は見えないことに鑑みれば、ビデオリンク方式は傍聴人の認識可能な情報を増やす効果を持つ）。他方、遮へい措置が採られると、傍聴人は裁判所の事実認定に用いられうる証人の供述態度・表情を認識できなくなる。しかし、これらの情報が欠如したとしても、傍聴人は当該証人の証言内容をはじめとする審理の主要部分を十分に把握できるから、一般公衆の監視の下で審判が公正に行われることを確保できる状態は維持されており、裁判の公開の要請は満たされている。「審理が公開されていることに変わりはない」との本判決の判示は、かかる理解を前提とするものと解される。

被害者特定事項の秘匿と公開裁判を受ける権利

215 最1決平成20・3・5判タ一二六六号一四九頁

関連条文　憲法三二条・三七条一項、刑訴法二九〇条の二第一項・三項

刑訴法二九〇条の二に基づく被害者特定事項の秘匿決定は、憲法三二条、三七条一項に違反するか。

事実　五件の殺人及び銃刀法違反事件の上告審において、最高裁が、被害者のうち二名については、その遺族から申出を受けて、刑訴法二九〇条の二第一項により、他の被害者三名については、同条三項により、被害者特定事項（氏名及び住所その他の当該事件の被害者を特定させることとなる事項）を秘匿する決定を行うにあたって、弁護人に意見を求めた。これに対して、弁護人は、被害者特定事項を公開の法廷で明らかにしない旨の決定をすることは、憲法三七条一項の公開裁判を受ける権利を侵害し、ひいては、憲法三二条の裁判を受ける権利そのものを空洞化するおそれがある旨の意見を述べた。

裁判所の見解　「同決定〔被害者特定事項の秘匿決定〕が、裁判を非公開で行う旨のものではないことは明らかであって、公開裁判を受ける権利を侵害するものとはいえないから、所論は前提を欠く」として、被害者五名の被害者特定事項を公開の法廷で明らかにしない旨の決定を行った。

解説　本件で問題となった秘匿決定は、平成一九年に成立した「犯罪被害者等の権利利益の保護を図るための刑事訴訟法等の一部を改正する法律」によって導入された。裁判所は、性犯罪に係る事件のほか、犯行の態様、被害の状況その他の事情により、被害者特定事項が公開の法廷で明らかにされることにより被害者等の名誉又は社会生活の平穏が著しく害されるおそれがあると認められる事件について、それを公開の法廷で明らかにしない旨の決定をすることができる（刑訴法二九〇条の二第一項）。また、裁判所は、被害者特定事項が公開の法廷で明らかにされることにより被害者もしくはその親族の身体もしくは財産に害を加え又はこれらの者を畏怖させもしくは困惑させる行為がなされるおそれがあると認められる事件を取り扱う場合にも、同様の決定をすることができる（同条三項）。秘匿決定がなされた場合には、起訴状及び証拠書類の朗読は、被害者特定事項を明らかにしない方法で行われる（刑訴法二九一条二項、三〇五条三項）。また、裁判長は、訴訟関係人のする尋問や陳述等が被害者特定事項にわたるときは、それを制限することができる（刑訴法二九五条三項）。

被害者特定事項が秘匿される場合でも、それ以外の事案の内容、訴訟当事者による攻撃・防御の状況や内容、裁判所による判断の内容や理由など、審理の本質的部分は全て公開される。本決定は、それを前提として、秘匿決定がなされても裁判を非公開で行うものではないと述べたと解される。そして、この理解は、憲法三七条一項との関係だけでなく、本件では問題とされていない憲法八二条との関係でも同様に妥当するであろう。

情報公開訴訟におけるインカメラ審理

216 最1決平成21・1・15民集六三巻一号四六頁

関連条文　憲法八二条・三二条

情報公開訴訟におけるインカメラ審理の適否。

事　実　本件の本案訴訟は、Xが、行政機関の保有する情報の公開に関する法律（情報公開法）に基づき、外務省の保有する行政文書の開示を請求したところ、外務大臣から、請求対象とされた本件不開示文書につき、同法五条一号、三号または五号に該当するとして不開示とする決定を受けたため、Y（国）を被告として、その取消しを求めたものである。Xは、本件不開示文書の検証の申出をするとともに、これを目的物として、Yに対する検証物提示命令の申立て（併せて「本件検証の申出等」という）をした。なお、Xは、本件検証の申出等をするに当たり、検証への立会権を放棄し、検証調書の作成につき、本件不開示文書の記載内容の詳細が明らかになる方法での検証調書の作成を求めない旨を陳述している。

裁判所の見解　破棄自判。「立会権の放棄等を前提とした本件検証の申出等は」、情報公開訴訟において、「当該不開示とされた文書を対象とする検証を被告に受忍させ、当該文書の不開示決定を取消して当該文書が開示されたのと実質的に同じ事態を生じさせ、訴訟の目的を達成させてしまう」という「結果が生ずることを回避するため、事実上のインカメラ審理を行うことを求めるものにほかならない」。「しかしながら、訴訟で用いられる証拠は当事者の吟味、弾劾の機会を経たものに限られるということは、民事訴訟の基本原則であるところ、情報公開訴訟において裁判所が不開示事由該当性を判断するために証拠調べとしてのインカメラ審理を行った場合、裁判所は不開示とされた文書を直接見分して本案の判断をするにもかかわらず、原告は、当該文書の内容を確認した上で弁論を行うことができず、被告も、当該文書の具体的内容を援用しながら弁論を行うことができない。また、裁判所がインカメラ審理の結果に基づき判決をした場合、当事者が上訴理由を的確に主張することが困難となる上、上級審も原審の判断の根拠を直接確認することができないまま原判決の審査をしなければならないことになる」。「情報公開訴訟において証拠調べとしてのインカメラ審理を行うことは、民事訴訟の基本原則に反するから、明文の規定がない限り、許されないものといわざるを得ない」。

解　説　民事訴訟において、双方当事者は証拠調べに立ち会う機会（立会権）（民訴法九四条一項参照）と証拠について弁論を行う機会（弁論権）が保障されなければならない（双方審尋主義。憲法三二条参照）。この基本原則に鑑み、本決定は、情報公開訴訟における本案たる不開示事由該当性の判断に際し、明文規定のない、証拠調べとしてのインカメラ審理を認めなかった。インカメラ審理の導入の要否は、裁判の公開原則（憲法八二条）との関係も含め、論議されるべきであろう。

刑事事件における取材源の秘匿……朝日新聞記者証言拒否事件

217 最大判昭和27・8・6刑集六巻八号九七四頁

関連条文 憲法二一条、刑訴法一四九条

刑事事件において報道関係者は取材源の秘匿を理由に証言を拒絶できるか。

事　実　税務署員の収賄事件に関して夜間に逮捕状が執行されたところ、翌日の新聞朝刊に逮捕状記載の被疑事実等が掲載された。そのため、裁判所ないし検察庁の職員による秘密漏示の疑いが生じ、被疑者不詳のまま捜査が開始された。捜査の過程で、検察官の請求に基づき裁判官が朝日新聞の記者を召喚し、記事の出所につき尋問を行ったが（刑訴法二二六条）、記者は取材源の秘匿を理由に宣誓・証言を拒んだため、宣誓・証言拒絶罪（刑訴法一六一条）で起訴された。

裁判所の見解　①国民の証言義務に対する例外規定のうち、刑訴法一四六条は憲法三八条一項の保障を実現するための例外だが、その他の規定はすべて立法政策的考慮から認められた例外である。②国民の証言義務は裁判の適正な行使に協力すべき重大な義務であるため、刑訴法一四九条が定める証言拒絶の主体は限定列挙であり、他の場合に類推適用すべきでない。③憲法二一条は、「一般人に対し平等に表現の自由を保障したものであって、新聞記者に特種の保障を与えたものではない」。④同条の保障の趣旨は言いたいことを言わせることにあり、これから言いたいことの内容を作り出すための取材について、取材源の秘匿まで保障するものではない。

解　説　報道関係者は、職業倫理上、取材源に関する証言を拒む。情報提供者との信頼関係を維持することにより、将来の取材活動や報道の自由、ひいては国民の知る権利を守るためである。しかし、刑訴法は報道関係者の証言拒絶権を認める規定を設けていない。そこで、憲法・刑訴法の解釈により取材源の秘匿を認めるべきかが議論されてきた。

本判決は、③表現の自由の平等な保障を強調するとともに、④表現内容形成のための取材を憲法二一条の保障に含めることに消極的な姿勢を示し、同条は新聞記者に対して取材源の秘匿という特権を保障するものではないとする。そうすると、かかる特権を付与するかは①立法政策上の問題となるから、②適正な刑事裁判を実現するための証言義務の重要性に照らして、刑訴法一四九条の類推適用を否定するのも自然な解釈といえる。

もっとも、1決定が取材の自由も憲法二一条の精神に照らし十分尊重に値すると判示し、212判決が法廷でのメモ採取に関する報道関係者の特別扱いを是認したことにより、本判決③④は実質的に変更され、民事事件では取材源の秘匿を認める218決定も出された。しかし、同決定は民訴法一九七条一項三号の「職業の秘密」という刑訴法一四九条には存在しない文言を前提とした判断であり、本判決②を変更するものではない。刑事事件における取材源の秘匿の可否は、今なお不明確である。

報道関係者の取材源秘匿と証言拒絶権

218 最3決平成18・10・3民集六〇巻八号二六四七頁

関連条文　民訴法一九七条一項三号、憲法二一条

報道関係者の取材源秘匿に関する証言拒絶事由の有無。

事　実　Xらは、アメリカ合衆国を被告として合衆国アリゾナ州地区連邦地方裁判所に提起した損害賠償請求事件（本件基本事件）における開示（ディスカバリー）の手続として、日本に居住するYの証人尋問を申請した。Yは、記者として本件基本事件の紛争の発端となった本件NHK報道に関する取材活動をしていた。そこで、右裁判所は、この証人尋問を日本の裁判所に嘱託し、証人尋問が国際司法共助事件として原々審に係属した。その証人尋問においてYは取材源の特定に関する証言を拒絶したため、証言拒絶事由の有無が争われた。

裁判所の見解　抗告棄却。①報道関係者の取材源の秘密は職業の秘密（民訴法一九七条一項三号。221判例参照）に当たるところ、その「の秘密が保護に値する秘密であるかどうかは、当該報道の内容、性質、その持つ社会的な意義・価値、当該取材の態様、将来における同種の取材活動が妨げられることによって生ずる不利益の内容、程度等と、当該民事事件の内容、性質、その持つ社会的な意義・価値、当該民事事件において当該証言を必要とする程度、代替証拠の有無等の諸事情を比較衡量して決すべきことになる」。②「報道のための取材の自由も、憲法二一条の精神に照らし、十分尊重に値するものといわなければならない」（1判例）から、取材源の秘密も、「取材の自由を確保するために必要なものとして、重要な社会的価値を有するというべきである」。そうすると、「当該報道が公共の利益に関するものであって、その取材の手段、方法が一般の刑罰法令に触れるとか、取材源となった者が取材源の秘密の開示を承諾しているなどの事情がなく、しかも、当該民事事件が社会的意義や影響のある重大な民事事件であるため、当該取材源の秘密の社会的価値を考慮してもなお公正な裁判を実現すべき必要性が高く、そのために当該証言を得ることが必要不可欠であるといった事情が認められない場合には、当該取材源の秘密は保護に値すると解すべきであり、証人は、原則として、当該取材源に係る証言を拒絶することができる」。

解　説　本決定は、報道のための取材の自由につき、「憲法二一条の精神に照らし、十分尊重に値する」とし、取材の自由を確保するための報道機関の取材源秘匿についても「重要な社会的価値を有する」と認めている。その上で、取材源の秘密が「職業の秘密」（民訴法一九七条一項三号）に該当すると判断した上、民事事件において証人となった報道関係者が、具体的事案において一定の事情のない限り、原則として取材源に関して証言拒絶権を有するとし、本件NHK報道が公共の利害に関すること等を理由に、本件取材源に関する証言拒絶を認めた。

薬害訴訟における診療録に関する文書提出義務

219 大阪高決昭和53・6・20判時九〇四号七四頁

関連条文　民訴法二二〇条三項前段

薬害訴訟における診療録の利益文書該当性。

事　実　本件本案訴訟は、Aらが、その疾病の治療過程において、X会社らの製造、販売等に係るキノホルム剤を服用したため、いわゆるスモン（亜急性脊髄視神経症）に罹患したことにつき、Xらが右薬剤の製造、販売等を行う際の安全性確認に関する過失に起因するとして、Xらに損害賠償を請求するものである。そこで、Xは、Aらに対する右薬剤投与の有無、投与と神経症状との因果関係及び症状に与える影響の程度等を立証するため、Aらの治療に当った医師の作成した診療録の提出を、所持するY（医院）らに求めた。

裁判所の見解　取消差戻し。「医師の具体的な診療行為が訴訟の対象となっている場合、診療した医師又は診療を受けた患者にとって右診療行為を記載した診療録は同人らの法律上の利益を明らかにする文書であり、また右診療行為により投薬された薬の毒性が訴訟の対象となっている場合、投薬された患者又は投薬された薬の製造販売業者、右薬の製造等を許可した国にとって右処方の記載を含む診療録が同人らの法律上の利益を明らかにする文書である」。「診療録は医師によって作成されているが、…医師の診療行為を適正ならしめるため公法上作成を義務づけられているものであるから、作成の目的は作成者の主観的意図を離れ、診療行為の記載自体を目的としているもので右診療行為の主体客体又はこれに準ずる深い関係を持つ人々の法律上の利益を明らかにすることを目的として作成されたものということができる。したがって診療録は診療した医師のみならず診療を受けた患者の法律上の利益を明らかにすることを目的として作成された文書と解するのが相当である。また診療行為において投薬は欠くべからざるものであり、…処方は診療録の記載事項とされているから、投薬された患者及び投薬された薬の製造販売業者、薬の製造等を許可した国の法律上の利益を明らかにすることを目的として作成された文書と解するのが相当である」。よって、Xの「中立に係る診療録（看護記録を含む）は」、〔平成八年改正前・旧〕民訴法三一二条三号前段〔現二二〇条三号前段〕の文書に該当する。

解　説　本決定は、いわゆるスモン訴訟において、患者の治療に当たった医師の作成した診療録（カルテ）が、文書提出義務の対象となる利益文書（民訴法二二〇条三号前段）に該当する旨を認めた下級審裁判例である。スモン訴訟における診療録につき同様の判断をしたものとして、福岡高決昭和52・7・13判時八六九号二二頁及び福岡高決昭和52・9・17判時八六九号三五頁がある。反対に、否定例として、大阪高決昭和53・5・17判時九〇四号七二頁（スモン訴訟）、東京高決昭和59・9・17判時一一三一号八七頁（公害訴訟）がある。

銀行の貸出稟議書に関する文書提出義務

220 最2決平成11・11・12民集五三巻八号一七八七頁

関連条文 民訴法二二〇条四号ニ

銀行における貸出稟議書の自己利用文書該当性の有無。

事実 本件本案訴訟は、亡Aが、Y銀行から融資を受けた資金でB証券株式会社を通じて株式等の有価証券取引を行い、多額の損害を被ったことについて、Aの承継人であるXがYに対し損害賠償を求めるものである。そこで、Y銀行のC支店長は、Aの経済状態からすれば貸付金の利息は有価証券取引から生ずる利益から支払う以外にないことを知りながら過剰な融資を実行したもので、これは金融機関が顧客に対して負っている安全配慮義務に違反する行為であるとXが主張し、有価証券取引によって貸付金の利息を上回る利益を上げることができるとの前提でYの貸出しの稟議が行われたこと等を証明するため、Yが所持する貸出稟議書及び本部認可書（「本件文書」）につき文書提出命令を申し立てた。

裁判所の見解 破棄自判。「……文書作成の目的や記載内容等からすると、銀行の貸出稟議書は、銀行内部において、融資案件についての意思形成を円滑、適切に行うために作成される文書であって、法令によってその作成が義務付けられたものでもなく、融資の是非の審査に当たって作成されるという文書の性質上、忌たんのない評価や意見も記載されることが予定されているものである。したがって、貸出稟議書は、専ら銀行内部の利用に供する目的で作成され、外部に開示することが予定されていない文書であって、開示されると銀行内部における自由な意見の表明に支障を来し銀行の自由な意思形成が阻害されるおそれがあるものとして、特段の事情がない限り、『専ら文書の所持者の利用に供するための文書』に当たると解すべきである。そして、本件文書は、……右のような貸出稟議書及びこれと一体を成す本部認可書であり、本件において特段の事情の存在はうかがわれないから、いずれも『専ら文書の所持者の利用に供するための文書』に当たるというべきであり、本件文書につき、Yに対し民訴法二二〇条四号に基づく提出義務を認めることはできない。」

解説 本決定は、最高裁が文書提出義務の除外事由たる自己利用文書該当性の一般的な判断基準を提示するとともに、銀行の貸出稟議書がこの自己利用文書に該当すると初めて判示したリーディング・ケースである。すなわち、本件の貸出稟議書は、①その作成目的、記載内容や所持の経緯その他の客観的事情をからみて専ら内部の者の利用に供する目的で作成され、外部の者に開示することが予定されておらず（内部文書性）、②銀行内部における自由な意見の表明に支障を来し銀行の自由な意思形成が阻害されるといった、看過し難い不利益が生ずるおそれが認められ（不利益性）、かつ、③提出義務を除外すべき特段の事情も存在しないと判断されている。

「技術又は職業の秘密」の意義

221 最2決平成12・3・10民集五四巻三号一〇七三頁

関連条文　民訴法一九七条一項三号

証言拒絶事由としての「技術又は職業の秘密」の意義。

事実　本件本案訴訟は、電話機器類（本件機器）を購入し利用しているXらが、本件機器にしばしば通話不能になる瑕疵がある等と主張して、Yに対し、不法行為等に基づく損害賠償を請求するものである。そこで、Xらが、本件機器の瑕疵を立証するためであるとして、本件機器の回路図及び信号流れ図（本件文書）につき文書提出命令を申し立てた。

裁判所の見解　一部破棄差戻し。①「民訴法一九七条一項三号所定の『技術又は職業の秘密』とは、その事項が公開されると、当該技術の有する社会的価値が下落しこれによる活動が困難になるもの又は当該職業に深刻な影響を与え以後その遂行が困難になるものをいうと解するのが相当である」。「本件において、Yは、本件文書が公表されると本件機器のメーカーが著しい不利益を受けると主張するが、本件文書に本件機器のメーカーが有する技術上の情報が記載されているとしても、Yは、情報の種類、性質及び開示することによる不利益の具体的内容を主張しておらず、原決定も、これらを具体的に認定していない。したがって、本件文書に右技術上の情報が記載されていることから直ちにこれが『技術又は職業の秘密』を記載した文書に当たるということはできない」。②「専ら文書の所持者の利用に供するための文書」（民訴法二二〇条四号ニ）の意義に関する220判例を引用した上で、「原決定は、本件文書が外部の者に見せることを全く予定せずに作成されたものであることから直ちにこれが民訴法二二〇条四号ハ〔※注：現行法「ニ」〕所定の文書に当たると判断しており、その具体的内容に照らし、開示によって所持者の側に看過し難い不利益が生じるおそれがあるかどうかについて具体的に判断していない。」とする。

解説　本決定は、「技術又は職業の秘密」（文書提出の一般義務に関する除外事由を定める民訴法二二〇条四号ハが引用する、証言拒絶事由を定める同一九七条一項三号）の意義を明らかにした最高裁判例である。原決定は、本件機器を製造し、細部設計を行ったメーカーが本件機器を製造するために作成した本件文書につき、製造メーカーが持つノウハウ等の技術上の情報が記載されており、これが明らかにされるとメーカーが著しく不利益を受けることが予想されることを理由に、右「技術…の秘密」該当性を認めた。これに対し、本決定は、「当該技術の有する社会的価値が下落しこれによる活動が困難になる」ことまで要すると判断して、本件文書につき「技術…の秘密」該当性を否定した。併せて、本件文書の自己利用文書該当性（民訴法二二〇条四号ニ）につき、220判例の判断枠組に沿った認定をすべく本件を原審に差し戻している。

調査報告書に関する文書提出義務

222 最2決平成16・11・26民集五八巻八号二三九三頁

関連条文　民訴法二二〇条四号ニ

調査報告書の自己利用文書該当性の有無。

事実　本件本案訴訟のうち、本訴請求事件は、生命保険事業を営む株式会社であるXが、損害保険事業を営む相互会社であるYを被告として、YからYについての虚偽の会計情報を提供されたことによりYに対し三〇〇億円の基金を拠出させられた等として、不法行為による損害賠償を求めるものであり、反訴請求事件は、Yが、Xを被告として、Xの株主たる地位に基づく利益配当金の支払を求めるものである。そこで、Xが、Yの旧役員らが故意または過失により虚偽の財務内容を公表し、真実の財務内容を公表しなかったという事実を証明するためであると主張し、Yが所持する調査報告書（本件文書）につき文書提出命令を申し立てた。

裁判所の見解　抗告棄却。①「本件保険管理人は、金融監督庁（当時）長官から、保険業法（平成一一年改正前）三一三条一項、二四二条三項に基づき、Xの破たんにつき、その旧役員等の経営責任を明らかにするため、調査委員会を設置し、調査を行うことを命じられたので、上記命令の実行として、弁護士及び公認会計士を委員とする本件調査委員会を設置し、本件調査委員会に上記調査を行わせた。本件文書は、本件調査委員会が上記調査の結果を記載して本件保険管理人に提出したものであり、法令上の根拠を有する命令に基づく調査の結果を記載した文書であって、専らXの内部で利用するために作成されたものではない。また、本件文書は、調査の目的からみて、Xの旧役員等の経営責任とは無関係な個人のプライバシー等に関する事項が記載されるものではない」。②「……保険管理人は、保険業の公共性にかんがみ、保険契約者等の保護という公益のためにその職務を行うものであるということができる。また、本件調査委員会は、本件保険管理人が、金融監督庁長官の上記命令に基づいて設置したものであり、保険契約者等の保護という公益のために調査を行うものということができる」。「以上の点に照らすと、本件文書は、民訴法二二〇条四号ニ所定の『専ら文書の所持者の利用に供するための文書』には当たらないというべきである」。

解説　本決定は、220判例を参照し、破綻した保険会社の旧役員等の経営責任に関する調査委員会作成の調査報告書につき、自己利用文書該当性を否定した。この調査報告書は、保険契約者等の保護という公益のため、法令上の根拠を有する命令に基づき保険管理人の設置した調査委員会が行った調査の結果を記載したものである。かかる公益的な作成目的等からすると、この調査報告書は、外部の者に開示することが予定されていないと評価できないため、220判例の示した内部文書性の要件を満たさない。

捜索差押許可状及び捜索差押令状請求書に関する文書提出義務

223 最2決平成17・7・22民集五九巻六号一八三七頁

捜査及び刑事訴訟記録の文書提出義務の判断の在り方。

関連条文　民訴法二二〇条三号後段、刑訴法四七条

事　実

本件本案訴訟は、警視庁所属の警察官がXらの各住所地において行った本件各捜索差押えが違法であること等を理由に、XらがY（東京都）に対し国家賠償法一条一項に基づき損害賠償を求めるものである。そこで、Xらが、Yが所持する本件各捜索差押えに係る各捜索差押令状請求書（本件各請求書）及び各捜索差押許可状（本件各許可状）について文書提出命令の本件申立てをした。

裁判所の見解

一部破棄自判・一部抗告棄却。①「本件各請求書及び本件各許可状は、本件各捜索差押えが刑訴法及び刑訴規則の規定に従って執行されたことを明らかにする客観的な証拠であり、本件各捜索差押えの執行に手続違背があったか否かを判断するために、その取調べの必要性が認められる」。②「本件各許可状には、Xら以外の者の名誉、プライバシーを侵害する記載があることはうかがわれないし、本件各許可状は、本件各捜索差押えの執行に当たってXら側に呈示されており（刑訴法二二二条一項、一一〇条）…開示されたからといって、今後の捜査、公判に悪影響が生ずるとは考え難」く、「提出を拒否したYの判断は、裁量権の範囲を逸脱し、又はこれを濫用したものというべきである」。④「他方、捜索差押令状請求書は、捜索差押許可状とは異なり、処分を受ける者への呈示は予定されていない上、犯罪事実の要旨や夜間執行事由等が記載されていて、一般に、これらの中には、犯行態様等捜査の秘密にかかわる事項や被疑者、被害者その他の者のプライバシーに属する事項が含まれていることが少なくない。また、本件各被疑事件については、…いずれもいまだ被疑者の検挙に至っておらず、現在も捜査が継続中である」。「本件各被疑事件の特質にもかんがみると、本件各請求書…を証拠として取り調べる必要性を考慮しても、開示による弊害が大き」く、「本件各請求書の提出を拒否したYの判断が、その裁量権の範囲を逸脱し、又はこれを濫用したものということはできない」。

解　説

本決定は、本件各許可状及び本件各請求書が法律関係文書（民訴法二二〇条三号後段）に該当することを認めた。さらに、これらが原則的に公開が禁止される「訴訟に関する書類」（刑訴法四七条本文）に当たるとしつつも、その例外たる「公益上の必要その他の事由があって、相当と認められる場合」（同条ただし書）に該当すれば文書提出義務が肯定されるとして、この相当性判断につき、右書類を保管する者の合理的な裁量の範囲について判示した最3決平成16・5・25民集五八巻五号一一三五頁の判断枠組を参照する。その結果、本件各許可状につき裁量権の逸脱または濫用を肯定する一方で、本件各請求書についてはこれを否定する結論を示した。

外交文書に関する文書提出義務

224 最2決平成17・7・22民集五九巻六号一八八八頁

外交文書に関する公務秘密文書該当性の判断手続。

事実 本件本案訴訟は、パキスタン籍外国人のXが難民であること等を主張し、Y_1（法務大臣）による出入国管理及び難民認定法四九条一項の異議の申出に理由がない旨の裁決及びA（東京入国管理局主任審査官）による退去強制令書の発付処分の各取消しを請求するものである。Xは、右国内での政治的活動を理由に警察に手配されたと主張し、証拠として、同国官憲の作成名義に係る初期犯罪レポートの写し及び逮捕状の写しを提出した。これに対し、Y_1及びAは、本件逮捕状等の写しの真偽につき同国政府に照会したところ偽造である旨の回答を得たこと等の記載された本件各調査文書を証拠として提出した。そこで、Xが、控訴審で、本件逮捕状等の写しの原本の存在及び成立の真正等を証明するため、Y_1に対し、法務省が外務省を通じて同国公機関に対し右照会を行った際に外務省に交付した依頼文書の控え、Y_2（外務大臣）に対し、右照会に関して外務省が作成して同国公機関に交付した照会文書の控え及び外務省が同国公機関から交付を受けた右照会に対する回答文書の本件各文書につき文書提出命令の申立てをした。

裁判所の見解 破棄差戻し。①本件依頼文書について、「本件各調査文書によって公にされていない事項が記載されており、…他国との信頼関係が損なわれ、今後の難民に関する調査活動等の遂行に著しい支障を生ずるおそれがあるものと認める余地がある。」②本件照会文書及び本件回答文書について、「本件各調査文書によって公にされていない事項について、公開されないことを前提としてされた記載があり、その内容によっては、本件照会文書及び本件回答文書の提出により他国との信頼関係が損なわれ、我が国の情報収集活動等の遂行に著しい支障を生ずるおそれがあるものと認める余地がある。」③よって、「本件各文書については、…これらが提出された場合に我が国と他国との信頼関係に与える影響等について検討しなければ、民訴法二二三条四項一号に掲げるおそれがあることを理由として同法二二〇条四号ロ所定の文書に該当する旨の当該監督官庁の意見に相当の理由があると認めるに足りない場合に当たるか否かについて、判断することはできない」。

解説 公務秘密文書提出義務の判断につき、監督官庁からの意見聴取手続（民訴法二二三条三項）において、防衛・外交政策または刑事政策に関わる専門的判断に基づき除外事由（同二二〇条四号ロ）に該当する旨の意見が述べられたとき、裁判所はその相当性につき審理判断を行い、相当性を認めるに足りない場合に限り、当該文書の提出を命じる（同二二三条四項）。本決定は、特に公務秘密性の高い外交文書について相当性の有無が判断された事例である。

関連条文 民訴法二二〇条四号ロ・二二三条四項一号

労災事故の災害調査復命書に関する文書提出義務

225 最2決平成17・10・14民集五九巻八号二二六五頁

関連条文　民訴法二二〇条四号ロ

公務秘密文書に関する「公務員の職務上の秘密」等の意義。

事実　本件本案訴訟は、Xらが、A会社に対し、同社に工員として勤務していたXらの子が同社工場である本件事業場において就業中に本件労災事故に遭って死亡したとし、安全配慮義務違反等に基づいて損害賠償を求めるものである。そこで、Xらは、本件労災事故の事実関係を明らかにするため、Y（国）に対し、調査担当の労働基準監督官作成の災害調査復命書（本件文書）につき文書提出命令の申立てをした。

裁判所の見解　破棄差戻し。「公務員の職務上の秘密」（民訴二二〇条四号ロ）とは、「公務員が職務上知り得た非公知の事項であって、実質的にもそれを秘密として保護するに値すると認められるものをいい」い（最2決昭和52・12・19刑集三一巻七号一〇五三頁等参照）、「公務員の所掌事務に属する秘密だけでなく、公務員が職務を遂行する上で知ることができた私人の秘密であって、それが本案事件において公にされることにより、私人との信頼関係が損なわれ、公務の公正かつ円滑な運営に支障を来すこととなるものも含まれる」。本件文書記載の〔1〕「本件調査担当者が職務上知ることができた本件事業場の安全管理体制、本件労災事故の発生状況、発生原因等のA会社にとっての私的な情報」と、〔2〕「再発防止策、行政上の措置についての本件調査担当者の意見、署長判決及び意見等の行政内部の意思形成過程に関する情報」につき、いずれもこれに該当する。また、「その提出により公共の利益を害し、又は公務の遂行に著しい支障を生ずるおそれがある」（同条四号ロ）とは、「単に文書の性格から公共の利益を害し、又は公務の遂行に著しい支障を生ずる抽象的なおそれがあることが認められるだけでは足りず、その文書の記載内容からみてそのおそれの存在することが具体的に認められることが必要である」。〔2〕部分は「提出されると、行政の自由な意思決定が阻害され、公務の遂行に著しい支障を生ずるおそれが具体的に存在することが明らかである」から提出義務は認められない。これに対し、〔1〕部分は「提出されても、関係者の信頼を著しく損なうことになるということはできないし、以後調査担当者が労働災害に関する調査を行うに当たって関係者の協力を得ることが著しく困難とな」らず、また、「災害調査復命書の記載内容に実質的な影響が生ずるとは考えられない」ため、提出義務が認められる。

解説　本決定は、公務秘密文書に関する提出義務除外事由（民訴法二二〇条四号ロ）の意義を明らかにするとともに、労働基準監督官作成の災害調査復命書につきその具体的な記載内容を分析した上で、その情報内容に応じてそれぞれ提出義務の有無を判断している。

銀行の社内通達文書に関する文書提出義務

226 最3決平成18・2・17民集六〇巻二号四九六頁

関連条文 民訴法二二〇条四号ニ

銀行内部の社内通達文書の自己利用文書該当性の有無。

事　実　本件の本案訴訟は、銀行Xが、Yらに対し、消費貸借契約及び連帯保証契約に基づき合計一一億五六四四万円余の支払を求めるものである。これに対し、Yらは、融資一体型変額保険に係る融資契約が錯誤により無効であるため、右契約に関してYらがXに支払った金員について、Yらは不当利得返還請求権を有し、同請求権とXの本訴請求債権とを対当額で相殺すると主張して争っている。そこで、本件は、Yらが、融資一体型変額保険の勧誘をXが保険会社と一体となって行っていた事実を証明するためであるとして、Xが所持する本件各文書につき文書提出命令を申し立てた事件である。

裁判所の見解　抗告棄却。「本件各文書は、いずれも銀行であるXの営業関連部、個人金融部等の本部の担当部署から、各営業店長等にあてて発出されたいわゆる社内通達文書であって、その内容は、変額一時払終身保険に対する融資案件を推進するとの一般的な業務遂行上の指針を示し、あるいは、客観的な業務結果報告を記載したものであり、取引先の顧客の信用情報やXの高度なノウハウに関する記載は含まれておらず、その作成目的は、上記の業務遂行上の指針等をXの各営業店長等に周知伝達することにあることが明らかである。文書の作成目的や記載内容等からすると、本件各文書」は、その内部文書性は認められるものの、「Xの業務の執行に関する意思決定の内容等をその各営業店長等に周知伝達するために作成され、法人内部で組織的に用いられる社内通達文書であって、Xの内部の意思が形成される過程で作成される文書ではなく、その開示により直ちにXの自由な意思形成が阻害される性質のものではない。さらに、本件各文書は、個人のプライバシーに関する情報やXの営業秘密に関する事項が記載されているものでもない」ため、「民訴法二二〇条四号ニ所定の『専ら文書の所持者の利用に供するための文書』には当たらない」。

解　説　本決定は、銀行の貸出稟議書が自己利用文書に該当すると判示した220判例を参照し、その判断枠組に従いつつも、銀行内部における社内通達文書については、その自己利用文書該当性を否定した。すなわち、当該文書の作成目的や記載内容等といった外形的類型から①内部文書性が認められるとしても（この点では、同じく社内文書の一種である貸出稟議書と共通する）、その実質的な記載内容にまで踏み込むと、法人の内部意思形成過程で作成される文書でなく、その開示により直ちに自由な意思形成が阻害されることはなく、かつ、個人のプライバシーに関する情報や銀行の営業秘密に関する事項が記載されているものでもないとして、②不利益性が否定されている。

介護サービス種類別利用チェックリストに関する文書提出義務

227 最2決平成19・8・23判時一九八五号六三頁

関連条文 民訴法二二〇条四号ニ

介護サービス・チェックリストの自己利用文書該当性の有無。

事実 本件本案訴訟は、X（介護サービス事業者）が、Yの代表者であるAを被告として、同人はXの取締役であったのに、競業避止義務に違反して、Yを設立してXの営む事業と同じ介護サービス事業を開始し、不正に顧客を奪ったと主張して、不法行為に基づく損害賠償を求めるものである。そこで、Xが、奪われた顧客の特定及び損害額の確定のために必要があるとして、Yが所持する、Yの作成に係る平成一六年三月から同年一二月までの間の顧客一〇三名に関する「サービス種類別利用チェックリスト」（本件リスト）について、文書提出命令を申し立てた。同リストには、利用者名、当該利用者の要介護状態区分又は要支援状態区分、当該利用者が受けた個別的なサービス内容及びその回数、利用者毎の当該月分の介護保険請求額、利用者請求額等が記載されている。

裁判所の見解 破棄自判。①「本件リストは、Yが指定居宅サービス事業者として介護給付費等を審査支払機関に請求するために必要な情報をコンピューターに入力することに伴って、自動的に作成されるものであり、その内容も、介護給付費等の請求のために審査支払機関に伝送される情報から利用者の生年月日、性別等の個人情報を除いたものにすぎず、審査支払機関に伝送された情報とは別の新たな情報が付加されているものではなく、介護給付費等の請求のために審査支払機関に伝送した情報の請求者側の控えというべき性質のものにほかならない。そうすると、本件リストに記載された内容は第三者への開示が予定されていたものということができ、本件リストは、民訴法二二〇条四号ニ所定の『専ら文書の所持者の利用に供するための文書』に当たらない」。②「なお、……本件対象文書は本案訴訟において取調べの必要性の高い証拠であると解される一方、本件対象文書に係る上記九六名の顧客はいずれもXにおいて介護サービスの利用者として現に認識されている者であり、本件対象文書を提出させた場合にYの業務に与える影響はさほど大きなものとはいえないと解されること等を考えると」、同法一九七条一項三号所定の『職業の秘密』に関する事項が記載されているものには当たらない。

解説 本決定は、銀行の貸出稟議書が自己利用文書に該当すると判示した220判例を参照しつつ、介護サービス事業に関する同サービス種類別利用チェックリストにつき、その自己利用文書該当性を否定した。本件リスト記載の内容は、介護給付費等の請求のために審査支払機関に伝送されるレセプト情報から一定の個人情報を除いたものにすぎず、第三者への開示が予定されていたため、本件リストは、220判例の示した内部文書性の要件を満たさないことを理由とする。

228 金融機関における顧客の取引明細表に関する文書提出義務

最3決平成19・12・11民集六一巻九号三三六四頁

関連条文　民訴法一九七条一項三号

金融機関との取引履歴に関する顧客情報と「職業の秘密」。

事実　Aの相続人Xらが、同じく相続人であるBに対し遺留分減殺請求権を行使し、Aの遺産に属する不動産につき共有持分権の確認及び共有持分移転登記手続を、同じく預貯金につき金員の支払等を求める訴訟において、BがAの生前にその預貯金口座から払戻しを受けた金員の用途が争われていた。そこで、Xらは、Bがその取引金融機関であるY信用金庫に開設した預金口座に右払戻金を入金した事実を立証するため、Y信用金庫に対し、BとY平田支店との間の平成五年からの取引履歴が記載された取引明細表（本件明細表）を提出するように求める本件申立てをした。

裁判所の見解　破棄自判。「金融機関は、顧客との取引内容に関する情報や顧客との取引に関して得た顧客の信用にかかわる情報などの顧客情報につき、商慣習上又は契約上、当該顧客との関係において守秘義務を負い、その顧客情報をみだりに外部に漏らすことは許されない。しかしながら、金融機関が有する上記守秘義務は、上記の根拠に基づき個々の顧客との関係において認められるにすぎないものであるから、金融機関が民事訴訟において訴訟外の第三者として開示を求められた顧客情報について、当該顧客自身が当該民事訴訟の当事者として開示義務を負う場合には、当該顧客は上記顧客情報につき金融機関の守秘義務により保護されるべき正当な利益を有さず、金融機関は、訴訟手続において上記顧客情報を開示しても守秘義務には違反しないというべきである。そうすると、金融機関は、訴訟手続上、顧客に対し守秘義務を負うことを理由として上記顧客情報の開示を拒否することはできず、同情報は、金融機関がこれにつき職業の秘密として保護に値する独自の利益を有する場合は別として、民訴法一九七条一項三号にいう職業の秘密として保護されないものというべきである。」

解説　金融機関が顧客に対する守秘義務を遵守することにより顧客情報が「職業の秘密」として保護されるべき局面とは、専ら当該情報の帰属する主体である顧客自身に情報秘匿の正当な利益が認められる場合である。したがって、顧客がこの利益を自ら放棄して当該情報を開示している場合のほか、顧客自身が当該情報につき開示義務を負っている場合には、顧客には当該情報につき金融機関の守秘義務により保護されるべき正当な利益が認められないため、その「職業の秘密」該当性は否定され、また金融機関の守秘義務も問われない。ただし、本決定が「金融機関がこれにつき職業の秘密として保護に値する独自の利益を有する場合は別として」という留保を付している通り、顧客情報によってはその情報秘匿につき金融機関独自の正当な利益が認められる場合も想定しうる。

平成27年度における主要な企業結合事例・事例8……ネット産業の垂直統合〔ヤフーによる一休の株式取得〕 140
最1判平28.1.21判タ1422-68……「一般の視聴者の普通の注意と視聴の仕方」の意味〔NHK・JAPAN 事件〕 30
仙台高判平28.2.2判時2293-18……自衛隊による情報収集活動〔自衛隊情報保全隊事件〕 176
大阪高判平28.4.22判時2315-61……被告人と弁護人の間でやり取りされた書類等の差押え 208
最3判平28.10.18民集70-7-1725……23条照会に対する、転居届の情報の秘匿性を理由とした拒否 115
知財高判平28.10.19裁判所ウェブサイト…著作権侵害の主体：ライブハウスにおける演奏主体〔Live Bar X.Y.Z → A 事件〕 94
東京高判平28.12.7高刑集69-2-5……クラウド上の情報の入手・越境アクセス 203
最3判平28.12.9刑集70-8-806……令状によらない税関検査 121
最3判平29.1.24民集71-1-1……消費者契約法12条1項・2項にいう「勧誘」の意義〔クロレラチラシ事件〕 138
最3決平29.1.31民集71-1-63……検索事業者による検索結果提供行為の性格と検索結果の削除 75
最大判平29.3.15刑集71-3-13……GPS 捜査 204
東京高判平29.4.13裁判所ウェブサイト……わいせつ情報(3)〔ろくでなし子事件〕 16
最大判平29.12.6民集71-10-1817……受信料制度の合憲性〔NHK 受信料訴訟〕 112

最1判平26.1.16刑集68-1-11…………………いわゆる出会い系サイト規制法の合憲性 25
東京高判平26.1.30金判1440-10……………インターネットによるFX取引〔外為どっとコム誤ティック事件〕 158
東京地判平26.6.19判時2232-102…………ソフトバンク対NTT東日本 146
大阪高判平26.7.8判時2232-34……………いわゆるヘイトスピーチによる不法行為の成立と救済 52
最2判平26.7.14判時2242-51…………………文書不存在を理由とする不開示決定の取消訴訟における主張立証責任〔沖縄密約文書開示請求訴訟〕 183
最2判平26.9.5判時2240-60……………………受信料債権と消滅時効 111
知財高判平26.10.22判時2246-92…………自炊代行業と私的複製の意義〔自炊代行事件〕 84
最3決平26.11.25刑集68-9-1053……………海外へのアップロードとわいせつ電磁的記録の頒布 19
東京高判平26.12.12高刑集67-2-1…………検察官から開示された証拠の目的外使用 209
平成26年度における主要な企業結合事例・事例8………プラットフォーム・双方向市場の認識〔KADOKAWA及びドワンゴによる共同株式移転〕 141
福岡高判平27.1.29判時2251-57……………職場内におけるHIV感染情報の共有と不法行為責任 69
東京高判平27.4.14 LEX/DB 25506287……警察によるイスラム教徒の監視〔ムスリム国賠訴訟〕 175
最3判平27.4.28民集69-3-518………………排除型私的独占の排除効果が争われた事案〔JASRAC事件〕 145
大阪地決平27.6.1判時2287-75……………インターネット上での動画配信による摘示事実の判断 31
東京高判平27.7.9判時2280-16……………弁護人による被告人の写真撮影と「接見」 206
東京地判平27.8.5 LEX/DB 25541521 ……取引所アカウント上の暗号通貨と取戻権〔MTGOXビットコイン引渡請求事件〕 164
東京地判平27.11.5判タ1425-318…………建物への監視カメラの設置とプライバシー侵害 59
大阪高判平27.12.16判時2299-54…………労使関係アンケート調査の合憲性〔大阪市職員アンケート調査事件〕 72

東京地判平成23.8.25判例集未登載………国立国会図書館の資料と利用制限〔国立国会図書館事件〕 132
最1判平23.12.8民集65-9-3275……………未承認国の著作物と不法行為の成否〔北朝鮮映画事件〕 98
最3決平23.12.19刑集65-9-1380……………プログラムの頒布(2)〔Winny 事件〕 196
最1判平24.2.2民集66-2-89…………………パブリシティ権〔ピンク・レディー事件〕 102
最2決平24.2.13刑集66-4-405………………鑑定医による秘密漏示 211
知財高判平24.2.14判時2161-86……………インターネットショッピングモールの運営と商標権〔チュッパチャップス事件〕 150
知財高判平24.7.4 LEX/DB 25444731 ……営業秘密における秘密管理性〔投資用マンション事件〕 151
最3決平24.7.9判時2166-140………………インターネット上の児童ポルノの改変 URL 掲載行為と公然陳列罪の成否 23
福岡高判平24.7.13判時2234-44……………公道からのパノラマ撮影・画像提供とプライバシー〔グーグルストリートビュー事件〕 74
知財高判平24.8.8判時2165-42……………ゲーム画面の類似性と翻案権侵害の判断〔釣りゲーム事件〕 86
最3判平24.11.27判時2175-15………………シンジケートローンのアレンジャーの情報提供義務 166
最2判平24.12.7刑集66-12-1337……………国家公務員の政治的行為に対する刑事罰〔堀越事件〕 5
大阪高判平24.12.7判時2176-33……………解約金条項の消費者契約法上の有効性〔携帯電話解約金事件〕 120
平成24年度における主要な企業結合事例・事例8………複数分野にまたがるメディア企業の統合〔KDDI による J : COM の株式追加取得〕 142
最2判平成25.1.11民集67-1-11……………省令による医薬品のネット販売規制 159
東京高判平25.7.24判タ1394-93……………参加者の誤発注に備えた金融商品取引所の義務〔ジェイコム株式誤発注事件〕 161
東京高判平25.9.12訟月60-3-613…………弁護士・依頼者間秘匿特権〔JASRAC 事件〕 207
知財高判平25.12.11 LEX/DB 25446104 …名誉声望を害する利用：政治的サイトへの掲載〔天皇の似顔絵事件〕 81

最2判平21.4.17民集63-4-638……………………出生届が提出されていない子の住民票の記載義務 174
最2決平21.7.7刑集63-6-507……………………児童ポルノと刑法一七五条のわいせつ物との関係 22
東京地判平21.7.28判時2051-3………………弁明による名誉毀損〔プリンスホテル日教組大会会場等使用拒否事件〕 32
東京地判平21.8.28判タ1316-202……………芸能人の私生活上の行状の公共性 34
最3決平21.9.28刑集63-7-868……………………配送中の宅配便荷物のエックス線検査 200
東京高判平21.11.16判時2103-158…………財産的情報(3) 192
平成22.2.9特許審決公報DB・不服2008-7386………生物関連発明と公序良俗〔ヒト受精胚の滅失を含む発明の拒絶審決事例〕 100
最1決平22.3.15刑集64-2-1……………………インターネットにおける刑法上の名誉毀損 43
知財高判平22.3.25判時2086-114……………著作者人格権〔駒込大観音事件〕 95
最1判平22.4.8民集64-3-676……………………経由プロバイダに対する発信者情報開示請求 126
最3判平22.4.13民集64-3-758…………………発信者情報の不開示に対する損害賠償請求 127
知財高判平22.10.13判時2092-135…………引用の要件〔美術品鑑定証書事件〕 89
公取委プレスリリース平22.12.2「ヤフー株式会社がグーグル・インクから検索エンジン等の技術提供を受けることについて」……競合事業者からの検索エンジン等の技術提供〔ヤフー・米グーグル提携〕 143
最1判平23.1.20民集65-1-399…………………著作権侵害の主体:複製の主体〔ロクラクⅡ事件〕 93
知財高判平成23.2.24判時2138-107…………権利侵害警告と営業誹謗行為〔雄ねじ事件〕 154
最1判平23.4.28民集65-3-1499………………通信社配信の記事につき新聞社の免責が認められる場合〔東京女子医大病院事件〕 44
東京地判平23.6.15判時2123-47……………ニュース・ポータルサイト運営者の責任〔ヤフーニュース事件〕 55
公取委命令平23.6.9審決集58第1分冊189…プラットフォーム事業における排他的行為〔DeNA事件〕 147
福岡高判平23.7.1判時2127-9…………………捜査官が弁護人との接見内容を聴取する行為 205
東京地判平23.7.20判タ1393-366……………プログラムの頒布(1)〔イカタコウィルス事件〕 193

大阪地判平18.5.19判時1948-122…………個人情報の適切管理義務と不法行為責任〔Yahoo!BB 顧客情報流出事件〕 68
東京地判平18.8.29判タ1224-277…………情報提供者の責任〔郵政民営化通信事件〕 54
最3決平18.10.3民集60-8-2647……………報道関係者の取材源秘匿と証言拒絶権 218
大阪地判平19.2.16判時1986-91……………地方議会の傍聴と記者クラブ 8
最2決平19.8.23判時1985-63………………介護サービス種類別利用チェックリストに関する文書提出義務 227
大阪高判平19.10.2判タ1258-310…………品質誤認表示〔ピーターラビット著作権表示事件〕 153
最3決平19.12.11民集61-9-3364…………金融機関における顧客の取引明細表に関する文書提出義務 228
最3判平20.2.19民集62-2-445……………わいせつ情報(2)〔メイプルソープ事件〕 15
最1決平20.3.5判タ1266-149………………被害者特定事項の秘匿と公開裁判を受ける権利 215
最1判平20.3.6民集62-3-665………………住基ネットの合憲性 173
最2判平20.4.11刑集62-5-1217……………ポスティングの自由〔立川テント村事件〕 4
最2決平20.4.15刑集62-5-1398……………ビデオ撮影と捜査 198
大阪地判平20.4.17判時2006-87……………詐取カードの盗難カード該当性と重過失 163
最1判平20.6.12民集62-6-1656……………番組協力者の期待権〔NHK 従軍慰安婦訴訟〕 9
知財高判平成20.6.24判時2026-123………ビジネス方法の発明該当性〔双方向歯科治療ネットワーク事件〕 99
知財高判平20.7.17判時2011-137…………裁判傍聴記の著作物性〔ライブドア裁判傍聴記事件〕 76
審判審決平20.7.24平17（判）第11号……共同取引拒絶の共同性〔着うた事件〕 144
那覇地判平20.9.24判時2042-95……………差止請求権の制限の可能性〔写真で見る首里城事件〕 96
名古屋高判平20.11.11 LEX/DB 25440062…………インターネット・オークション(2)：運営者の責任〔ヤフオク集団訴訟事件〕 156
最1決平21.1.15民集63-1-46………………情報公開訴訟におけるインカメラ審理 216
最1判平21.1.22民集63-1-228……………預金口座の取引経過開示義務 165
東京高判平21.1.29判タ1264-299…………Nシステムの合憲性 199

最2決平16.11.26民集58-8-2393……………調査報告書に関する文書提出義務　222
東京高決平17.3.23判時1899-56……………放送会社に対する敵対的買収と防衛〔ニッポン放送対ライブドア〕　107
東京地判平17.3.25判時1899-155…………不正アクセス罪(2)〔ACCS事件〕　195
最1判平17.4.14刑集59-3-259………………遮へい措置・ビデオリンク方式と裁判の公開　214
東京地判平17.4.22裁判所ウェブサイト…NTT東西と通信事業者の間の接続約款の合法性　119
最1判平17.6.16判時1904-74…………………「真実と信じるについて相当の理由」があると認められる場合〔薬害エイズ事件〕　42
大阪高判平17.7.5審決集52-856……………共同取引拒絶の公正競争阻害性〔関西国際空港新聞販売事件〕　139
最1判平成17.7.14民集59-6-1569…………公立図書館の蔵書と著作者人格権〔作る会事件（船橋市西図書館事件）〕　131
最1決平17.7.19刑集59-6-600………………患者の診療情報の捜査機関への提供と医師の守秘義務　210
最2決平17.7.22民集59-6-1837……………捜索差押許可状及び捜索差押令状請求書に関する文書提出義務　223
最2決平17.7.22民集59-6-1888……………外交文書に関する文書提出義務　224
東京地判平17.9.2判時1922-105……………インターネット・ショッピング〔ヤフーショッピング事件〕　157
東京地判平17.9.27判時1917-101…………公道歩行者の無断撮影と肖像権侵害〔ストリートファッション事件〕　57
知財高判平17.10.6裁判所ウェブサイト…記事の見出しの著作物性と不法行為の成否〔ヨミウリ・オンライン事件〕　97
最2決平17.10.14民集59-8-2265……………労災事故の災害調査復命書に関する文書提出義務　225
最1判平17.11.10民集59-9-2428……………法廷での隠し撮り写真の撮影・公表及びイラスト画による肖像権侵害　58
最1決平18.2.14刑集60-2-165………………電子計算機使用詐欺(2)　191
最3決平18.2.17民集60-2-496………………銀行の社内通達文書に関する文書提出義務　226
最3決平18.2.20刑集60-2-216………………児童ポルノ法七条三項の合憲性と処罰範囲　20
最3決平18.5.16刑集60-5-413………………児童ポルノ・わいせつ物の販売目的　21

ル小説の事前差止め〔「石に泳ぐ魚」事件〕 63
東京高判平14.12.25判時1816-52…………違法な書込みの削除と免責事由の立証責任〔２ちゃんねる動物病院事件〕 124
最3決平15.3.11判時1822-55………………弁護士に対する戒告処分の公告の執行停止 185
最2判平15.3.14民集57-3-229………………少年の仮名報道と少年法61条〔長良川リンチ殺人事件報道訴訟〕 64
東京地判平15.3.25判時1831-132…………迷惑メールの送信と損害賠償〔ドコモ宛先不明メール事件〕 137
東京地判平15.3.31判時1817-84……………裁判上の発信者情報開示請求〔眼科医事件〕 125
最3判平15.4.8民集57-4-337………………ATM 払戻しにおける善意弁済 162
東京高判平15.5.21判時1835-77……………行政による調査結果の公表〔堺市O-157事件〕 186
東京高判平15.6.25判時1846-155…………不正アクセス罪(1) 194
最2判平15.9.12民集57-8-973………………講演会参加者名簿の第三者への開示〔早稲田大学江沢民講演会名簿提出事件〕 67
最1判平15.10.16民集57-9-1075……………テレビの報道番組における名誉毀損の成否の判断〔テレビ朝日ダイオキシン事件〕 29
最3判平15.11.11民集57-10-1387…………食糧費と情報公開〔大阪市財政局食糧費訴訟〕 180
最2決平16.1.20刑集58-1-26………………行政調査と刑事手続の関係 168
最2判平16.2.13民集58-2-311………………ゲームにおける競走馬の名称使用〔ギャロップレーサー事件〕 101
東京高決平16.3.31判時1865-12……………政治家長女の離婚記事が掲載された雑誌の販売差止め〔週刊文春事件〕 65
東京地判平16.4.15判時1909-55……………インターネット・オークション(1)：売主の責任〔中古アルファロメオ事件〕 155
最2決平16.4.19刑集58-4-281………………通信の秘密侵害罪 122
大阪地判平16.7.7判タ1169-258……………脅迫的な内容の慶弔電報 118
最1判平16.7.15民集58-5-1615……………法的な見解の表明と意見・論評型の名誉毀損〔「脱ゴーマニズム宣言」事件〕 47
最1判平16.11.25民集58-8-2326……………放送法４条に基づく訂正放送〔「生活ほっとモーニング」事件〕 109

公表〔剣と寒紅事件〕 80
東京地判平12.10.27判タ1053-152…………報道機関による犯罪報道と肖像権侵害 56
最3判平13.3.27民集55-2-530………………部分開示の範囲〔大阪府知事交際費訴訟第2次上告審判決〕 181
東京地判平13.4.24判時1755-43……………商品等表示としてのドメイン名保護〔J-PHONE事件〕 152
最1判平13.6.28民集55-4-837………………翻案権侵害の成立要件〔江差追分事件〕 83
東京地判平13.6.29判タ1139-184…………言論威圧目的での訴えの提起と不法行為〔幸福の科学事件〕 53
東京高判平13.7.5判時1760-93……………芸能人に対する不法行為と慰謝料の算定 51
東京高判平13.7.18判時1751-75……………仮名報道の自由とプライバシー権〔「あしながおじさん」公益法人常勤理事事件〕 62
東京地判平13.7.25判時1758-137…………公開の美術の著作物の利用〔はたらくじどうしゃ事件〕 91
東京高判平13.9.5判時1786-80……………違法な書込みに対する「プロバイダ」の責任〔ニフティ・サーブ事件〕 123
最1判平13.10.25判時1767-115……………二次的著作物に関して原著作者の権利の及ぶ範囲〔キャンディ・キャンディ事件〕 87
最3判平13.11.27判時1771-67………………開示決定に対する第三者の取消訴訟 184
東京地判平13.12.3労判826-76……………職場における電子メールの監視と不法行為責任〔F社Z事業部(電子メール)事件〕 71
最3判平13.12.18民集55-7-1603……………自己情報の本人開示請求〔レセプト開示請求訴訟〕 179
大阪高判平13.12.25判自265-11……………住民票データの漏洩〔宇治市住民票データ流出事件〕 172
最3判平14.1.29判時1778-49………………真実性の判断基準と考慮される証拠の範囲〔ロス疑惑北海道新聞社事件〕 41
最3判平14.4.25民集56-4-808………………中古ゲームソフトの販売と頒布権の消尽〔中古ゲームソフト事件〕 85
最大判平14.9.11民集56-7-1439……………郵便法の責任制限と国家賠償請求権 114
最3判平14.9.24判時1802-60………………プライバシー権を理由とするモデ

と名誉毀損の成否〔ロス疑惑夕刊フジ事件〕 28
最3判平9.5.27民集51-5-2024……………………名誉毀損・損害の発生時期とその後の有罪判決の影響〔ロス疑惑スポーツニッポン事件〕 39
東京高判平9.6.26訟月44-5-660……………………警察による盗聴工作に対する損害賠償責任 116
大阪地堺支判平9.11.28判時1640-148……取材への応答拒否〔堺市泉北コミュニティ事件〕 7
岡山地判平9.12.15判時1641-158…………性的画像データとわいせつ図画〔岡山 FLMASK 事件〕 18
東京地判平10.1.21判タ1008-187…………電話帳への氏名・電話番号の掲載とプライバシー 66
東京地決平10.2.27判時1637-152頁………デジタルメディアの差押え〔ベッコアメインターネット事件〕 202
最2決平10.5.1刑集52-4-275…………………フロッピーディスク等の差押え 201
東京高判平10.5.28判時1666-38……………放送局の一本化調整のための行政指導〔メトロポリタンテレビ一本化事件〕 108
最2判平10.7.17判時1651-56…………………他人の著作物を引用した意見・論評〔諸君！事件〕 46
東京地判平10.10.30判時1674-132…………他人の著作物の要約による引用の可否〔血液型と性格事件〕 90
浦和地決平11.3.9判タ1023-272……………迷惑メールの送信と差止め〔ニフティダイレクト・メール事件〕 136
神戸地判平11.6.23判時1700-99……………電話帳掲載情報を電子掲示板で公開する行為の不法行為責任〔眼科医事件〕 73
最3判平11.10.26民集53-7-1313……………刑事第1審判決を資料とした場合の相当性判断 40
最2決平11.11.12民集53-8-1787……………銀行の貸出稟議書に関する文書提出義務 220
最3決平11.12.16刑集53-9-1327……………特別な立法によらない電話傍受 117
名古屋高金沢支判平12.2.16判時1726-111……県立美術館の収蔵作品の公開請求〔天皇コラージュ事件〕 130
東京地判平12.2.29判時1715-76……………公表権における「未公表」の意義〔中田英寿事件〕 78
最2決平12.3.10民集54-3-1073……………「技術又は職業の秘密」の意義 221
東京高判平12.4.25判時1724-124…………同一性保持権：漫画の改変〔脱ゴーマニズム宣言事件〕 79
東京高判平12.5.23判時1725-165…………著作者死後の人格的利益：手紙の

最大判平元.3.8民集43-2-89…………………法廷でメモを取る自由〔レペタ訴訟〕 212
最3判平元.9.19刑集43-8-785 ………………有害図書指定と表現の自由〔岐阜県青少年保護育成条例事件〕 24
最3判平元.9.19集民157-601…………………新聞広告の媒体責任〔新聞広告掲載に伴う損害賠償請求事件〕 135
最1判平元.12.21民集43-12-2252……………批判・論評を主題とするビラの配布による名誉毀損〔佐賀教師批判ビラ配布事件〕 45
東京地判平元.12.25判タ731-208……………番組提供者の営業内容確認義務の存否と民放連の放送基準〔投資ジャーナルグループ事件〕 106
最3決平2.2.16判時1340-145…………………刑事確定訴訟記録法の合憲性 213
最3判平2.4.17民集44-3-547…………………政見放送の一部削除と公選法150条1項〔雑民党事件〕 12
京都地判平3.2.5判時1387-43………………行政の周知徹底義務 187
東京高判平3.5.31判時1388-22……………未公表文書の情報公開と公表権侵害〔神奈川県マンション図面開示請求訴訟第2次控訴審判決〕 182
最3判平5.3.16民集47-5-3483………………教科書検定と出版の自由〔第一次家永教科書訴訟〕 3
最3判平5.3.30判時1461-3……………………著作者の認定:企画案の作成者〔智恵子抄事件〕 77
東京高判平5.6.29高刑集46-2-189…………電子計算機使用詐欺(1)〔神田信金事件〕 190
高松高判平5.12.10判タ875-164……………テレビコマーシャル放映契約の解除〔「原発バイバイ」事件〕 105
最3判平6.2.8民集48-2-149…………………ノンフィクション作品における前科等事実の公表〔ノンフィクション『逆転』事件〕 61
最2判平6.3.25判時1512-22…………………意思形成過程情報と情報公開〔鴨川ダムサイト訴訟〕 178
最3判平7.3.7民集49-3-687…………………集会の自由と市民会館の使用不許可〔泉佐野市民会館事件〕 129
最3判平7.9.5判時1546-115…………………労働者に対する継続的監視と不法行為責任〔関西電力事件〕 70
最3判平7.12.15刑集49-10-842……………外国人の指紋押なつ 171
最2判平8.4.26民集50-5-1267………………誤振込による預金の成立 160
東京高判平8.6.27高民集49-2-26…………放送法5条に基づく放送内容閲覧請求権〔東京放送事件〕 110
最3判平9.5.27民集51-5-2009………………新聞の編集方針・読者構成・性質

最1判昭54.12.20刑集33-7-1074……………選挙に関する報道または評論の制限〔政経タイムス事件〕 11
最3判昭55.3.28民集34-3-244…………………引用の要件（旧法）〔パロディ・モンタージュ事件（第1次上告審）〕 88
東京地判昭55.7.11判時977-92……………商標的使用〔テレビまんが事件〕 149
最3判昭56.4.14民集35-3-620…………………前科照会とプライバシー侵害 169
最1判昭56.4.16刑集35-3-84…………………公共の利害に関する事実〔月刊ペン事件〕 33
最大判昭58.6.22民集37-5-793……………未決拘禁者の新聞閲読の制限〔よど号ハイジャック記事抹消事件〕 2
東京地判昭59.6.28刑月16-5＝6-476………財産的情報(1)〔新薬産業スパイ事件〕 188
最大判昭59.12.12民集38-12-1308…………書籍等の輸入と税関検査〔札幌税関検査事件〕 17
最3判昭59.12.18刑集38-12-3026…………パブリック・フォーラム論〔吉祥寺駅事件〕 128
東京高判昭59.12.20行集35-12-2288………情報公開請求権と情報公開請求訴訟の性質〔神奈川県マンション図面閲覧請求訴訟第1次控訴審判決〕 177
東京高判昭61.2.12判時1184-70……………少数の有力候補者のみを取り上げた選挙報道〔「激戦区シリーズ」事件〕 13
東京地判昭60.2.13刑月17-1＝2-22………財産的情報(2)〔新潟鐵工事件〕 189
最大判昭61.6.11民集40-4-872……………名誉毀損の救済方法としての事前差止め〔北方ジャーナル事件〕 49
最2判昭62.4.24民集41-3-490…………………反論文の掲載請求〔サンケイ新聞事件〕 50
最3判昭63.2.16民集42-2-27…………………外国人氏名の日本語読みと人格権〔NHK日本語読み訴訟〕 103
最3判昭63.3.15民集42-3-199…………………著作権侵害の主体：カラオケ法理〔クラブ・キャッツアイ事件〕 92
東京高判昭63.3.24判時1268-15……………人格権・名誉権に基づく個人情報の訂正・抹消請求 170
東京地判昭63.10.18判時1319-125…………テレビ放送契約の成立と中途解除〔「ドン・ドラキュラ」放映中止訴訟〕 104
最3判昭63.12.20判時1302-94…………………地下鉄車内の商業宣伝放送と「囚われの聴衆」 134

判例索引

裁判所　判決年月日　登載判例集	項　目	判例番号
最大判昭27.8.6刑集6-8-974	刑事事件における取材源の秘匿〔朝日新聞記者証言拒否事件〕	217
最大判昭30.3.30刑集9-3-635	文書頒布等の制限	10
最大判昭31.7.4民集10-7-785	名誉回復の適当な処分としての謝罪広告〔謝罪広告事件〕	48
最大判昭32.3.13刑集11-3-997	わいせつ情報(1)〔チャタレー事件〕	14
最1判昭34.5.7刑集13-5-641	名誉毀損における公然性	26
最大判昭36.2.15刑集15-2-347	営利広告の制限〔灸(きゅう)適応症広告事件（あん摩師等法広告事件判決)〕	133
東京地判昭39.9.28下民集15-9-2317	プライバシーの権利〔宴のあと事件〕	60
大阪高判昭41.2.26高刑集19-1-58	手紙の表面に印刷されている個人情報の秘匿性	113
最1判昭41.6.23民集20-5-1118	民法上の名誉毀損と真実性・相当性の抗弁〔「署名狂やら殺人前科」事件〕	35
最1決昭43.1.18刑集22-1-7	噂の存在による事実の摘示と事実の証明の対象	36
最3判昭43.2.27民集22-2-399	商標の類否〔氷山印事件〕	148
最大判昭44.6.25刑集23-7-975	記事内容の真実性に関する錯誤〔夕刊和歌山時事事件〕	37
最大決昭44.11.26刑集23-11-1490	報道の自由と公正な裁判〔博多駅事件〕	1
最大判昭44.12.24刑集23-12-1625	肖像権〔京都府学連デモ事件〕	197
最1判昭47.11.16民集26-9-1633	捜査当局の公の発表がない場合の相当性判断〔嬰児殺し事件〕	38
最大判昭47.11.22刑集26-9-554	行政調査と令状主義・不利益供述の強要禁止〔川崎民商事件〕	167
最1決昭53.5.31刑集32-3-457	取材の自由と国家秘密〔外務省秘密電文漏洩事件〕	6
大阪高決昭53.6.20判時904-74	薬害訴訟における診療録に関する文書提出義務	219
最1判昭53.9.7民集32-6-1145	既存の著作物への依拠性の要否〔ワン・レイニー・ナイト・イン・トーキョー事件〕	82
東京高判昭54.3.14高民集32-1-33	死者の名誉毀損〔「落日燃ゆ」事件〕	27

■編者紹介

宍戸　常寿（ししど・じょうじ）　東京大学教授　〔3～5・10～13・17・128～132・159〕

■著者紹介（執筆順）

水谷瑛嗣郎（みずたに・えいじろう）　帝京大学助教　〔1・2・6～9・60～65〕

西貝　吉晃（にしがい・よしあき）　日本大学専任講師　〔14～16・122・188～196〕

深町　晋也（ふかまち・しんや）　立教大学教授　〔18～26・33・36・37・43・211〕

村田　健介（むらた・けんすけ）　岡山大学准教授　〔27～32・34・35・38～42・44〕

遠藤　史啓（えんどう・ふみひろ）　神奈川大学准教授　〔45～53・56～59〕

中原　太郎（なかはら・たろう）　東京大学准教授　〔54・55・136～138・155～158〕

山本　龍彦（やまもと・たつひこ）　慶應義塾大学教授　〔66～75・134・199〕

前田　　健（まえだ・たけし）　神戸大学准教授　〔76～87〕

渕　麻依子（ふち・まいこ）　名古屋経済大学准教授　〔88～98〕

島並　　良（しまなみ・りょう）　神戸大学教授　〔99～102・148～154〕

波多江悟史（はたえ・さとし）　早稲田大学講師　〔103～112〕

實原　隆志（じつはら・たかし）　福岡大学教授　〔113～119・123～127〕

市川　芳治（いちかわ・よしはる）　慶應義塾大学非常勤講師　〔120・133・135・142・143・147〕

笹倉　宏紀（ささくら・ひろき）　慶應義塾大学教授　〔121・197・198・200・202～204・207・210〕

大久保直樹（おおくぼ・なおき）　学習院大学教授　〔139～141・144～146〕

得津　　晶（とくつ・あきら）　東北大学准教授　〔160～166〕

興津　征雄（おきつ・ゆきお）　神戸大学教授　〔167～176〕

門脇　雄貴（かどわき・ゆたか）　首都大学東京准教授　〔177～187〕

成瀬　　剛（なるせ・ごう）　東京大学准教授　〔201・205・206・208・209・212～215・217〕

杉本　和士（すぎもと・かずし）　法政大学教授　〔216・218～228〕

新《しん》・判例《はんれい》ハンドブック 情報法《じょうほうほう》　編著者　宍戸常寿

発行所　株式会社　日本評論社　発行者　串崎　浩

東京都豊島区南大塚3-12-4　電話（03）3987-8621（販売）

3987-8631（編集）

振替　00100-3-16　〒170-8474

印刷　精文堂印刷株式会社　製本　井上製本所

Printed in Japan

2018年11月15日　第1版第1刷発行　装幀　海保　透

ISBN 978-4-535-00831-1